会计经典学术名著

CAPITAL MARKETS-BASED
RESEARCH IN ACCOUNTING:
AN INTRODUCTION

资本市场会计研究导论（第2版）

［澳］菲利普·布朗（Philip Brown）◎著
杨松令 刘亭立 张卓然◎译

中国人民大学出版社
·北京·

致读者

《资本市场会计研究导论》一书为研究生和学者介绍了资本市场会计研究领域的研究状况。虽然这本书第一次出版是在1994年（2000年修订），但它经受住了时间的考验，其内容和思想仍适用于当代会计研究。

当我还在芝加哥大学攻读博士学位时，我就对资本市场会计研究产生了兴趣。1963年，我在澳大利亚悉尼的新南威尔士大学完成会计专业的本科学业后，去了芝加哥大学。在那里，Merton Miller 和 Eugene Fama 教会了我研究公司财务问题和股票市场的全新方法，两人后来都成了诺贝尔奖得主，他们极大地影响了我和许多（如果不是大多数的话）其他学生及学者研究财务会计问题的方法。

在我到芝加哥大学三年后，雷·鲍尔也成了芝加哥大学的博士生。鲍尔来后不久，我们就开始一起合作。我们于1968年发表的论文《会计收益数据的经验评价》被认为促成了会计研究上的一场巨变，这个问题的讨论详见本书第3章。这篇论文不仅在财务会计研究方面具有特别的影响力，在2019年也因对定量投资实践的重大影响而获奖。在过去的一年里，*Pacific-Basin Finance Journal*，*Journal of Accounting*

Research，Australian Journal of Management 上发表的六篇论文讨论了这篇论文对会计和财务研究的贡献。这篇论文通常被称为 Ball and Brown（1968），它在 2018 年被我和鲍尔重新验证，我们的验证结论于去年发表在 Pacific-Basin Finance Journal 上。我提到这个背景是为了说明为什么我相信这本书中讨论的思想和研究方法在今天仍然流行。

本专著第 1 章提到，早期的研究主要集中在公开的股票市场上。随着债务市场详细的交易数据涌现，人们对会计计量在这些市场中所起的作用也越来越感兴趣。另外，会计实务工作者可能感觉这本著作的内容离他们很远，然而，事实上他们的工作是在会计准则制定者建立的会计框架内进行的，而这些准则通常是根据从事此类会计学术研究学者的建议制定的，甚至一些会计学者同时也是会计准则制定委员会的成员。

在这里我想强调我在第 1 章中所提出的观点，即"公认的高质量实证研究论文的特征"。这些话浓缩了我多年来指导博士生和与学术同事一起工作的体会，以及作为期刊论文和基金申请项目评审人的经验。当你反复阅读我在书中讨论的学术论文时，了解这些高质量论文的特征应该会对你有所帮助。更重要的是，我建议你在阅读别人写的研究论文或自己写一篇论文时，让这些标准来指导你。

最后，我非常珍视松令博士第一次访问西澳大利亚大学时和我一起度过的一年时光，以及此后我们之间始终保持着的长期友谊。我相信，他将我的著作译成中文并促成第 2 版译文的出版，将对中国的财务会计研究学者提供有益的帮助。

菲利普·布朗

推荐序

菲利普·布朗教授是澳大利亚著名的会计学家，是实证会计研究的先驱。他因在美国芝加哥大学攻读博士期间与鲍尔合作发表在 *Journal of Accounting Research* 上的名为《会计收益数据的经验评价》的文章（Ball and Brown，1968）而享誉会计界。他们的文章掀起了一场会计研究的革命：在方法上，他们率先借鉴自然科学的假说-演绎的实证（经验）研究方法，开创了会计研究的新范式，自此以后，以经验研究为主的研究方法风靡会计学术界；在内容上，以会计盈余与股票价格关系为切入点，开辟了会计研究的新领域，引领了此后会计研究的新时代。为此，美国会计学会在1986年授予两人杰出学术贡献奖，并在颁奖词中指出，该文是30年来引用率最高和影响力最大的会计学术文献。在该文发表20周年之际，布朗教授受邀在澳大利亚与新西兰会计学会发表演讲，对该文的写作背景进行介绍。在该文发表40周年之际，美国芝加哥大学 *Journal of Accounting Research* 编发编者按予以纪念。在该文发表45周年之际，美国会计学会邀请鲍尔和布朗在年会上发表演讲，再次介绍他们这篇文章的写作情况。在该文发表50周年之际，*Pacific-Basin Finance Journal* 予以专版介绍，鲍尔和布朗再次亲自执笔，运用世界范围内的股票市场的数据进行研究，证明了他们原来研究的可重复性和研究结论的可靠性。这一文章的高引用率一直持续到今天，并仍保持着良好的势头。

本专著是布朗教授对近半个世纪资本市场会计研究的总结，也是这位会计学大师撰写的一部献给会计学研究者的学术著作。布朗教授花费一年的时间撰写该书，并在多年教学和研究中不断完善。

本专著也是一本教材，是学习资本市场会计问题研究和实证（经验）研究方法的入门书，是有志于从事资本市场会计问题研究的学生的必读书目。第一，本书梳理了资本市场会计研究的脉络。作者从他与鲍尔1968年的合作文章开始，提出盈余-收益问题研究的缘起，到进一步对盈余-收益问题的深入探究，再到会计准则制定上的应用，系统梳理了从20世纪60年代以来的资本市场会计问题研究，可使初学者对该领域的研究有一个清晰的了解。这一点对初学者十分重要，因为很多学生在阅读了不少篇经典文献之后往往不得要领，仍感到只是学习了一些支离破碎的知识，其原因就在于缺乏系统的思想统领和研究路线图。第二，本专著是一本注重介绍研究方法的著作。首先，从一开始，作者就如何评价一篇优秀的论文提出了自己的看法，包括好的选题、坚实的理论基础、严密的模型建立等。其次，作者指出了不同会计方法选择以及会计政策决策中的判断标准问题，即以是否能够提高预测能力为判断标准，若一种会计程序或方法的采用能够为未来的预测带来更丰富的信息，更有利于做出正确的决策，那么这就是一种好的方法。这一判断标准为会计理论研究和会计实践提供了很好的参照。再次，作者对精选的每一篇文献在样本选择、模型设定、变量选择以及结论的可验证性和坚实性等方面进行了详细的讨论，对于读者的后续论文选题、模型设定和变量选择等都有很重要的指导意义。

本专著的中文版第1版是在阎达五教授的精心指导下出版的。阎达五教授在初次看到本书英文版后十分重视，立即将本书的翻译纳入经典会计文献翻译计划，并亲自作序推荐。这次的中文版第2版是在上一版中文版的基础上，由杨松令、刘亭立等根据原文进行的重新校译。我想阎达五教授若能看到中文版第2版的出版肯定会十分高兴。

促进我国会计研究事业的快速发展，是我们会计人最大的心愿。这次中国人民大学出版社将本书的中文版第2版出版，对于致力于实证（经验）会计研究的读者来讲无疑是件大好事，同时对进一步推进会计研究方法的讨论也大有裨益。因此，特为之序，以示推荐。

戴德明

第 2 版序言

澳大利亚会计学术界十分感激库伯·莱布兰德会计教育和研究基金会理事们多年来对会计教育事业慷慨无私的奉献，我本人十分荣幸，同时也很不安地接受库珀·莱布兰德、澳大利亚与新西兰会计学会客座研究教授的职位。由此我得到了去访问会计学术研究机构，与众多的同行进行交流的机会，我的足迹从澳大利亚东北部的汤斯维尔，到新西兰东南的达尼丁，当然也包括我所在的珀斯市。我希望1992—1993年的访问对他们有所帮助，同时这对我自己也是一个促进，该项目也给我提供了一个机会来撰写这本专著的第1版。

本专著介绍了资本市场会计问题研究情况，读者对象主要是研究生和对这一问题研究有兴趣的科研人员和大学教师。虽然在几年前就有写这本书的想法，但它确实是1992—1993年该研究项目的产物。我深知我得益于很多人的帮助和支持，特别是，我在芝加哥大学读书时的导师和我的同事，尤其是乔治·弗斯特教授和雷·鲍尔教授。

西澳大利亚大学的研究生和同事对本专著的撰写提供了多方面的帮助，尤其是我1991—1992年讲授高级财务会计学的班级，这个由荣誉学位学生和研究生组成的班级十分活跃，给了我不少有益的启发。

本专著第 2 版保留了第 1 版的基本框架和主要内容，并对各章内容进行了更新和修改，有一些还进行了大幅度的修改。

我的很多同事对本专著提出了修改意见，包括 Izan，Gary Monroe，Dave Emanuel，Nigel Dally，Terry Walter，Stephen Taylor，Greg Clinch，Bob Officer，Neville Hathaway，Bryan Howieson，Ray da Silva Rosa，Janice How，Dave Woodliff and Dave Allen。毫无疑问，我对他们表示诚挚的感谢，当然，书中的错误应全部由本人承担。

菲利普·布朗

第1版序言

本专著撰写的最初动因是受澳大利亚与新西兰会计学会同仁的共同建议所驱使，目的是促进两国高校与学术研究机构会计和财务学术研究水平的提高。他们十分担心会计和财务专业学生对更深入的学习和研究缺乏兴趣。库珀·莱布兰德会计教育和研究基金理事会长期以来对会计事业给予坚定的支持，这一次也毫不例外地给予了慷慨资助，由此促成了库珀·莱布兰德会计公司—澳大利亚与新西兰会计学会客座研究教授项目的建立。这一项目每年会推选出一位会计学或相关学科的教授，资助他（她）去澳大利亚和新西兰的各个大学讲学，鼓励会计科学研究，并要求该教授就自己的研究兴趣写出专著。

这一项目以菲利普·布朗任职为库珀·莱布兰德会计公司—澳大利亚与新西兰会计学会客座研究教授为开端。菲利普·布朗是西澳大利亚大学会计学教授，也是一位享誉世界的会计学家。在芝加哥大学学习期间，菲利普·布朗和他的澳大利亚同事雷·鲍尔合作发表了一篇被引用次数最多的会计研究文献，该文发表以来得到多项荣誉和奖励，而这两个教授仍然继续在这一研究领域做更深入的研究。

菲利普·布朗于1968年回到澳大利亚，其曾在西澳大利亚大学任高级讲师，后就任会计学教授。1975年，他受新南威尔士大学邀请任澳大利亚管理研究生院院长。菲利普·布朗教授在位期间致力于在该研究生院建立科学和坚实的研究氛围。1980年他又重新回到西澳大利亚大学继续担任会计学教授。

呈现在读者面前的这部专著，不但总结了过去30多年全世界范围内资本市场尤其是涉及会计和相关信息的研究成果，而且反映了作者在研究方法上的贡献，对会计研究出现两难选择时颇有启发。本专著并不易懂，它主要是对资本市场研究的重要领域进行介绍和分析。

本专著可以作为会计和财务学术研究人员的重要参考资料，也可作为荣誉学位和研究生课程的教材。它甚至可以作为从事会计实务人员的参考，他们可以在遇到诸如与立法等有关的问题时，通过了解会计研究问题得到有关启示。

本专著第1章简要介绍了全书的主要内容，第2章对一些简明易懂的知识进行了回顾，这些知识构成了以后的研究基础，并由此产生了许多现代会计研究问题。

罗伯特·奥菲瑟
项目部主任

导　读

Ball and Brown（1968）五十周年：背景与影响

杨松令　刘亭立

众所周知，澳大利亚著名会计学家、西澳大利亚大学会计学教授菲利普·布朗（Philip Brown，以下简称布朗）和美国芝加哥大学布斯商学院教授雷·鲍尔（Ray Ball，以下简称鲍尔）在20世纪60年代发表在 *Journal of Accounting Research* 上名为《会计收益数据的经验评价》（简称Ball and Brown（1968）或鲍尔和布朗（1968））的文章掀起了一场会计研究的革命。他们采用实证（经验）研究方法研究会计盈余与股票价格之间的关系，引领了此后会计研究的新时代。美国会计学会（AAA）在1986年首次设立的会计学术开创性贡献奖中将该奖项授予了这两位作者，并在颁奖词中指出，该文是"30年来影响力最大的会计学术文献"。在该文发表50周年之际，*Pacific-Basin Finance Journal* 刊发了系列文章，回顾了50年来该文被国际学术界引用的情况，也包括鲍尔和布朗在50年后运用新数据对文章可重复性进行的研究。*Journal of Accounting Research* 发表了麻省理工学院著名学者Kothar和Wasley的《纪念Ball and Brown（1968）发表50周年——资本市场会计研究50年的历程》一文，着重介绍半个世纪以来该文对资本市场会计研究所做出的巨大贡献。*Australian Journal of*

Management 刊发了题为《Ball and Brown（1968）持续不断的影响》纪念文章，对 Ball and Brown（1968）在非会计领域研究的影响进行回顾。与此同时，沃顿商学院将沃顿-雅各布列维奖颁发给鲍尔和布朗，以表彰他们对商学研究的贡献[①]。那么，是什么因素促使了该论文的出现？该论文对会计理论研究到底产生了哪些影响？为此，我们结合两位作者在美国会计学会、澳大利亚与新西兰会计学会就此文发表的主题演讲，以及有关期刊纪念文章等，对该文的写作背景以及影响等进行介绍。

一、布朗和鲍尔的基本情况

布朗和鲍尔都出生于澳大利亚悉尼，他们都是澳大利亚新南威尔士大学会计学荣誉学位[②]项目学生。布朗1959年进入该校会计学系，并被选入荣誉学位项目，Bill Stewart 教授是他们的导师。布朗在获得会计学荣誉学位后，希望进一步深造。那时像澳大利亚这个英联邦国家的大学生，一般都是到英国大学继续学习，但是由于布朗的导师曾在美国芝加哥大学、康奈尔大学和加州大学做过访问教授，因此推荐他去芝加哥大学或康奈尔大学攻读博士学位。1963年9月布朗如愿到芝加哥大学学习，成为第一个去美国攻读会计学博士学位的澳大利亚人。在芝加哥大学，他和许多博士班同学一样选择经济学作为基础学科（可选的还有数学或行为科学）。由于有在新南威尔士大学会计荣誉项目的坚实基础，布朗免修了除博士讨论课以外的所有会计课程，腾出了更多的时间学习经济学和金融学知识。在攻读硕士和博士学位期间，他接受了系统

[①] 沃顿-雅各布列维奖（Wharton-Jacobs Levy Prize）是宾夕法尼亚大学沃顿商学院2013年创立的奖项，奖励量化金融研究的杰出贡献者，每两年颁发一次。已获得该奖项的学者分别是 Harry Markowitz（2013）、William Sharpe（2015）、Stephen Ross（2017），这些学者都获得过诺贝尔经济学奖。2019年该奖项授予鲍尔和布朗，以表彰其1968年发表的杰出论文。沃顿商学院院长指出："鲍尔和布朗的文章对会计数据在投资领域的影响产生了令人惊奇的贡献，它为后续的会计与金融研究奠定了坚实的基础。"（见沃顿商学院网站。）

[②] 澳大利亚高校沿袭英国教育体制，一般学士学位三年即可完成，一些优秀学生会被选入荣誉学位项目，在课外参与额外的学术讨论课程，且在第四年写出学位论文。这些荣誉学位学生在就业中很有竞争力。

的现代经济学的训练,学习了实证经济学的研究方法。在芝加哥大学取得博士学位后,布朗回到澳大利亚,担任西澳大利亚大学会计学教授职务,现为西澳大利亚大学和新南威尔士大学荣休教授。

鲍尔的经历与布朗十分相似。他比布朗小三岁,因此晚于布朗三年进入新南威尔士大学,他也被选进 Stewart 教授的荣誉学位项目。在布朗离开新南威尔士大学之前,鲍尔还是大学一年级学生,布朗曾作为助教在会计学辅导课程中教过鲍尔。1966 年初,在鲍尔即将结束会计学荣誉学位考虑去哪里读博士学位的时候,Stewart 教授建议他申请康奈尔大学,因为 Stewart 教授对当时芝加哥大学的会计学研究不以为然,尤其是那里的研究热点是与会计无关的股票价格和股票市场效率。而康奈尔大学的会计研究不像芝加哥大学那样离经叛道,传统的会计理论研究仍然流行。但布朗多次给鲍尔写信,力邀他申请芝加哥大学,鲍尔最终选择了去芝加哥大学[①]。鲍尔在 1966 年秋季到达芝加哥大学以后,同布朗一样免修了除博士讨论课以外的所有会计课程,腾出了更多的时间来学习经济学、金融学和进行学术研究工作。此后,两人决定合作撰写论文,他们一同发表了九篇同行评议学术论文和四篇其他论文,并合编了一本会计学教材。1972 年鲍尔在芝加哥大学取得博士学位后,也回到了澳大利亚,就职于昆士兰大学,后又回到美国就职于罗切斯特大学和芝加哥大学,现为芝加哥大学布斯商学院荣休教授。

二、芝加哥大学的研究环境

(一)经济学方法论的变革

从 20 世纪 50 年代起,Milton Friedman 加入芝加哥大学并担任经济学教授。他力倡自由经济,促成了芝加哥经济学派,使芝加哥大学成为现代经济学的发源地。在 Friedman 的影响下,包括他在内的如 Hayek,Stigler,Coase 等多名芝加哥经济学派的成员获得诺贝尔经济学奖。此外,Friedman 还引领了经济学研究方法的变革,即运用实证

[①] Ross Watts 同年从澳大利亚纽卡斯尔大学毕业,和鲍尔一起进入芝加哥大学攻读会计学博士学位,后也成为实证会计界的领军人物。

研究方法进行大量学术研究。Friedman 的《实证经济学方法》（The Methodology of Positive Economics，1953）为以后数十年的主流经济学研究提供了新的研究方法，这也成了芝加哥经济学派的主要特点。鲍尔和布朗在经济学部，接受了微观经济学的教育和 Friedman 亲授的实证经济学的训练。此外，当时芝加哥大学金融研究正在迅速崛起，一批优秀学生参与到金融研究中，这些学生无一例外受到了实证经济学的熏陶。芝加哥大学经济学、金融学和会计学的博士生都选修了普通最小二乘法、工具变量、二阶和三阶最小二乘法、Zellner 估计法、反向回归等现在称为计量经济学的课程，这些都为开展实证研究奠定了坚实的基础。

（二）芝加哥大学的经济与金融研究新理念

20 世纪 60 年代，芝加哥大学的学术研究氛围非常鼓舞人心，研究环境充满了创新。那里的师生的普遍态度是怀疑一切，每周的学术研讨会充满活力，讨论十分热烈。参与者往往不断地提出各种问题，大大拓展了大家的思路。一个经常听到的问题是："有什么证据可以证明这一点？"鲍尔和布朗回忆说，芝加哥的会计与金融研讨会更像是一个辩论会，讨论内容与他们曾经接触过的会计文献大相径庭，他们完全被芝加哥大学金融研究小组的热情所吸引。

在财务和金融研究领域，芝加哥大学的教师和学生围绕着资本市场开展了富有成效的研究。Merton Miller 和 Miller-Modigliani 以股利分配理论和资本结构理论开创了现代财务理论的先河；Fama, Fisher, Jensen and Roll（1969）提出了事件研究法，为会计与财务研究提供了一种新的研究方法；有效市场假说（EMH）的提出，也为财务学带来了新的研究热点和研究基础。

在会计学研究领域，芝加哥大学会计系主任 Sidney Davidson 受到他的好朋友兼同事 Friedman 的影响，特别强调实证研究方法的重要性。他于 1966 年组织了第一次实证会计研究会议，此后每年的会议论文在他们新创办的 Journal of Accounting Research 上发表。Sidney 在其编辑的第一次实证会议论文集序言中指出，"会计思想将依赖有意义的假设检验，我们需要看到对会计理论证实的证据"。

（三）股票交易数据库的出现

芝加哥大学强调用数据来验证假说，为此，1960 年他们成立了证券价格研究中心（CRSP），并于 1964 年完成了第一个机读股价文件。这是当时世界上第一个综合的、计算机可读的股票价格档案库。该数据库可以提供自 1926 年以来每个月的纽约证券交易所交易数据信息。CRSP 数据库的建立为后续的金融与会计研究提供了独一无二的数据资源，为大量基于股票市场数据的财务与会计研究提供了有利条件。但当时基于数据库的此类研究刚刚起步，在金融研究领域才开始尝试，在会计研究领域尚无人涉足。

需要注意的是，当时的计算机数据处理技术还很落后。芝加哥大学校园里只有一台 IBM 7094 大型计算机，在 20 世纪 60 年代初，购置它需要花费数千万美元，但也只有 32 KB 的内存。这台计算机被放置在学校计算机中心，以批量处理的模式运行。当一个人需要运行它处理数据时，其他人就无法使用。这台 7094 计算机代码是用 Fortran IV 语言编写的，这些代码连同 CRSP 和 COMPUSTAT 磁带上没有的数据，都是通过穿孔卡加载的。当时唯一可用的统计软件包是为生物医学研究开发的一种统计软件包，但这种软件包处理数据速度很慢，还占用了很多宝贵的内存，而且不适合金融与会计研究。因此，鲍尔和布朗为了验证他们的理论自己编写了统计分析程序。

三、20 世纪 60 年代的主流会计理论

20 世纪 60 年代，主要的会计文献都是采用现在称为演绎法的研究模式。研究主题包括会计理论的性质、会计假设和会计原则之间的差异等理论问题，以及递延税款是不是一种负债等这类与实际结合较为密切的问题。当时最有影响力的会计理论著作包括 Canning（1929），Edwards and Bell（1961）以及 Chambers（1966）等。当时主流会计学派的结论是，依据当时会计准则编制的财务报表所提供的数据毫无意义，他们的研究焦点是如何彻底改变会计规则和方法以使得会计数据有用。

会计信息没有意义这一论题最初是 John Bennet Canning[①] 在其 1929 年的著作《会计经济学》中提出的，该论点来自他在芝加哥大学的经济学博士论文。Canning 认为"目前没有任何理论可以证明净利润这一财务指标具有同质的属性，因为它只是一个完全数量化的指标。当然，这样的结果是必然的，因为它反映的是不同度量口径下数字的加和，这些数字是有巨大差异性的"（Canning，1929，p. 126）。澳大利亚会计学家 Ray Chambers[②] 得出了与 Canning 类似的观点，他也认为基于历史成本的资产负债表和利润表的数字的"有用性"非常值得怀疑，因为"把不一样的东西相加在一起是没有意义的"（Chambers，1966，p. 4）。Chambers 指出，在企业的资产中，现金、应收账款和预付账款等以历史成本记录，机器和建筑物采用折旧后的金额计价，而存货采用诸如后进先出法（LIFO）、成本与市价孰低原则计价，这些以不同计价方法所加总的数额是没有任何意义的，因此，期望以这些数据来"公允表达"企业的"财务状况"是不可能的。一直到 20 世纪 70 年代，上述观点的版本虽然不断变化，但基本思路没有改变。归纳起来，当时学术界普遍认为：

1. 根据现有报告规则编制的财务报表信息毫无意义；
2. 财务报表信息需要从根本上进行革新。

面对会计界这些主流会计学家的观点，布朗和鲍尔感到很困惑。他们在新南威尔士大学都接受过会计学理论的良好教育，这些会计学家的观点也是他们长期以来耳熟能详的东西。但是，当他们接受了芝加哥大学经济学和金融学的研究思想后，却开始质疑这些结论。他们希望分析其推理中的缺陷，并寻找实证证据，以期对这种理论进行验证。

鲍尔和布朗开始思考并讨论如下问题：财务报表信息真的毫无意义吗？既然如此为什么这么多企业每年要雇用大量财务会计人员（包括其他资源）来编制这些报表？为什么传统会计制度下的财务报告可以成为

---

① John Bennet Canning 是斯坦福大学会计学教授，他的主要著作是《会计经济学》，主要贡献是将经济学理论和概念引入会计。

② Ray Chambers 是澳大利亚著名会计学家，悉尼大学会计系的创始人，澳大利亚第一个会计学术杂志 *Abacus* 的发起人和总编辑。

公司经营管理的依据？主流会计学家的这些观点真的完全正确吗？

另外，这种观点的逻辑推理似乎也有缺陷：难道财务报表中的数字仅仅因为不完全同质其总和就必然没有意义吗？常用的考试如 SAT 和 GMAT 等的分数不也是不同类别问题答案的总计吗？这些考试中的问题也有不同的类型和性质，如有口语、有写作，有逻辑、有计算，人们将这些不同类的分数加总并不认为它们完全没有意义。同样，在大学课堂上用分数来评估学生时，也往往把期末考试分数、论文、参与项目以及课堂参与情况加总来确定该门课程的成绩。此外，在计算 GPA 时，也是将会计、战略管理、统计和市场营销等不同课程的成绩进行汇总，人们并不认为此类汇总数据没有意义。既然这些不同质的数据加总可以被广泛使用，为什么财务报告不行？为此，他们决定开始挑战这个当时的主流会计观点。

四、Ball and Brown（1968）对盈余和股价关系的研究

布朗和鲍尔的研究问题很简单，那就是"会计收益数据有用吗？"其两个衍生问题是，"对谁有用"和"用于什么目的"。他们的分析逻辑是，对于会计收益数据的实证评估需要证明它在现实经济中的有用性。由于投资者对会计收益很感兴趣，而投资者的投资结果反映在股票价格上，因此，要证明会计收益数据的有用性就需要分析盈余公告与股票市场的相关性和及时性。他们的研究重点在于检验会计收益对股票市场投资者"没有用"的零假设是否成立，一旦拒绝了这个零假设，就可以认为会计收益数据是"有用"的。

需要指出的是，有效市场假说（EMH）是 Ball and Brown（1968）研究设计的基础，因为在当时芝加哥大学金融系和会计系的老师和博士生中，EMH 几乎是一个公认的研究基础。此外，论文采用事件研究法进行研究。虽然 Ball and Brown（1968）是第一个发表出来的采用事件研究法的文章，但这一方法最先是由 Fama et al.（1969）提出的。Fama et al. 的这篇论文在 1969 年才被发表出来，他们研究的关注点是金融市场获取信息的方式，研究的"事件"是股票分割。

在会计收益指标选择上，由于之前没有人特别关注盈余公告，而且分析师的盈余预测也没有受到重视，因此，鲍尔和布朗必须弄清楚如何衡量盈余公告中有信息价值的部分。在收益指标的选择上，他们分别采用了会计收益总额和每股收益（EPS）两个指标。在采集会计收益数据时，他们运用标准普尔公司于1962年建立的COMPUSTAT数据库，里面提供了上市公司年度盈余等相关信息。他们在运用事件研究法选择时间发生节点时，以上市公司在《华尔街日报》发布年度业绩预告为事件，公司公告日期通过手工从有关资料档案中收集。对数据的处理则由布朗编写统计分析程序，利用现在看来十分笨重的计算机进行运算和分析。

布朗和鲍尔得出的结论是，在一年内可获得的关于上市公司的所有信息中，有一半或更多的信息被反映在该年该公司的股票回报中，因此其信息含量相当可观。然而，由于年度收入报告的大部分内容（85%~90%）是由更迅速的媒体（可能包括中期报告）提前发布的，因此公司财务报告并不是一种及时的信息传播媒介。简而言之，会计收益数据是有用的信息，但是其时效性不够，因为有其他信息的传播早于会计收益公告的发布，使得会计收益数据的信息含量受到了影响。这一结论推翻了会计学主流认为的会计信息无用论，从而开启了会计信息有用论的新时代。

Ball and Brown（1968）的发表过程也是曲折的。当他们的文章首次投给美国会计学会主办的 *The Accounting Review* 时，收到的是拒稿信，理由是它不是一篇会计学研究论文，不适合刊登在会计期刊上。编辑回复说如果他们愿意删去实证部分，并且扩充他们的研究使其与会计相关文献的联系更加紧密的话，编辑部可能愿意重新考虑审阅他们的论文。作为通讯作者的布朗在接到编辑部的拒稿信后很是不忿，好在芝加哥大学的会计系新办的 *Journal of Accounting Research* 的主编正好在场，他很欣赏鲍尔和布朗的研究，提出可以登载在他们的刊物上。在文章刚发表时，他们的这篇文章在当时的会计学术界看来很另类，不被主流圈子所接受。即使在芝加哥大学会计系，他们的研究也遭到一些教师

Ball and Brown（1968）五十周年：背景与影响

的反对。其中一位会计学教授认为他们的研究没有任何价值，建议他们不要继续进行这种研究，并批评道："你们会把垃圾（盈余）与垃圾（价格）联系起来"。事实上，这些教师正在面对一种思维方式的变革，基于他们接受过的教育与他们的研究思维，他们不可能接受这些离经叛道的研究。当然，芝加哥大学会计系大多数教师给予了他们极大的肯定和鼓励。支持他们研究的"老派"的会计研究学者还有澳大利亚昆士兰大学的 Reg Gynther 教授，他极力想说服布朗和鲍尔毕业后到他所在的会计系工作，当他后来发现布朗已受聘于西澳大利亚大学时，甚至还想把布朗聘到他那里去。而鲍尔则于 1972 年毕业后接受邀请到澳大利亚昆士兰大学担任教职，后来又受聘回到美国。

五、鲍尔和布朗 50 年后对该文的验证

2018 年，在 Ball and Brown（1968）发表 50 周年之际，鲍尔和布朗接受 *Pacific-Basin Finance Journal* 编辑委托，为纪念他们那篇经典文献出版 50 周年特刊写一篇文章，即 Ball and Brown（2019）。这篇文章首先回顾了 Ball and Brown（1968）的发表背景及研究方法与结论，然后用美国和其他国家或地区的数据对原有结论进行了验证，最后回应了人们对 Ball and Brown（1968）的一些质疑和猜想。在这篇文章中，鲍尔和布朗采用不同时期和不同国家的数据重点对原有研究结论再次进行了验证。在时间上，Ball and Brown（1968）只采用了 261 家美国公司 1957—1965 年九年的数据，以如今的研究标准来看，这个样本量很小。50 年过后，各种数据十分丰富，计算机处理技术发生了翻天覆地的变化，因此，Ball and Brown（2019）利用 1971—2018 年近 50 年的数据作为研究样本。在空间上，Ball and Brown（2019）分别用美国公司的数据、其他 16 个国家和地区[①]的数据进行研究。研究结果显示，在重复了原始研究设计后，Ball and Brown（1968）的研究结论依旧稳健。仅仅一个财务报表变量（年度会计盈余）就囊括了投资者在一年内

---

① 包括澳大利亚、中国、印度尼西亚、日本、马来西亚、菲律宾、新加坡、韩国、泰国、加拿大、法国、德国、新西兰和英国等 16 个国家和地区。

通过交易所反映在股价中的很大一部分信息，按现在的说法就是会计盈余是"与公司价值相关的"。但几乎所有这些信息都是在盈余公告前就被反映在股票价格中了，也就是说会计盈余反映的不是特别及时。换句话说，虽然年度会计盈余的信息在股票价格上体现得并不及时，但仍包含了投资者在一年内通过交易反映在股票价格中的大部分信息。此外，盈余公告后的"漂移现象"作为首个被发现的股市异常现象距今已有50年，这个现象迄今为止依旧存在。

六、Ball and Brown（1968）创新之处与影响

为什么 Ball and Brown（1968）有如此巨大的影响？我们总结了大概有以下几个原因：

1. 它提出了与众不同的研究范式，创立了一种新的会计学研究方法。鲍尔和布朗的论文的一个重要特征是它在当时的会计文献中非常与众不同，它挑战了全球会计学者的常规思维方式，并把这种想法付诸实践，这意味着以往的研究范式可能会被颠覆。与以往的研究方法不同，该论文采用了提出问题、建立假设、数据收集、假设检验、得出结论的现在称之为实证（经验）研究的研究方法，像自然科学一样，运用数据证明其研究命题。论文强调使用数据来检验一个假设，使得研究结论更加可靠。这种不同的研究范式引起了会计界的关注，随着时间的推移，新一代的年轻学者看到了相关的实证研究的应用前景，使得该论文的影响进一步扩大。

2. 该论文研究了会计收益和股票价格之间的关系，为会计学开辟了一个全新的研究领域，发展了一种测量各种类型信息对股东财富影响的方法。论文分析了公告前后年度会计盈余与股票收益之间的关系，并证明这种关系是一种强联结的关系。它不仅可以揭示投资者在一年中交易价格的信息与年度会计盈余数据中包含的信息之间的关系，反过来又可以检测收益发布的及时性。更重要的是，基于收益与股价报酬率之间关系的研究为以后的会计学开辟了一个新的、广阔的研究领域，在随后的半个多世纪里有关论文层出不穷，极大丰富了会

计学理论文献。

3. 它提出了会计收益具有信息含量的理论观点，这成为现代会计学理论发展的重要基石。鲍尔和布朗的研究以令人信服的方式拒绝了零假设，得出的结论是会计盈余信息是有用的，这否定了传统主流会计学家的观点。这一结论无疑在当时的理论界掀起了波澜，随后推动形成了会计信息观学派，对会计学理论的发展起到了重要作用。

4. 它具有很强的可复制性。可复制性是科学工作的最重要标准之一。论文发表后，不少学者采用不同国家和不同时点的会计数据进行验证，都发现是有效的。如上所述，50 年后 Ball and Brown（2019）运用全新的数据和不同地区的数据，研究结果仍然十分理想，证明会计盈余仍然是"价值相关的"。可复制性无疑为论文的广泛影响提供了更强有力的支持。

正是由于 Ball and Brown（1968）这一文献的创新性，它成为目前为止被引用次数最多的文献。如前所述，美国会计学会在 1989 年授予鲍尔和布朗会计学术开创性贡献奖时就指出，该文章是会计学最具影响力的文章。沃顿商学院在 2019 年度授予鲍尔和布朗沃顿-雅各布列维奖时指出，这篇影响深远的文章被引用超过 8 500 次。这是一个很高的纪录，目前为止在会计界尚未被突破。

七、Ball and Brown（1968）之后的文献

Ball and Brown（1968）对后来的会计学研究产生了很大影响，很多学者沿着他们的研究思路进行了一系列深入研究。在 1989 年该文发表 20 周年的演讲中，布朗教授将 Ball and Brown（1968）以后的文献分为以下八个方面：

1. 会计盈余对股东财富的影响；
2. 其他会计指标对股东财富的影响；
3. 会计盈余的时间序列特征；
4. 盈余公告前股价的漂移现象；
5. 与盈余相关的股票收益率异常；

6. 盈余反应系数；

7. 信息传递；

8. 多期盈余预测和股价关系。

在该文发表 45 周年之际，鲍尔和布朗在美国会计学会年会特邀大会演讲中，将该文发表后的论文按时间顺序分为以下几类：

1. 运用其他国家的数据对该文结果重新验证，如布朗 1970 年和 1972 年发表的论文是利用澳大利亚的数据进行研究的；

2. 运用季度会计盈余公告数据进行检验（Brown and Kennelly，1972）；

3. 分析会计盈余的时间序列特征，Ball and Brown（1968）在计算异常收益时假定会计盈余符合随机游走过程是正确的（Ball and Watts，1972）；

4. 对研究报酬-盈余关系问题进行扩展，进一步研究会计与市场风险度量的关系（Ball and Brown，1969；Beaver，Kettler and Scholes，1970）；

5. 研究公司会计方法变化与股价的关系（Ball，1972）；

6. 管理者（Foster，1973）和分析师（Griffin，1976）发布的盈利预测；

7. 使用每日回报（Foster，1977）和窄的时间窗口来估计线性盈余反应系数（Beaver Lambert，and Morse，1980；Hagerman，Zmijewski and Shah，1984）；

8. 研究与业绩公告相关的公司之间的信息传递（Firth，1976；Foster，1981）；

9. 研究公告后股价漂移的性质和决定因素（Foster et al.，1984；Bernard and Thomas，1990）；

10. 研究确认和披露的区别（Beaver，Eger，Ryan and Wolfson，1989）；

11. 研究报酬-盈余的非线性关系（Freeman and Tse，1992）；

12. 将盈余分解为现金盈余和应计盈余（Sloan，1996）；

13. 利用不同国家（Ball et al.，2000）以及私营和上市公司之间的差异（Ball and Shivakumar，2005），以更好地确定经济和政治财务报告重要属性的决定因素，如及时性和保守性；

14. 汇总收益和报酬关系（Kothari，Lewellen and Warner，2006）。

上述分类均可以看出本论文对后续会计研究的影响力。关于 Ball and Brown（1968）之后的文献，布朗在本专著中给予了详细介绍。

八、小结

本文回顾了鲍尔和布朗在 1968 年发表的重要文献的写作背景以及给后续研究带来的影响。鲍尔和布朗对当时主流观点认为的会计信息无用论提出质疑，并运用上市公司的盈余数据和股价数据，采用科学的研究方法，证明了会计收益数据的有用性。50 年过后，鲍尔和布朗运用美国及其他 16 个国家和地区 40 余年的数据进行验证，其结论依然显著，体现了该文作为经典文献的意义。鲍尔和布朗的研究开拓了会计研究的新方法，大大提高了会计学研究的科学性。此后这一研究方法风靡全球，成为目前世界会计学研究的主流方法。鲍尔和布朗研究了会计收益与股价的关系，证明了会计信息的有用性，大大丰富了会计理论研究的内容，拓宽了会计研究的边界，开创了资本市场会计研究这个全新的研究领域。

人类文明的发展日新月异，历史的车轮滚滚向前。如何拥抱时代的召唤，不抱残守缺，不断创新，是每一个时代给人们提出的新的课题和挑战。今天我们回顾 Ball and Brown（1968），一方面是要学习和把握他们所创造的研究方法，不断拓展他们的研究方向，为我国资本市场和会计研究的繁荣做出贡献，更为重要的是要把握 Ball and Brown（1968）的真谛——创新精神。50 年前，两位 20 多岁的会计学博士生，拿起批判性思维的武器，敢于向会计学权威挑战，虽然也经历了挫折，但最终为会计研究做出了杰出的贡献。这可能是 Ball and Brown（1968）这篇文献留给今天的我们另外一笔最重要的精神财富。

参考文献

[1] Ray Ball, Philip Brown. An empirical evaluation of accounting income numbers [J]. Journal of Accounting Research, 1968, 6: 159-178.

[2] Ray Ball, Philip Brown. Ball and Brown (1968): A retrospective [J]. The Accounting Review, 2014, 89 (1): 1-26.

[3] Ray Ball, Philip Brown. Ball and Brown (1968) after fifty years [J]. Pacific-Basin Finance Journal, 2019, 53: 410-431.

[4] Karen Benson, Millicent Chang, Philip Gray, et al. The enduring and evolving influence of Ball and Brown (1968): Introduction to the Ball and Brown virtual special issue [J]. Australian Journal of Management, 2019, 44(1): 153-159.

[5] Philip Brown. Invited remarks: Ball and Brown (1968) [J]. Journal of Accounting Research, 1989, 27 (Supplement): 202-217.

[6] Greg Clinch, John D. Lyon, Matt Pinnuck. A review of the impact of Ball and Brown (1968) on research in the Asia-Pacific Basin [J]. Pacific-Basin Finance Journal, 2019, 53: 268-277.

[7] Neil Fargher, Marvin Wee. The impact of Ball and Brown (1968) on generations of research [J]. Pacific-Basin Finance Journal, 2019, 54: 55-72.

[8] Christo Karuna. Capital markets research in accounting: Lessons learnt and future implications [J]. Pacific-Basin Finance Journal, 2019, 55: 161-168.

[9] Kothari S P, Wasley C. Commemorating the 50-year anniversary of Ball and Brown (1968): The evolution of capital market research over the past 50 years [J]. Journal of Accounting Research, 2019, 57: 1117-1159.

[10] Bryan A Howieson. Frankenstein's monster or the birth of venus? Perceptions of the impact and contributions of Ball and Brown (1968) [J]. Pacific-Basin Finance Journal, 2019, 55: 299-328.

目　录

第一篇　起　源

第1章　导　论 ··· 3
　　目的 ·· 3
　　为什么要研究股票市场? ·· 5
　　主要内容 ·· 6
第2章　财务学基础理论 ··· 9
　　股利政策 ··· 10
　　定价与资本成本 ··· 12
　　有效市场假说 ·· 15
　　事件研究法和市场模型 ·· 16
　　资本资产定价模型和套利定价理论 ··························· 19
　　期权 ·· 22
　　小结 ·· 24
第3章　报酬-盈余关系的早期研究 ··························· 25
　　预测能力标准 ·· 26

事件研究法 …………………………………………………… 27
　　对事件研究法的进一步观察 ………………………………… 33
　　报酬与盈余关系 ……………………………………………… 35
　　小结 …………………………………………………………… 39

第4章 盈余反应系数 ………………………………………………… 41
　　公司财务研究中的盈余反应系数 …………………………… 42
　　狭义的概念 …………………………………………………… 45
　　决定盈余反应系数的因素 …………………………………… 45
　　盈余持续性 …………………………………………………… 47
　　盈余预测能力 ………………………………………………… 50
　　盈余持续性与风险 …………………………………………… 51
　　报酬-盈余关系：每股盈余是变化还是保持平稳？ ………… 55
　　时间窗口宽度 ………………………………………………… 58
　　小结 …………………………………………………………… 59

第5章 资本市场的其他研究方法 …………………………………… 60
　　风险预测 ……………………………………………………… 60
　　资产负债表法 ………………………………………………… 68
　　小结 …………………………………………………………… 75

第二篇 延 伸

第6章 盈余预测 ……………………………………………………… 79
　　统计预测 ……………………………………………………… 80
　　证券分析师的预测 …………………………………………… 85
　　小结 …………………………………………………………… 93

第7章 信息传递 ……………………………………………………… 94
　　盈余公告 ……………………………………………………… 95
　　管理预测 ……………………………………………………… 104
　　信息传递其他方面的问题 …………………………………… 109

	小结	110
第8章	与会计数据相关的异常现象	111
	Ball 的第一次探讨	112
	1978 年以后的研究	114
	盈余公告后报酬率的回声效应	118
	Ou and Penman 的观点	122
	小结	129
第9章	股票价格的信息含量	130
	证券报酬率与报告盈余	131
	再次讨论	134
	证券报酬率与分析师预测	138
	小结	144

第三篇 应 用

第10章	物价水平会计	149
	报酬逆转	151
	公司间的差别	153
	重置成本盈余的信息含量	156
	重新探讨	159
	一种新手法	161
	小结	163
第11章	现金流量	164
	预测未来现金流量	166
	报酬-盈余关系中的现金流量	168
	把现金流量分解为经营部分、筹资部分和投资部分	175
	现金流量和系统风险	178
	小结	179

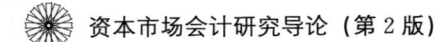

第 12 章　国际比较财务会计 …………………………………………… 180
　　市盈率（股价-盈余比率）………………………………………… 181
　　报酬与盈余、股票账面价值与市场价值的相互关系………… 184
　　小结 ………………………………………………………………… 194
第 13 章　期权和衍生金融工具 …………………………………… 195
　　会计估价与财务报告问题 ……………………………………… 196
　　期权市场与会计信息发布 ……………………………………… 205
　　小结 ………………………………………………………………… 209
附录　思考题 ………………………………………………………… 210
后记 ……………………………………………………………………… 244

第一篇

起　源

第1章 导 论

目的

会计信息与资产价格的关系是本书的研究主题。"会计信息""资产价格"等这些较为宽泛的概念可能让人以为我们讨论的问题较为全面,事实上,本书中这些概念都是较为狭窄的。我们注重研究盈余公告(earning announcement)与股票市场报酬率(share market rates of return)[①]之间的关系,简而言之,本书主要涉及报酬率与盈余关系的经验研究(empirical studies)。为了更清楚地了解这些研究,我们还需涉猎其他与之相关的问题。本书的结构,也就是这部专著的基本框架将在本章后面部分予以介绍。

我们的主要目的是介绍和剖析自20世纪60年代以来在这一领域做出重要贡献的研究文献[②],探讨优秀经验研究的实验设计原则,剖析大

---

① 为统一起见,本书将 earning 译为盈余,income 译为收益,return 译为报酬或报酬率。——译者

② 本书所引用和讨论的文献通常是由从事会计教学的学者所撰写并且发表在有关会计杂志上的。从某种意义上讲,这些研究介于会计学和财务学之间。

家公认的高质量优秀经验研究论文，以期对准备进行这类问题研究的学者有所帮助。我们认为，高质量论文往往有以下特点：

- 选择一个重要并使人感兴趣的问题。
- 研究结果能增加人们的知识或对知识的理解。
- 研究假设具有坚实的理论基础。
- 模型严密，既简单又包含丰富的内容。
- 谨慎选择样本和收集数据。
- 正确的数据分析和合理的推理。
- 稳健性（robustness）检验。所有结果不会因采集数据的不同或虚拟变量的选择不同而发生重大改变。
- 能够对结论的合理性进行直观的检验。
- 对结论进行适当的讨论并做出正确的解释。
- 对研究的应用与局限性进行确切的评价。

关于本书我们有必要说明以下几点：本书并不是一本严格意义上描述经验研究历史的著作，尽管我们在讨论有关问题时经常要运用历史的研究。本书也不是一本规范性[①]的著作，而是偏重于讨论经验研究文献，这些文献着重研究会计系统的结果与证券市场投资者交易决策结果之间的关系。本书也不对财务理论进行深入研究，尽管这些财务理论是进行经验研究的基础。但是，在第 2 章中，确实包含了对一些财务核心理论简单回顾的内容，因为在以后的研究中会涉及这些内容。本书也不专门对资本市场会计研究在会计准则制定和会计政策选择中发挥作用的程度进行评价，当然在涉及有关内容时会进行一些评论[②]。然而，这些研究却可以使我们在会计准则的制定和会计政策的选择过程中得到更多的信息。最后，本书也不对资本市场会计研究的所有文献进行回顾，只选择一些有代表性的文献进行深度剖析，这样，我们可以更清楚地了解他们的研究过程。

---

① 例如，我们不会对有关定价理论的研究文献（如 Ohlson（1989，1991））进行系统的评价，但在涉及该问题时，也会给予足够的重视。

② Watts（1992）这篇文献，对为什么会计政策选择与资本市场会计研究有十分紧密的关系进行了有趣的讨论。

第1章 导 论

为什么要研究股票市场？

会计报告具有很强的功利性，它们并不是在编制完成后就万事大吉了，而是要满足用户对公司财务状况了解的需要。虽然投资者只是众多会计报告信息需求者之一，但他们肯定是最重要的团体。会计准则制定者已经充分认识并肯定了这一点。

投资者可以以多种形式向企业提供资金，为什么在股票市场上筹集资金的方式能得到如此高度重视呢？我们可以指出上市公司的各种特征，例如公司规模大、在社区救助中发挥重要作用、对国内生产总值有贡献以及在对外贸易和收支平衡上影响重大等。但是，所有上述特征都不能解释上市公司为什么会受到诸如本书所介绍的那样详细的研究。从本质上讲，上市公司之所以受到如此关注，是因为其股票价格数据是研究者到目前为止能够得到的最可靠的资料，它们是在公开市场上实实在在交易的结果。基于同样的原因，多数研究人员将目光聚焦在会计信息和股票价格关系上，而不是会计信息与负债工具[①]的价值关系上。

基于不同目的[②]建立的机读型股票市场数据库，促进了基于资本市场会计研究的迅速开展。这一研究的发源地在美国，很多人都认为美国拥有世界上公认的三种顶级会计学术期刊[③]，许多领先的研究都起源于美国并且最早在美国发表。因此，本书注重引用美国的研究文献。当然，我们也不能过分地强调这只是美国的影响，因为美国的情况同样也适用于澳大利亚。

[①] 到目前为止，绝大多数公司的负债是私人持有的，许多负债工具的价格无法观察到。

[②] 例如，在20世纪60年代初期，芝加哥大学建立了股票市场数据库，首次实现了能够对在纽约证券交易所中投资股票的报酬率情况进行评价。这个数据库包括了从20世纪20年代后期开始的股票投资活动的数据。

[③] 绝大多数人认为，三种顶级会计学术期刊是（按字母顺序排列）：《会计评论》（*The Accounting Review*）、《会计和经济学杂志》（*Journal of Accounting and Economics*）、《会计研究杂志》（*Journal of Accounting Research*）。

主要内容

本书可以分为三部分，即起源、延伸和应用。

第一部分是全书的基础，包括第 1 章至第 5 章。其中，第 1 章是导论，简要介绍全书内容。第 2 章对财务学上的一些主要理论进行回顾，如股利政策理论、资本成本和定价原理、有效市场假说、事件研究法、资本资产定价模型和套利定价模型以及或有债权或期权定价基本原理。这些理论直接或间接地对资本市场会计研究问题产生重要影响，是进行资本市场会计问题研究的基础。在第 2 章的讨论中，我们假定读者对上述概念有了一定程度的了解，这里主要是帮助读者把有关概念复习一遍，换句话说，为在对这些理论问题进行深入研究时提供一些线索。

第 3 章介绍报酬-盈余关系（returns-earnings relation）的早期研究文献。该章首先讨论将预测能力作为会计方法选择的标准问题，然后介绍在今天被奉为经典的 Ball and Brown（1968）以及 Beaver（1968）两篇学术论文。由此我们可以了解事件研究法，并且在 Lev（1989）提出的框架内，讨论统计方法在研究报酬-盈余关系中发挥的作用。第 4 章与第 3 章紧密相关，但着重点放在了盈余反应系数（earning respond coefficient）的决定因素研究上。所谓盈余反应系数，是指由于公司每股盈余（earnings per share，EPS）增长一美元，导致股票价格上涨的金额[①]。第 5 章介绍评价会计信息预测能力的其他资本市场研究方法。具体来讲，就是预测市场有关风险（系统风险或 β）的能力，以及运用资产负债表法来预测权益的市场价值的能力。

第二部分是延伸，包括第 6 章至第 9 章，探讨因报酬-盈余关系研究而产生的其他各种问题。第 6 章讨论对未来盈余的预测效率，包括时间序列推断和证券分析师的预测。我们不准备详细探讨上市公司董事长或总经理自愿披露盈余预测的性质，因为这种非强制性的预测披露往往

---

① 目前的解释在此处可以满足需要，有关盈余反应系数的更多问题将在第 4 章详细讨论。

第 1 章 导 论

可能带有强烈的主观性和特定目的，所以其没有包括在我们所选择的研究文献中。

第 7 章的研究主题是信息传递（information transfers），信息传递是指一个公司的信息会影响到其他公司的价值。这是一个在美国以外首次开创的研究领域。Firth（1976）采用来自英国的数据，从 20 世纪 70 年代开始在这方面进行探索。应该说明的是，Firth 在研究问题的选择以及研究方法上，明显受到美国有关研究方式的重要影响。

对资本市场异常现象（capital market anomalies）的研究方兴未艾[①]，在第 8 章，我们讨论与会计信息相关的股票市场异常现象，如 Bernard and Thomas 以及 Ou and Penman 对盈余公告后价格漂移效应（post earnings announcement drift）的深入研究。Ou and Penman（1989）宣称，上市公司发布的会计报告可以被用来预测未来的盈余变化，根据这些预测结果选出的股票组成的投资组合，可以给投资者带来超额投资收益。但 Ball 等其他研究者则持相反观点。第 9 章是第二部分的最后一章，对股票价格的信息含量进行研究，如证券分析师的盈余预测的变更，在多大程度上是由以前股票价格的变动造成的。

第三部分为应用，这一部分就与资本市场研究有关的四个实际会计问题进行讨论。第 10 章是物价水平会计，或者说是通货膨胀会计。20 世纪的众多会计文献中对该问题进行了长期详尽的论争，这也是会计准则制定者有意识将会计经验研究成果纳入准则制定程序的一个有力的例证。美国证券交易委员会（SEC）和美国财务会计准则委员会（FASB）对公司提供财务报告和公告所做出的的要求，很明显得到了来自会计研究成果的支持，至少在开始时如此。虽然当时的研究人员在这方面做了很多探索性的工作，但是我们不得不说会计准则制定者在推动这类研究方面成果并不突出。无论如何，我们必须探究像美国和澳大利亚等一些低通货膨胀国家在利用经验研究成果方面做得是否理想。

[①] "异常"将在以后的章节中予以解释。在这里，异常是指多次观察到的现象与特定理论不一致。我们所称的特定理论，一般是指股票市场定价均衡模型。而异常是指如果投资者采取与模型预测相同的投资行为，股票价格并没有按照预期的结果出现。举一个简单的例子，上市公司向股票交易所报告了坏消息后，股票价格仍有向下漂移一段时间的趋势。

美国财务会计准则委员会发布的第 95 号财务会计准则（FAS 95）《现金流量表》规定，"现金流量或者其任何组成部分，都不能代替净收益作为企业业绩的指示器"。从某种意义上，由资本市场会计问题的研究学者对现金流量报告问题的讨论没有理会这一规定。在研究报酬-盈余关系中，他们试图用每股现金流量或者有关现金指标来代替盈余指标。在第 11 章，我们专门讨论这类研究文献，同时还涉及相关的问题，即盈余或者现金流量的组成部分是否在预测未来现金流量时更为有效。

对报酬-盈余关系中若干参数的估计因公司所处的国家和地区的不同而不同。在第 12 章，我们首先比较了九个国家平均市盈率的差异，同时分析了产生差异的原因，会计方法和其他差异可能会对这一现象做出令人满意的解释。然后，我们将美国与不同国家进行对比研究，这些国家包括日本、德国、澳大利亚、加拿大和英国。令美国和澳大利亚监管机构惊讶的是，虽然各种说法都认为德国的会计准则会为利润操纵和虚假报告造成更多的机会，但是，德国会计信息披露的内容好像并不比美国少；在美国证券市场上市的澳大利亚公司的投资者，在按照澳大利亚会计准则确定的净收益超过按美国公认会计准则报告的净收益时，会将这些公司股票价格予以折价。

Black and Scholes（1973）的期权定价模型开创了金融市场重大变化的新纪元，由于这一模型的出现，购买风险和销售风险已是司空见惯了。会计准则的发展没有跟上新的金融秩序变革的步伐。在最后一章，也就是第 13 章，我们讨论了期权思想在会计报告事项方面的应用。这个问题实际上很大，我们目前只进行了少量的研究。因此，这样似乎给我们一个启示，这一研究领域为那些了解或有债权定价原则的研究者提供了无限的研究机会，将促使其在会计学问题研究中的应用。

第 2 章　财务学基础理论

本章对与资本市场会计问题研究有关的财务学基本理论进行有选择性的回顾，对财务学的主要内容进行介绍，因为这些知识是我们以后章节所讨论研究文献的基础。本书不拟对有关财务理论做详细介绍，对这一部分内容不熟悉或者想对这些问题进行深入研究的，可参阅有关投资或公司理财方面的教材。

从 20 世纪 50 年代到现在，财务学的主要发展有以下几个方面：

- 公司股利政策的决定因素。这一问题对我们很重要，因为公司股票价格、盈余和股利会影响报酬与盈余的相互关系。
- 定价和资本成本。对资本成本的研究可以帮助我们理解盈余反应系数等概念，以及如何预测这一指标。
- 有效市场假说。这是绝大多数资本市场会计问题研究的一个潜在假说，该假说认为股票价格公允地反映了现有市场上的所有信息。
- 事件研究法和市场模型。事件研究法是在某一事件（如盈余报告）发生后，评估是否值得去观察股票市场对它的反应。市场模型则通常对在这一过程中同时发生的其他事件进行控制。
- 资本资产定价模型和套利定价理论。资本资产定价模型是在特定条件下，在系统风险[1]和预期盈余之间进行权衡的经济预测模型。套利定价理论则是一个风险报酬统计模型，它预先假定一系列风险因素的存在，而这些因素由市场予以公平定价。

● 期权定价原理。期权定价原理可以帮助我们理解现代金融工具（如卖出期权和买入期权）带来的新的会计问题。

有两个问题没有纳入本章讨论之列，即带噪声的合理预期（noisy rational expectations）和市场微观结构（market microstructure），这些领域的相关问题将在以后章节中涉及。

股利政策

长期以来，证券分析师和经济学家们对公司股利、盈余和公司价值之间的关系很感兴趣。而这些关系的核心问题是："公司股利支付是否影响其市场价值？"回答是肯定的。

Miller and Modligliani（MM，1961）以一种令人信服的方式证明，在无阻力的资本市场上，也就是说在一个没有交易费用和税收的竞争性市场上，假定投资者和公司的行为都是理性的，股利支付水平在本质上与公司的价值或者说公司的股票价格是无关的[2]。公司可能面对由市场决定资本成本，同时又要决定拿多少资金进行投资。股利可以是任何一个合适的金额，如果在支付了股利之后，缺乏投资资金，公司只要以现行价格、没有任何成本地发行更多的股票，就可以补足资金缺口。同样道理，任何没有以股利方式支付出去的剩余资金，都可以按照当时的利率投资到资本市场，股东可以在股利分配方案与自己的消费需求不一致时，通过在证券市场上出售或购入股份，以满足其不同的需要。从这个角度看，管理者通过投资使企业增值的程度，高于资本成本。筹资业务（包括因筹资而支付的股利）不能增加公司的价值，因为根据假设条件，

---

[1] 也称贝塔（β）风险。
[2] 也称股利无关论。

所有的交易是在无任何阻力的资本市场上进行的,并且交易双方得到的是同样的信息。

但是,会计人员认为,交易双方得到的信息肯定是不对称的。例如,一般目的财务报表主要是为公司外部利害关系人提供有关公司的信息,但这些信息绝大部分早已为管理者和报表编制者所了解。信息肯定是不对称的:有一部分利害关系人总是得到更多的信息(如公司的管理者),而另外一部分人相对来讲不能得到应有的信息(如公司现有的和潜在的股东)。公司管理者总是可以较早获得较多的有关信息,从而可能利用获得的这些信息使之处于有利地位。作为投资者,为了弥补这方面的缺陷,可能要求公司在使用其资金时支付较高的代价,以保护自身的利益。

对管理者来讲,降低信息不对称成本的方法之一就是与股东签订合同,给股东提供经过独立审计师验证过的有关信息。这样的合同实施起来代价可能很高,但可以使双方建立起良好的关系,对双方都有利。例如,可以降低资本成本,从而使投资项目取得足够的利润继续发展。另一种方法,就是由管理者选择一种可信的(可能是昂贵的)方法,将更多涉及公司价值的有关信号透露出去。股利与盈利报告都可以起到代表公司信号的作用。这两者都是市场信息结构的组成部分。

同时,还有一种观点认为,对于公司支付股利所占利润的比例,管理者通常已有长期的规划。考虑到目标股利支付率,公司管理者关注的是股利支付率的变动,而不是绝对金额的增减。作为公司的管理者,他们很清楚投资者对削减股利决策的反应对于公司来讲十分不利。如果本年的利润超过了上一年,管理者一般不会增加股利支付,除非他们有足够的把握相信未来能够一直保持更高的股利。增加股利实际上是给股东们一个信号,即公司管理者相信,公司可以持续获得比以前预计更高的盈余(包括未来支付的股利)。而公司的股东自然相信他们得到的信息远不如管理者,因此,他们的反应就是在证券市场上以较高的价格买卖公司股票[1]。相反,

---

[1] 假定每股收益增长50%,如果股利有所增长,则其对股票价格产生的影响,要大大超过股利保持不变对股票价格的影响。这一观点与第4章讨论的盈余反应系数有一定关系。

如果管理者认为从长远角度看公司利润可能下降，这样，就要削减股利，股东的反应则是在股票市场上以较低的价格买卖股票。

人们相信这样一种说法，即对于公司未来的长期盈利状况，管理者要比公司股东掌握更多的信息。从本质上讲，这就预示着管理者可以把当年的盈利分解成短期和长期两个组成部分，以便对公司的整体利润进行调整。但是，总体来讲，股利信息仍然是可信的，因为管理者会通过其他方式保持其一定程度上的诚实性。例如，通过提供其他的信息渠道（实际上，对一般投资者来讲成本太高而无法取得）。管理者也要考虑他们自己的声誉、未来的收入、面临的诉讼以及其他根据以前经验可能造成的后果。

哈佛大学金融经济学家 John Lintner 坚持认为股利与盈利信号之间有相互作用关系。他在 20 世纪 50 年代与美国 28 家公司的管理人员做了深入交谈后形成了这种观点（Lintner，1956），这种观点在目前仍然有很大影响。当然由于经历了几十年的发展，股利支付方式发生了很大变化，但是股利和盈利信号之间关系的本质并没有改变。例如，1987年，澳大利亚新的股利估算方式的启用，促使公司更早而不是更晚地支付免税股利，这时，最适当的股利支付比率就变得不是很明显了。我们在后面还要提到这一问题。

定价与资本成本

MM（1958，1961，1963，1966）和 Miller（1977）对金融经济学家在公司最优融资政策、股利政策等问题上的观点有着深远的影响。股利无关论已经在上面提到了，这里我们就最初的负债无关论、后来考虑到所得税因素后的修正，以及考虑到公司合并和单个公司所得税等因素而做出的进一步修正进行介绍，我们还要对 MM 理论的基础理论做简要的回顾，对他们在 1966 年的那篇实证论文将进行详细的讨论。

MM 的负债无关论最初是指，公司财务杠杆（资本配比）的高低与公司的价值无关。他们的这一观点在当时十分怪诞，因为那时的主流观点认为存在一个唯一的、使企业价值达到最大化的负债权益比率。MM理论的命题一指出，如果单纯地对投资所产生的现金流入量进行分割，然后重新组合，再向公司投资者支付不同的现金，公司的市场价值不会发生变化。相反，公司的市场价值取决于现存资产的现值，加上由公司外部决定的、已纳入规划的投资项目（如果存在的话）产生的盈余的现值。MM 的证据基于统一价格的规律：如果两个公司在未来取得同样的盈利，那么，在同一个竞争市场上，就应该以同样的价格出售。如果这一规律遭到破坏，套利者就会出售价格高的公司的股份，而购入价格较低公司的股份。他们的证据要求投资者可以像公司一样以同样的条件借入和借出资金。但是，有关"套利"的证据虽然在当今时代十分普遍，在当时却并不现实。当然，MM 也没有说明命题一在考虑市场不完善因素时是否仍然保持不变。所谓市场不完善，是指在对这一问题进行深入分析时，要考虑交易成本、破产成本、代理成本以及公司和个人所得税等因素的影响。

MM（1963）将公司所得税考虑进去后（没有考虑个人所得税），得出结论：在考虑负债对股东的影响时，借入款项可以增加公司的价值，因为它可以减少公司支付给政府的所得税。换句话说，当公司有一部分权益资金由负债代替，公司中政府所占有的价值份额就会减少，因为借入资金减少了政府分享公司资产所创造报酬的份额[1]，假定公司的总报酬额不变，政府部门得到较少份额就意味着公司获得较多的份额。因此，MM 得出结论，认为通过借款而不是从股东那里筹集资金，可以降低公司的平均资本成本。

MM 多次试图证明这一理论，1966 年的论文就是其中的一篇。在这篇文献中，他们详尽地解释了这一基本理论，并将其应用于预测 1954 年、1956 年、1957 年美国公用电力行业的资本成本。在其 1963 年"修正"论文建立的理论模型中，他们假定从开始盈利到 T 年末，新投资是一个固定的比例 k，新投资项目的利润率一直为 ρ^*，这样，

---

[1] 支付给债权人的利息在缴纳所得税时可以在税前扣减。

他们得出如下公式：

$$V = \frac{X(1-\tau)}{\rho} + \tau D + \frac{T\kappa X(1-\tau)(\rho^* - C)}{C(1+C)} \quad (2.1)$$

式中，V 是公司的市场价值；τ 是公司所得税税率；D 是负债的市场价值；X 是当资产一定时公司的固定盈利（息税前利润）；ρ 是公司没有负债时的资本成本；C 是在给定负债政策条件下的资本成本。

等式的右边由三个部分组成：现有资产在未来产生盈利的资本化价值，$X(1-\tau)/\rho$[①]；反映由于利用杠杆而带来的少纳税金的数额，即 τD；另外还有就是增长溢价（growth premium）。对于增长溢价，新投资项目的时间跨度（T）越长，在这一时间段的投资额就越高（用参数 k 反映），新投资项目的报酬率与筹资成本之间的差额（$\rho^* - C$）也就越大。这些变量很少能够直接观察到。

当 MM 预测电力公用行业的资本成本时，他们假定，当年的息税前会计利润是为公司资产带来永久盈余的无偏但带有噪声的估计（unbiased but noisy estimate）[②]。MM 进一步假定，公司的股利支付水平又可以被用来更正这一误差（资产和其他有关变量也可以有此功能），因为它们可以传达未来盈利的信息，未来的投资机会应该能够反映出过去资产的增长状况。MM 之所以选择一个被管制的行业，是因为在这样的行业里，各个公司所采用的会计方法基本一致，资本成本在各个公司之间变化不大，它们所面临的风险也基本一致。

这篇论文证实了下列命题：在公司资本结构中，负债比重上升，资本成本降低[③]。MM 发现，随着时间的推移，对资本成本估计的变化，能够反映可以观察到的比率指标（如长期债券的收益率）的变动。

Miller（1977）将所得税纳入讨论，使得对这一问题的分析比 MM（1958，1961，1963，1966）更为深入。他认为负债和股权筹资所引起

---

① 在这个模型中，通过减少 C，借入资金也可以增加增长溢价的现值。

② 当期望值为总体均值时，样本统计量是无偏的。（MM 做了一个很坚实的假设），样本误差通常会导致样本统计量与其期望值有较大差别，噪声与样本误差很相似。

③ 后来很快发现，这一命题对商业银行十分适合，他们的资本重组活动使得学术界认为这一命题是可信的。

的纳税问题，会影响公司的资本成本。假定风险是不变的，负债和权益资金提供者所要求的税前盈余会不同，因为负债和权益资金所获得的盈余的实际征税率是不一样的。Miller 推测，当把个人所得税和公司所得税全部考虑进去时，美国公司的市场价值就会与负债水平无关。

在澳大利亚，对于公司支付的利息可以在税前扣减，债权人收到的利息则应予纳税。个人收到公司分配的利润和股利时，均需纳税。但是，根据股利计算方法，公司税可以抵减股东的应付税款。假定公司的全部税后利润马上分配给股东，同时所有的应付税款全部结清，可能就不会存在由于纳税原因使得人们倾向于负债而不是通过权益方式进行筹资的问题[①]。

在会计文献中，人们对负债无关论和负债有关论都建立了模型，这些我们将会在后面的章节中看到。

有效市场假说

有效市场假说（EMH）经历了充满矛盾的发展过程[②]。简单地说，这一假说认为，资本市场总是处于均衡状态，对价格没有压力。相关的表述是：市场对一系列信息集 {S} 是有效的，如果市场价格集 {P} 与给定的一系列信息集 {S} 所反映的情况一致；或者说，如果会计利润一经披露，市场立即并全面地对这些信息所包含的内容做出调整，我们就说这个市场是有效的。用极端的话说，可以引用一句格言："市场永远是正确的。"

Fama（1970）提出了有效市场的三种形式：在弱式有效市场，任

[①] 这里，我们跳过对一些问题的讨论，对于澳大利亚公司资本成本的计算中有关股利计算的讨论，详见 Officer（1988）。

[②] Fama（1970，1991）回顾了有关文献，在 1991 年的文献中，Fama 提出将"市场有效假说"表述为"证券价格完全反映所有可以获得的信息"。Fama 后来又补充道"弱式和较为初级的有效市场假设模式是价格反映信息的程度，即信息所带来的边际收益不能超过边际成本。"（Jensen，1978）。

何投资者都不能依靠对历史价格数据的分析获得非正常报酬。所谓非正常报酬,是指在给定风险条件下,超过期望收益的部分。在半强式有效市场,任何投资者都不能依靠对公开信息的分析获得非正常报酬。在强式有效市场,任何投资者都不能依靠对任何渠道、任何形式的信息的分析获得非正常报酬。事实上,很少有人会接受强式有效市场这一形式,绝大多数愿意接受半强式有效市场作为他们的研究假设。

有效市场假说的一个重要前提条件就是存在一个竞争性的市场。假定有无数个交易者都获得足够的信息,那么交易就没有任何阻力。在这样的市场上,一个交易者不管出售或者购入多少 BHP[①] 的股份,市场价格都不会因此而受到影响(只要有足够多的股份)。证券投资组合理论支持有效市场假说。这一理论指出,从本质上讲,投资者关注的不是某个单一股票的风险和预期报酬,而是关注已经充分分散了的投资组合的风险与报酬的增减,在证券市场上,不同公司的股份可以有效地相互替代。

有效市场假说在资本市场基础会计研究中处于十分重要的地位。例如,如果我们要调查某一特定会计事件是否影响公司的股票价格,首先应该确定这一事件何时开始公布,然后对这一信息发布前后的股票价格进行对比。这种对比方法是事件研究法的基础,有关这一方法我们将在下一节进行讨论。

虽然有很多证据支持有效市场假说,但是,也有证据得出与此相反的结论,有关问题将在第 8 章进行讨论。的确,追踪股票市场异常现象越来越受到人们的关注。

事件研究法和市场模型

Fama,Fisher,Jensen and Roller(1969)对美国股票分割问题的研究是事件研究法的开端,该论文的发表经历了一个漫长的过程,论文

---

① BHP 是澳大利亚一家规模很大的著名上市公司。——译者

的稿件第一次投到《国际经济评论》是在 1966 年 5 月,但是三年后才发表出来。

在此十年前,Bellermore and Jaffe(1956)研究了美国 100 个股票分割样本,发现"总体来讲,在股票分割公告发布时,与股票分割相关的股票价格变动已经完成"。他们选择样本的数量和广度远逊色于 Fama et al. 的研究。Fama et al. 选择了 1927 年 1 月至 1954 年 12 月共 940 个股票分割样本,研究问题是股票价格对新信息的反应和调整程度,该问题是由 Fama 的同事 Jim Lorie 向他们提出的。芝加哥大学证券价格研究中心(CRSP)的成立为这一研究提供了得天独厚的有利条件,该研究中心的数据库可以提供每月股价以及股票价格比率(如报酬率)[①] 等资料。Lorie 负责管理 CRSP 的基金,而 Fisher 负责监督庞大的数据库建设。

Fama et al. 研究了股票价格因股票分割信息而导致调整的过程。实际股票分割日期与股票价格会被收集起来,进行同比例分割(即新旧股份之比),然后建立一个有关股票分割的数据文件。很多研究主要探究如何对一般市场因子进行控制,市场模型经常被用来作为控制模型[②]。该模型由 Fisher 建立,分别是每种股票价格比与市场指数比的最小二乘法(Ordinary Least Squares,OLS)回归。股票价格比与市场指数比在开始时进行变换,取其自然对数。在 OLS 回归方程中,因变量和自变量是连续复合报酬率。之所以要进行形式变换,是因为:(1)连续复合报酬率的分布比离散的报酬分布对称;(2)当运用价格比的对数进行回归时,残差比假设要求的回归结果更好[③]。

Fama et al. 运用从 1926—1960 年的所有可以得到的价格比来拟合

---

① 月度股票价格比是月末价格与月初价格之比,在计算过程中,根据需要(如股价是在除权或除息后表示)对月末股价进行适当调整,以反映月份内股票价格的变动。

② 市场模型一般以下列形式表示:

$$r_{jt} = \alpha_j + \beta_j r_{Mt} + \mu_{jt}$$

式中,r_{jt} 为证券 j 在时间段 t 的报酬率;r_{Mt} 为整个市场的一般报酬率;α_j 和 β_j 为模型的参数;μ_{jt} 为证券 j 在时间段 t 的报酬残差,它与整个市场的一般报酬率无关;r_{Mt} 为市场指数。

③ 然而,离散的报酬(也就是在按照原始价格比进行回归时)也可以得出几乎同样的结果。

市场模型。在股票分割前后有 15 个月的样本由于股票分割后股利降低被剔除，因为他们发现这些月份的残差系统地非零，很显然破坏了回归假设中期望值是零的要求。这些月份的残差在分割前是正数，而在分割后随着股利减少为负。利率变量是股票收益率，它与市场收益率不相关。从构造的模型看，月度回归残差包括在估计期间内，而相应的月度预测误差没有包括进去①。我们把这个变量，也就是回归残差或预测误差，作为股票的非正常报酬。之所以称其为非正常，是因为它是由总报酬减去正常报酬后得出的。而正常报酬是在市场模型中，在给定单个股票报酬与市场报酬正常关系的情况下所确定的预期报酬。

  事件研究法的一个特征是收益率被界定在事件时间，而且事件发生时间通常定义为起始时间。Fama et al. 对时间的限定为：对于每一个股票分割，月份 0 是股票在纽约证券交易所尚未进行分割的月份，对非正常报酬的追踪从每一次分割开始前 29 个月份开始，到分割后 30 个月份为止②。将 940 个股票分割公司的每个月份的非正常报酬率进行平均，这样，观察期间的月度平均值就被汇集起来，形成 Fama et al. 所说的累计平均残差（cumulative average residual，CAR）。分割后的股票被分成两类：第一类是在纽约证券交易所上市、股票分割后股利增长超过平均增长水平的公司。在该研究中，940 个公司里有 72% 属于此类；剩余的公司作为第二类。

  Fama et al. 发现，股票分割往往发生在报酬率异乎寻常地保持较高水平后的一段时间内。他们解释说，当股票分割消息公布时，市场对这一信息的理解是，公司股利可能在未来有较大幅度的增长。Lintner 曾发现，增加股利发放是给市场一个信号，即公司董事会对未来的盈利状况充满信心，并应该能够保持较高的股利分配水平。这样，在股票分

---

  ① 我们有意区分回归残差和预测误差这两个概念，回归残差是观察值（是回归预测中的样本）相对于根据样本所确定的回归直线的偏离程度。预测误差是指非回归预测样本中的观察值，偏离根据回归直线所得出的预测值的数额。

  ② Fama et al. 还收集了 940 个样本中的 52 个子样本的公告日期，这些子样本在公告日后的非正常报酬率与这 940 个股票分割日后的情况很相似。公告日期在事件研究中十分关键，它基于一项假设，即市场对即将发生的股票分割没有任何觉察，一直等到在股票市场上公布出来，才"充分公告"。

割消息公布时,以及在公布稍前的一段时间内,股票价格涨幅较大,说明投资者对公司未来的盈利预期发生了变化,而不是由于股票分割自身有什么特别的变化。十年之后,Ball,Brown and Finn(1977)在澳大利亚进行了与 Fama et al. 同样的研究,得出了相似的结论。

Fama et al. 的研究是事件研究法的里程碑。由于他们的工作,事件研究法和市场模型成为会计和财务研究中的标准工具。他们从信息观的角度出发,直截了当地将研究重点放在股票非正常报酬率上,以此来衡量股票市场对某一特定股票有关信息的反应情况。除此之外,他们指出,其研究结论支持有效市场假说,公告后的非正常报酬率是随机分布的,接近于零。

资本资产定价模型和套利定价理论

上节所讨论的市场模型是研究某一股票报酬率与市场报酬率关系的统计模型。与此相比,资本资产定价模型(Capital Asset Pricing Model,CAPM)则来源于新古典微观经济学中公司理论和消费者选择理论。William Sharp 所提出的 CAPM 是一种公认的形式[1]。当 Sharp 建立 CAPM 时,他的目的是解释当单个报酬率有风险时,资产以及相关的其他资产如何定价的问题。他认为,根据 Markowitz 的均值-方差理论(mean-variance world),就投资者而言,未来报酬率分布的均值和方差(或者其平方根、标准差)就是其充分统计量(sufficient statistics)[2]。

CAPM 是在事件发生前就已经确定的。这一理论建立在投资者对未来报酬无法观察到时的信心或者期望的基础上。CAPM 涉及没有确定长度的一个时间段,例如,它可以计算买入并持有股票(如 12 个月)

---

[1] Sharp 与 Harry Markowitz 以及 Merton Miller 共同获得了 1990 年诺贝尔经济学奖。

[2] 在投资者进行最优投资组合决策时,如果没有有关未来报酬概率分布的更充分的信息,均值和方差可以作为足够的统计指标。

的预期报酬。它是一个局部均衡模型，因为它可以将得到的资产进行投资，并且在投资期结束时得出这些资产价格的多种分布情况。Sharp 假定投资者接受未来资产价格的多元分布，且市场存在一个单独的无风险利率，所有投资者都可以按照这个无风险利率无限制地借入和借出资金。除此之外，还有一个概念叫风险溢价。所谓风险溢价，就是投资组合的市场期望报酬率与无风险报酬率之差。我们假定市场风险溢价是由外部因素所决定的。

Sharp 的理论推导始于投资组合理论的基本框架。投资组合理论是建立在 Markowitz（1952，1959）的均值-方差有效集（mean-variance efficient set）这一概念基础之上的。根据 Markowitz 的定义，有效集合（efficient set）由在方差一定的条件下能够使预期收益最大化，或者在给定预期收益条件下使得方差最小的所有投资组合组成。根据 Sharp 的假设，所有投资者都可以以无风险利率借入或借出资金，有效集合就是资本市场线。在风险预期报酬的标准差一定时，资本市场线是从无风险资产报酬率这一点开始，经过市场投资组合平均报酬率和标准差这一点的一条曲线。所有的最优投资组合都是有效集合的组成部分，都位于资本市场线上。从原则上讲，单个投资者的投资组合，可以在资本市场线与风险预期报酬率无差异曲线的相切点找到。

用更熟悉的形式表示，CAPM 就是资产 i 的预期收益 $E(R_i)$ 与 β 值 β_i（也就是系统风险）之间的线性方程：

$$E(R_i) = r_f + \beta_i (E(R_m) - r_f)$$

式中，r_f 代表无风险利率；$E(R_m) - r_f$ 表示市场风险溢价；β_i（即 $\text{Cov}(R_i, R_m)/\text{Var}(R_m)$）表示资产的系统风险。换句话说，$E(R_m) - r_f$ 是单位资产系统风险的价格，β_i 是与一美元的资产 i 投资相关的系统风险量。

人们普遍认为，规避风险的投资者应该得到一个较高的预期报酬率，以补偿其所面临的高风险，但是对风险的量度却缺乏详细的说明。Sharp 的理论对这一问题进行了阐述。根据他的假设，人们只需对与市场相关的 β 值进行估价，其他风险可以分散掉。也就是说，我

第 2 章 财务学基础理论

们不用对非市场风险（即投资组合中与市场风险无关的那部分风险）进行估计，因为通过有效的投资组合，完全可以将该部分风险"冲刷掉"。

CAPM 是一种事前的估计模型，但在实际中，也可以用事后的资料来预计 β 值。本专著所讨论的一个问题就是用系统风险作为标准，来对会计方法进行选择。这些会计备选方法包括是否要对融资租赁资本化，以及第 5 章中要讨论的其他问题。这里我们主要想说明的是，证券的系统风险（或者说 β 风险），在财务理论中占据着重要的地位。

Sharp 以芝加哥大学的一句格言来为 CAPM 假设条件进行辩护："对一个理论的检验，不能看它的假设是否实用，而要看它的结论是否可以接受"。至于 Sharp 的假设，Black（1972）认为，当唯一的报酬率下降（不存在）时，这些假设仍然有效，但是需要将 r_f 替换为 $E(R_z)$。$E(R_z)$ 是指与市场报酬率无关的、风险差异最小的投资组合的预期报酬率。同样道理，相似的预期值的假设也并不十分关键（Lintner，1969）。

比 Sharp 的假设更重要的是 CAPM 的准确性。人们已经注意到有许多异常情况，例如小企业效应（small firm effect）[①]。所有这些因素要求对模型中的风险因素集合进行拓展。

套利定价理论（APT；Ross，1976）是一种可选择的解决方案，它是一个比 CAPM 更实用或者说更常规的统计模型。它承认有一系列不明确因素对计价产生影响，预期收益在不同证券之间的系统性差异与其对每个因素的事前收益的敏感性成正比。虽然 Chen，Roll and Ross（1986）试图将这些因素与我们较熟悉的经济因素相联系，但是套利定价理论缺乏 CAPM 的经济学基础，因此，CAPM 至少暂时还是主流观点。

基于人们对 CAPM 的怀疑，我们最好去验证这样一个结论，即一

[①] 小企业效应的发现归功于 Banz（1981），Banz 注意到美国小型公司的股票许多年来一直有着比大公司明显高的风险调整收益。在澳大利亚股票市场上，也有充分的证据证明小企业效应的存在，包括一些专业基金公司中小企业投资占总的投资组合重要部分的传闻。

个事件研究的结果不受报酬计量方式的影响。这意味着我们可以将采用不同方法计算出来的报酬率进行对比，例如，报酬可以利用以下形式：原始的报酬率（未经调整的报酬率）；在实验期间计算出的原始报酬率减去估计期间的平均原始报酬率；原始报酬率减去市场指数，有时也叫 0-1 模型，因为它相当于假设市场模型中的截距为 0，斜率为 1；用市场模型进行拟合估计；用 CAPM 进行拟合估计的事后版本；通过计算规模加权调整的收益率等。这些稳健性检验方法，是严谨的实证设计的特征。

期权

Black and Scholes（BS，1973）之前，尚无完整的期权估价理论，也没有完善的期权交易市场。从 1973 年开始，金融市场经历了革命性的发展，到目前为止，风险性交易已经十分平常。这些发展与 BS 的买入期权定价模型的建立关系十分密切。

买入期权是一种合同，它规定买主在未来的日期（期权到期日），有权按照事先约定的价格（履约价格），从期权卖主那里购入某种资产。欧式期权只能在到期日进行交割，而美式期权可以在包括到期日之内的任何一天进行交割。

BS 模型实际上是包括六个变量因素关系的方程式：与期权相对应的实物资产的现价（underlying asset's present price）；时限，即从购入时到期权到期日；从购买日到期权到期日这段时间实物资产的报酬率方差（衡量其波动性）；期权的履约价格；从购买日到期权到期日的无风险利率；买入期权的价格。该模型显示，买入期权（call option）在下列情况下更划算：与期权相对应的实物资产价格越高，期权履约时间区间越长，资产的波动性越大，资产的履约价格越低，无风险利率越高。

假定给模型中任意五个变量赋以适当的数值，我们就可以运用 BS

模型来计算第六个变量的值。这通常意味着，要么先计算方差，然后计算买入期权的价格；要么先观测买入期权的价格，然后计算方差（称为隐含方差）。BS模型大多应用于这两种情况，因为其他四个变量中的两个（履约价格和到期日）通常已经在期权合同中予以规定；另外一个变量，即合同约定资产的现行价格，在活跃的市场上可以观测到，并且误差较小；剩余的一个变量，即无风险利率，期权价值往往对其不敏感。但是，不能因此而否定该模型可以对一些变量进行预测。例如，给定期权价值的均衡到期日、标的资产的价格和波动性等。

BS模型假定，在期权的有效期内，欧式股票买入期权不分配股利；期权与其相对应的资产在一个完善而且持续存在的交易市场上交易，允许卖空；无风险利率保持不变；股票报酬率的连续复合报酬率呈正态分布，均值和方差保持不变。在以后的章节中，我们还将涉及一些放宽了假设条件的研究。不管怎样，这一模型是经得起检验的。

BS模型预测期权价格的作用得到了广泛的验证。当股票现价大大高于期权的履约价格、股票在期权到期前支付股利或者期权价格的波动幅度高于正常情况时，这一模型在预测买入期权价格时可能高估。而在股票现价大大低于期权履约价格，或者期权价格的波动幅度低于正常情况时，利用该模型估计期权价格时可能低估。当股票现价与期权的履约价格一致、在期权到期前大约三个月或者期权价格的波动幅度与正常情况一致时，利用这一模型就可能得出最准确的结果。

这一模型带来了十分丰硕的研究成果：例如，它除了一直被用来对卖出期权进行估价外，还应用于认股权证、可转换债券、捐献股份、增长期权以及矿业租约等的估价。这样，就导致了新的金融市场的发展，包括对利率风险、外币风险和投资组合风险等进行管理的市场，这个模型对财务理论和实践的影响十分深远。

但是，在第13章我们可以看到，期权模型对会计实践的影响到目前为止还不是十分巨大。

小结

本章所涉及的主要财务理论有股利和信号理论、公司价值与资本成本、有效市场假说、事件研究法和市场模型、CAPM 和套利定价理论以及期权定价理论等，它们构成了资本市场会计问题研究的基础，在以后章节我们将会广泛运用到这些理论。

第 3 章　报酬-盈余关系的早期研究

过去 30 年来，在资本市场变量与会计信息的所有相关关系中，人们对报酬与盈余之间的关系进行了深入详细的研究。而一提起报酬-盈余关系研究，我们总是要至少追溯到 1968 年。这一年，有两篇对会计界影响巨大的文献发表，一篇是 Ball and Brown 的文章，另一篇是 Beaver 的文章。这两篇事件研究文献都出自芝加哥大学，前者涉及在盈余报告前 12 个月和报告后 6 个月内，对盈余信息与非正常报酬的关系的研究；后者是关于在盈余信息公布后若干周内股票价格的波动性和交易量变动情况的研究。

虽然有关报酬与盈余存在关联的证据在统计意义上是令人信服的，但是在经典研究中，盈余的解释能力还显得十分薄弱。Lev（1989）将这一原因归咎于公司盈余质量低劣（low earnings quality）。"盈余质量"这个名词并不陌生，在投资领域的文献中已经使用很多年了，但是缺乏一个准确的定义。通常的解释是（如 Hawkins，1978）盈余质量就是证券分析师对市盈率（股票市价除以每股盈余，即 P/E 比率）的看法：市盈率越高，盈余质量也越高。这一解释就很自然地将盈余质量与报酬-盈余关系中的盈余系数的大小联系起来。

在讨论上述文献之前，我们有必要首先研究一下 1968 年发表的另外一篇文献，这篇文献虽然没有对以后的研究产生很大的影响，但是对芝加哥经验研究学派的精神把握得很好。

预测能力标准

Beaver, Kenneley and Voss（1968）巧妙地阐明了预测能力标准（predictive ability criterion）问题，这在芝加哥学派中占有十分重要的地位。这是一篇十分重要的文献，它强调了在应用标准选择方面的实际困难。

从表面上看，预测能力标准好像十分简单：在决定如何对会计计量方法进行选择时，主要的标准是看备选方法在预测影响投资者利益相关事项上的能力大小。所谓"最好"的计量方法应该具有最强的预测能力。Beaver et al. 引用了 20 世纪 60 年代关于引入税收效应会计的争论来说明这一标准。这场争论的最后结论是，是否在所得税会计中对递延税金进行调整，取决于是否更有利于对公司价值的预测。其他例证还有：

● 评价在编制季度财务报告时选择不同会计程序的标准，是看据此方法编制的季度报告在预测年度盈利时的能力是否更强。

● 评价财务比率计算方法的选择标准，是看哪一种计算方法对债券评级变化、破产或债券违约的预测能力更强。

● 判断租赁是应该予以资本化或者仅作为费用处理，是看将租赁资本化后所反映的财务报表数据预测企业未来贷款违约能力的强弱。

Beaver et al. 对最后的这个问题进行了详细的讨论，展示了所采用的预测能力标准。从根本上讲，资产和负债的计量有两种对应的方法，一种是融资租赁资本化，另一种是不进行资本化，而是将其作为经营租赁处理。他们注意到在 20 世纪 60 年代，无论是赞成还是反对租赁资本化的观点都有一个共同的特点，即都可以转化成可以进行实证检验的命题：贷款违约的可能性用负债比率表示。虽然基于该命题的理论没有解决资产和负债如何进行计量的问题，却给出了解决问题的思路。

实际工作中的定义往往与理论上的定义有所不同，因为当这些概念应用到实际中时，会出现计量误差。因此，"最好的"可操作定义通常应该是在具体情况和环境条件下可以进行实证检验。他们认为，"最好的"可操作定义是在给定的环境下，预测能力最强者。这一观点与芝加哥大学经济系提出并由该大学商学院的博士生积极拥护的实证理论方法相一致。

Beaver et al. 指出，预测能力是"产生可实际应用（如预测）的能力，并且可以用实证证据对随后的预测进行验证"（p.677）。备选会计方法（alternative accounting measures）有着自身的特性：它们都是抽象的，并且这些理论在逻辑上都是正确的。不同的会计处理方法的目的是要对事项进行预测，它们既需要逻辑推断，也需要实证检验。

然而，当这一标准付诸实施时，必须要解决一些棘手的问题：什么是需要预测的最合适的事件？如果两个（或者更多的）事件相关，并且得出不同预测能力结论时如何处理？如何在某个事件与相关会计概念之间建立起理论的联系？如何对这一联系进行检验？如何确认一系列备选可操作定义或者因变量和解释变量等这些实证检验的对象以及与之相关的会计概念？因变量和自变量之间的函数关系是什么？这一关系在一定时期内的稳定性如何？既然不是所有的预测误差成本都一样，应该如何评价预测能力？[①]

我们在阅读以下章节时，应该牢记这些问题。

事件研究法

Ball and Brown（1968）

在会计文献中，Ball and Brown（1968）[②] 的研究使得由 Fama, Fisher, Jenses and Roll（1969）[③] 所最先倡导的事件研究法流行起来。

---

① 在有关论述银行信贷决策的内容中，银行同意贷款给一个以后不能偿还款项的企业的一笔资金的成本，与拒绝一个信守承诺企业的借款申请的成本是不同的。
② 这篇文献的回顾和写作背景可以参观 Brown（1989）。
③ 详见第 2 章。

Ball and Brown 提出了一个问题：股票市场上的非正常报酬率是否与初始年度数字（preliminary annual number）中的每股盈余数字有关[1]？先前的研究使得他们对这一问题产生了浓厚的兴趣[2]。芝加哥大学股票价格研究中心的月度股票价格数据库为这一研究的顺利进行提供了便利条件。

对这一问题的解答是通过典型的事件研究法完成的。Ball and Brown 选定了一批样本公司（在纽约证券交易所上市的财务年度为12月31日的261家公司），并做了如下工作：确定一系列财务年度（1957—1965年）；汇集每股盈余数据，并找出每股盈余的公布日期，以及公布日期前12个月和公布后6个月的股票报酬率；根据盈余预测误差[3]将其分为"好消息"和"坏消息"，然后再把众多的公司/年份分成两个投资组合；对在［-11：+6］[4]这十几个月份内的股票非正常报酬率进行计量；对盈余信息与非正常报酬率的关系进行统计的显著性分析。然后，他们对两个投资组合的非正常报酬率进行对比，这两个投资组合是根据盈利信息发布前第11个月开始划分的，第一个投资组合是由在［-11：0］这段时间里对非正常报酬率准确预测的公司组成，而第二个投资组合是由对每股盈余准确预测的公司组成。

研究结果如下：投资者发现，盈余数据是"有用的"，盈余预测误差或者盈余创新与非正常报酬率之间存在显著相关关系。当根据非正常报酬的最佳预测所组成的投资组合的非正常报酬率为16％时，而根据

---

[1] 初始报告数字（preliminary number）是报告给证券交易所的第一份年度每股收益数字。

[2] 见 Brown and Ball（1967）。

[3] 盈余预测误差可以定义为实际盈余数据减去盈余预测数据的差额。它共有两个预测模型，其中一个是直接根据一个公司有关资料进行简单回归得出的预测模型。运用以前年度数据，对该公司年度盈余的变化额与"市场指数"（根据所有样本中其他公司的平均值）的盈余变化额进行回归。某年度的预测数据可套用反映该年度盈余变化的回归方程来计算。盈余预测误差可用公司报告中的实际盈余差额，减去预测的盈余差异来计算。在另一个预测模型中，假定盈余符合简单的随机游走形态，由此认为本年的盈余预测值与上年的金额一致。盈余预测问题将在本书以后章节进行详细讨论。

[4] 一般来讲，公告时期为0期间，在目前的举例中，Ball and Brown（1968）运用［-11：+6］这样的符号来表示研究期间有18个月，即从开始的月份-11（公告前11个月，其中公告月为0，因此实际共有12个月）到结束的月份+6（公告后的6个月）。

第3章 报酬-盈余关系的早期研究

每股盈余最佳预测所组成的投资组合的非正常报酬率为 8%，为前者的一半。换句话说，每股收益这一指标包含了公司向市场传达的一半信息，并且也由此对该年度股票的价值产生重要的影响。但是，年度盈余数据往往被其他更及时的媒体预先了解（85%~90%的股票价格的变动在公告月份前已经发生），这样就引出另外一个问题：市场是如何得知这一消息的？一些学者试图通过对各类公告引起的价格变化进行分析，以回答这一问题。就已有的研究成果看，有两个方面的研究已经引起会计学术界的注意：一个是中期报告，包括季度和半年度报告；另一个是盈余预测。

Ball and Brown 的研究题目是"会计收益数据的经验评价"，也许我们首先想到的是为什么要研究收益数据（盈余）。这里有四个原因：根据美国财务会计准则委员会的规定，财务报告最重要的目的是提供盈余数据及其详细信息[1]；盈余与股东的利益密切相关，而股东是财务报告的重要使用者；盈余最受证券分析师的关注，经常要对其进行分析和预测；可靠的盈余数据比较容易取得。

下列原因可能解释 Ball and Brown 的文献为什么会对 1968 年以后的会计文献产生如此重大的影响：

- 它对传统的研究方法进行了创新：提出假设、收集数据、进行数据分析、得出研究结论。
- 它对公认会计准则的批评进行了反驳。
- 它是早期呼吁"实证研究"的文献[2]。
- 它强调用数据检验观点。
- 它采用信息观的论点[3]。
- 它包含了研究设计的基本要素，为以后的研究建立了一种模式：

---

[1] 见 1978 年美国财务会计准则委员会概念公告第 43 段。见 FASB（1978）。
[2] 详见 Ball and Brown（1968，pp. 159-160）。
[3] 信息观认为，无论在何种情况下，会计盈余都是一种包含多种信息的信号。这种观点引发出一个问题就是：包含信息的信号特征是什么？信息观改变了投资者的信念，而信念的改变又导致了他们投资行为的改变。预测误差是盈余信号的一部分，股票价格的变动是可以观察到、可以计量的投资者信念的变动。

假设股票市场为半强式有效市场,这样,可以将研究重点放在盈余公布日前后的市场行为上;对盈余预测建立模型,以检验盈余报告中或有关盈余报告的消息是否有用;将公认会计准则中的盈余与原始的经营现金流量进行对比;利用市场模型(Market Model)和 CAPM 对非正常报酬进行预测。

● 研究过程和结论具有坚实的基础,经得起理论和实践的检验。即使样本采用的是不同的财政年度、不同的国家和不同的时间,这一研究也有很强的适用性。

● 它导致了很多有关此类研究论文的出现[①]。

Beaver(1968)

另外一篇发表在 1968 年的具有重大影响的论文是由 Beaver 完成的。这是一篇关于早期的资本市场会计研究的文献,为了紧跟当时的流行术语,Beaver 将他的"实证"研究方法与"规范"研究方法对比后指出:实证研究方法要回答的问题是"投资者对盈余的反应如何",规范研究方法要回答的问题则是"投资者应该如何对盈余做出反应"。

Beaver 文献的创新之处有以下几个方面:对时间段与众不同的划分(他采用的是每周股票市场数据);较窄的时间窗口(time window)(他所选定的时间窗口为[−8:+8]周);引入两个表述会计信号反应情况的市场行为度量指标:股票价格波动性和股票交易量。

Beaver 也采用了信息观的论点,"如果盈余报告导致投资者对公司未来的报酬(或价格)概率分布的评价发生了变化,例如,现行市场价格发生变化,我们就可以说一个公司的盈余报告有信息含量"(p.68)。与 Ball and Brown 的研究不同,Beaver 避开了对盈余报告是"好"消息或者"坏"消息的判断问题,这就是说,在没有有关投资者对盈余预期信息时,他既没有对股票价格变动趋势进行预测,也没有对受盈余信号影响所造成股票价格的变动幅度进行估计,而是简单地认为,在盈余信息发布的一段时间内,股价变动程度比没有信息发布时高。因此,Ball

---

① 见 Brown(1989)对该文的评价。

and Brown 是根据盈余报告是好消息或坏消息，从而预测出股价的变动方向；Beaver 则重点强调信息发布时股价绝对值的变化要高于其在其他时间的变动。

如上所述，Beaver 避开了评价盈余报告是好消息还是坏消息问题，他的这一策略颇具玩味。但由此产生的一个问题是，这一策略是否大大削弱了他的研究成果的影响。假定预测基础是可靠的，那么对预期价格变动方向的预测可以使检验变得更加有说服力。这种做法通常要求确认并采用一个能够最有效代表盈余预测的指标，这一问题将在第 6 章讨论。Beaver 的实验区间使得实验设计上的这一缺陷从某种程度上得到弥补，摆脱了一些可能造成股价变动从而影响结论的其他事项的影响。这里所指的实验窗口期（experimental window），就是盈余信息披露可能对市场行为产生影响的时间区间。Beaver 的研究方法产生的另一个问题是，他没有指出股价增长是方差变大（平均报酬率的离差增加）造成的，还是一个非零平均值的增加引起的[①]。

Beaver 注意到，信息的一个含义是它必须导致行为的变化，这一变化的证据就是投资者重新选择投资组合。据此他推断出，在盈余信息公布时的交易量应该大大高于其他时间的交易量。在 Beaver 看来，"股价和交易量检验的差别在于，前者反映了整个市场期望的变化，而后者反映了单个投资者期望的改变"（p.69）。

为了证明价格波动和交易量在盈余公布时较高的假设，Beaver 选取了在纽约证券交易所上市的 143 家公司在 1961—1965 年的共 506 个公告为样本。虽然当时绝大多数公司均以日历年度作为财务年度，但 Beaver 选择的这些样本公司，财务年度均不是在 12 月 31 日结束的。之所以这样选择，是为了避免实验受到干扰，就本例来讲是为了避免信息传递[②]（information transfers）的影响。公告日期摘自"华尔街日报指数"（Wall Street Journal Index），如果某一股票价格受到其他因素影响

[①] Beaver 的波动测度标准是市场模型预测误差的平方（对应非正常报酬率关于 0 的二阶矩）。因为随机变量的方差（即均值的二阶矩）等于它的零矩减去均值的平方。

[②] 信息传递是用来描述一个公司所传达出的信号影响到其他相关公司的价值的现象，见第 7 章。

已经发生变化，那么就将这一公告剔除，这些影响因素包括报告期内股票分割或者在发布盈余公告这一周内发布了股利公告等[①]。交易量采用两种方式进行测度：未经调整的交易量（如原始交易量数据）和通过市场模型的特别形式进行调整后的交易量[②]。波动性用预计报酬率预测误差的平方进行测度，预计报酬率来自市场模型中的周报酬率，而不是在盈余公告前 8 周以及之后的报酬率。波动性用比率形式表示，具体来讲就是预测误差的平方，除以市场模型回归得到的残差。

Beaver 的显著性检验是另外一个创新。为了证明投资组合水平上的异常行为，Beaver 在他的 17 周实验窗口内计算了样本中所有报告的平均交易量（或波动率）超过 1961 年 1 月至 1965 年 12 月其他几周相应的周交易量（或波动率）的相对频率。第二个检验基于单个股票进行。对实验区间的每一周，Beaver 计算出出现正的预测误差的公司数量，并将其与其他周出现正残差的频率进行对比。

统计结果发现，在发布公告的一周，交易量达到最高点，比其他周高出 30%。在 260 个非公告周中，只有 4 个有较高的交易量（他的第一个显著性检验），并且在第 0 周出现较高正残差的机会小于十万分之一（他的第二个检验）。波动性在第 0 周也达到最高，比其他周高出 67%。只有 11 个非公告周的波动性较高（他的第一个检验），同样地，在第二个检验中，零假设成立的概率也小于十万分之一，在实验期和控制期内，二者差别没有统计意义（即不显著）。

Beaver（1968）与 Ball and Brown（1968）有很多相似之处，例如，二者都获得了美国会计学会颁发的杰出学术贡献奖。Beaver 的论文的重要进步体现在以下几方面：

- 巧妙地解决了寻找有效替代收益预期的问题；
- 定义两个市场行为的度量指标，具体来讲就是交易量和波动性；
- 采用较为狭窄的时间窗口；

---

① 在美国，盈余公告和股利公告经常是重要的分别公告项目。澳大利亚则不同，澳大利亚证券交易所标准报告鼓励盈余和股利同时公告。

② 也就是说，将在 t 周内交易的 i 公司的股票股数对纽约证券交易所交易总量的市场指数进行回归。交易量为该周交易的股票占公司发行股票的比例。

- 采用更敏感的数据（每周而不是每月）；
- 在实验设计上，将实验期间与控制区间进行对比。

对事件研究法的进一步观察

事件研究法（event study）要求事先确定一些因变量，从而把握对市场行为起重要作用的因素，这些因变量包括平均报酬率、波动性、交易量、交易金额、交易频率、买卖差价和市场深度等。自变量（或者说是包含信息的事项）也必须是事前确定的，例如盈余公告、股利公告、股票分割、收购出价、工会行动和管理层变更等。如果假设市场是半强式有效的（事实上通常都是如此），我们必须要知道事件是何时发生的。假定存在适当的理论结构和实验控制，我们必须要观察所发生的事件，并将其与我们所期望的其他事件进行对比[①]。

在传统的实验中，观测目标可以分为两类：实验组或处理组和控制组。有时控制组由可以单独匹配的其他公司组成，每一个控制组公司可以从与其相似的实验组中选择。另外一些情况下，控制组是自我匹配的（就像 Beaver（1968）所反映的情况）。因此，实验区间是公司历史中的一段时间，而控制期间是另外一段时间。

事件研究中一种流行的控制方式是市场模型。在利用这一模型时有一个隐含的假设，对照组或市场中的其他公司没有受到该事件的影响，或者预期不会对该事件做出显著反应。用统计学的术语讲，我们假定该事件与市场报酬率（R_M）无相关关系。Ball（1978）认为事件日期所涵

---

① 我们所希望观察到的交易行为包括：价格的上涨、波动、市场深度、交易量以及价格敏感信息披露后的交易频率。如果一项价格敏感报告"马上"披露，那么，在信息披露之前，往往会出现市场深度、交易量和交易频率的降低，买卖差价的扩大。这些模式往往在计算机交易体系条件下，对市场交易的实时历史（实际情况）进行重新组合时可以观察到。在澳大利亚，类似的计算机交易系统为澳大利亚证券交易所自动交易系统（Australia Stock Exchange's Automated Trading System，SEATS）。SEATS 生成的数据库在模拟市场均衡方面也带来了挑战，要求对计算机系统产生的巨量的计算机交易数据进行分类、分析时具有更高的技术。有关这一问题的研究见 Brown，Clinch and Foster（1992）。

盖的范围越广,实验的说服力也越强①。然而,在一些情况下,当某单个事件日期与整个样本中所有的公司日期都一致时,事件和市场报酬率(R_M)之间的独立性假设就会受到质疑。这方面的实例就是有关宏观经济变量的公告对市场效率影响的验证,例如,中央银行对利率的调整等。

Khurana(1991)选择在所有公司的事件日期为一个共同日期时来观察报酬率,研究的事件是美国财务会计准则委员会发布的第 94 号财务会计准则(FAS 94),该准则主要涉及所有控股子公司的合并问题。事件的发生时间是 1987 年该准则的正式发布日,因为人们都认为,市场在新准则生效日(而不是其他任何一天)将会把这一事件的影响考虑在内。

当所有公司的事件的发生时间都一样时,处理这一复杂情况的一种思路,是去预测该事件发生对股票价格影响的差异。在 FAS 94 事件中,它对于一般公司的影响用 R_M 计量。对公司不同的影响,可能根据它们的报酬额与按市场模型预测额之间的差额进行计量。面对准则发布这一事件造成的事件日期一致的情况,第二种方法是要找出关键日期。公司股票价格在一个特定日期的变化,与公司在其他日期的报酬率相关。Noreen and Sepe(1981)在对美国财务会计准则委员会的通货膨胀会计调查时采用的就是后一种方法②。

确定事件日期可能是一个复杂的问题。也许我们需要知道精确的日期,因为在一个信息化的资本市场上,所有股票价格的反应都归因于某个事件,事件发生的日期应该是公告发布的日期。这一事件公告的日期往往是按照某个自然日历天数来表示的③。如果事件日期不能精确地确定,而市场是有效的,那么研究就不能抓住由于事件发生所带来股票价格变化的全部内容。

股票价格的收集通常集中在一定事件期间(event period),所谓事件期间,就是与事件日期有关的一段时期。通过对事件期间前股票价格

---

① 尤其是涉及资本市场异常的影响时,见第 8 章。
② 详细讨论见第 10 章。
③ 澳大利亚证券交易所的电子数据库,由于有计算机系统时间记录,因此可以将公告时间精确地保存到 0.01 秒。所记录的公告时间是信息出现在连接到中央计算机上的交易厅的大屏幕上的时间。

的分析，可以判断出在有关信息正式公布之前走漏的情况。而事件期间后股票价格的分析可以揭露市场的低效率，例如市场对新信息的反应迟缓。有效的价格波动以及它的运用，将在第8章进行讨论。

复合事件（confounding events）一直被认为是事件研究的缺陷。任何价值相关的事件（正被讨论的事件除外）对公司的影响，无论是对事件期间的实验组还是对控制组来讲，如果不能给出正确的解释，都可能导致得出错误的结论。这方面的案例有：澳大利亚证券交易所公布的半年度和初始年度报告，通常伴随着利润和股利信息的公布；Sharpe and Walker（1975）讨论的资产重估公告问题，在该文献中需要对与资产重估同时发布的盈余、股利和资本化变动进行控制。对于复合事项，通常的处理方法是将已知的情况剔除，如 Beaver（1968），或者直接对复合事件进行控制，例如，在多元线性回归中，将盈余和控制变量全部作为回归变量。

报酬与盈余关系

序数关系

Ball and Brown（1968）通过对 2×2 的列联表应用卡方（κ 方）检验来分析评估报酬-盈余关系的统计显著性，这张表中的项目是正的和负的盈余预测误差（代表好消息和坏消息）与股票市场非正常报酬和损失相匹配的样本数。因此他们检验了意外盈余信号的符号与非正常报酬率的符号之间的关系。这个检验很简单，但就这一任务来讲已经足够了。

Magee 在美国会计学会 1975 年年会上发表的论文中，通过对非正常报酬率与盈余预测误差的回归，得出一个显著的斜率系数（slope cofficient）。Joy，Litzenberger and McEnally（1977）对股票价格在盈余公告后的变动十分感兴趣，发现在盈余信息发布后 6 个月内，盈余的大幅度增长与非正常报酬率有直接的关系[1]。

---

[1] 有关盈余公告后价格的非正常波动问题将在第 8 章讨论。

Beaver，Clarke and Wright（1979）的直接目的与前两篇文章不同，Beaver et al. 检验了以下正的序数关系[①]假设，即到财务年度结束后 3 个月为止的前 12 个月的累积非正常报酬率与盈余预测误差大小。他们还研究了股票的分组（分成不同的投资组合）对检验结果的影响。他们的研究受以下理念的驱动："当研究问题较为精练时，对盈余预测误差的处理就变得十分关键"（p. 316）。

他们采用信息观来解释盈余与股票价格的关系。他们注意到，资本市场的均衡可以看作从一种状态变化成股票的价格；同样地，盈余报告也是经过会计系统，将经济事项的状态变成信号。"假定股票价格和盈余反映同样的一组事项，那么对二者存在相关性的假设就不合逻辑"（p. 317）。这说明此种观点很难成为他们所希望的关系的"严格的理论基础"。

在他们的研究中，市场模型被用来预测非正常报酬率，盈余预测误差通常采用两种方法进行估计：半鞅模型（sub-martingale model）（即带偏差的随机游走模型），以及 Ball and Brown 的"盈余变化的市场模型"。为了便于在公司间对比，需要将每个公司的预测误差除以一个数字予以调整。一般可以采用两种不同的指标做分母：第一个是预测误差的标准差，需要对预测误差进行计算从而使其"标准化"；第二个是每股盈余预测值，预测误差可用相关的指标表示。当采用每股盈余预测值做分母时，两个盈余预测模型的预测误差的斯皮尔曼等级相关系数（Spearman's Rank Correlation）为 0.75[②]。因为盈余变量不充分相关，所以可得出结论认为至少其中一个变量包含计量（预测）误差。

该文还对意外盈余（unexpected earning）和非正常报酬的关系从投资组合和单个股票的角度进行了研究[③]。对于 10 年中的每一年资料，

---

① 序数关系是指在两个变量中一个变量的较大数值与另一个变量的较大数值有正的或者负的关系。
② 根据 276 家公司 10 年的总的分等计算。
③ 他们将证券分为若干个投资组合以避免盈余变量的计量误差，只要误差与盈余变量的真实价值不相关，将单个证券汇集成投资组合就会提高预测的效率。根据定义，我们所观察到的盈余（"真实"盈余加上计量误差）与计量误差相关。如果他们以非正常报酬率为标准来对证券进行分类，则其检验可能会更可靠。假定非正常报酬率与盈余的计量误差不相关，根据非正常报酬率来进行分组在一定程度上会减少误差（见第 9 章）。

根据盈余预测误差等级组成 25 个投资组合，计算各个组合的相对预测误差均值和非正常报酬率均值之间的秩相关系数。对半靴模型来讲，10 年间的相关系数在 0.17～0.96 之间，平均值为 0.47，这样就显著地推翻了二者无相关关系的零假设。正如他们所预计的，根据单个股票计算，二者关系很微弱：在 0.08～0.65 之间，平均值为 0.38。即使如此，这一相关关系仍然可以推翻零假设中的关于二者独立的假设。

Beaver et al. 得出结论，如果把盈余信号与股价变动的关系确立为目标，符号测试没有序数检验的说服力强，因为顺序关系是客观存在的。

盈余质量

单个股票的会计盈余与市场报酬率之间存在微弱相关关系这一命题被 Lev（1989）更进一步证明。他认为只有当以下条件成立时，盈余信息和非正常报酬率之间才可能存在完美的相关关系：第一，在对报酬率进行测算的时间段内，盈余是唯一的信息来源；第二，预期盈余得以正确估算；第三，投资者对所有公司的盈余披露有同样的反应。Lev 在他的第三个条件中隐含着一个假设，即市场对盈余组成部分的估价是公正的，即使将公告的盈余分割为一个个的组成部分，也不能增加任何信息。这一要求像 Lev 所指出的其他方面一样，不被证据所支持[1]。

Lev 分析了 1980—1988 年间发表在三个顶级会计学术期刊上的 19 篇有关报酬-盈余关系的文章。他指出，就单个股票而言，盈余往往仅能够对不到 1/10 的报酬差异进行解释[2]，试图通过改进实验设计来增

---

[1] 也就是说，盈余的一些组成部分可能被高估，见第 11 章。
[2] 有一种例外情况 Lev 没有提到，Brown, Foster and Noreen（1985）指出，当意外盈余用预测误差的百分比表示时，R^2 最大到 0.55，而当在预测日盈余预测误差被股价去除后，R^2 最大可达到 0.33。然而，这一研究将多年的预测混合在一起，长期预测受前期股票价格的影响的可能性更大。

强解释力心有余而力不足[①]。Lev将如此低下的解释能力部分地归结为会计盈余的低质量。

就Lev所说的盈余质量而言，他指的是对非正常报酬率的预测能力：盈余和其他变量中包含预测的内容越多，盈余质量就越高。因此，在他的命题中有一个循环推断，即盈余质量低劣是解释能力不强的主要原因，而盈余解释能力不强就造成盈余质量低劣。然而，当他继续提出一个研究计划，旨在了解盈余（以及其他会计变量）的有用性如何受到会计计量和估价的会计原则以及盈余管理（或者直率地说是管理操纵或创造性会计）的影响时，这一循环的推理并不重要。

Lev提出若干个需要研究的问题，旨在了解和提高会计数据的质量，他建议的研究内容包括：能够使会计信息嵌入股票价格的过程；在资产评估中发挥重要作用的财务变量；证券分析师在对会计信息进行解释时的特定调整；会计在最常见情况下的作用（例如在无法取得市价时）等。他推荐的研究方法和途径有：注重备选会计方法如何影响时间序列特征以及由此而对会计数据的可预测性产生影响的分析方法；确认与证券价格高度相关的会计实践的替代方法；识别在单个股票组成投资组合时所排除的干扰（noise）因素（这也解释了为什么投资组合与报酬的关系更紧密）；进一步地研究盈余管理的动机、方式和后果。

对于证券分析师而言，盈余质量是一个捉摸不定的概念（Siegel，1982）。Hawkins（1978）总结了盈余质量较高的公司的特征：

- 一致的、严谨的和审慎的会计政策。
- 税前收益主要来自公司的核心业务。
- 销售收入能够很快转变为现金。
- 净收益水平和收益增长不受所得税驱使。
- 负债水平适当，从来不用资本结构操纵收益。
- 从来不靠无法实现的货币和价格变动对盈余计划进行粉饰。
- 盈余水平稳定并且可以预测。

---

① 有学者指出，相关关系决定于报酬区间的宽窄，我们将在第4章讨论这一问题。

第 3 章 报酬-盈余关系的早期研究

Hawkins 接着指出了他称之为"会计预警信号"（accounting red flags）的现象，这将会警告分析师注意潜在的盈余质量恶化问题。具体表现有：

- 审计报告很长，并且措辞与正常报告不同，经常推迟审计报告的提供时间。
- 指派新的审计员。
- 改变会计政策，或者实际采用的会计政策往往是非保守的。
- 债权人、债务人借款，所得税费用中的递延部分，无资金准备的养老基金负债以及无形资产等项目非正常地增加。
- 非经常性收益增加，例如资产出售的收益。
- 下列项目降低：酌量性管理成本，例如研发费用、广告费用，毛利率，现金与流动性资产，存货周转率。
- 准备金发生变化。

传统上，分析师将盈余质量纳入对市盈率的特别评价，报酬-盈余关系的回归模型可以看作是建立和获取这些评价的方式。Lev 通过盈余变量解释报酬的能力评价盈余质量，另一种方法是将盈余质量与报酬-盈余关系中盈余变量系数的大小建立联系。

小结

预测能力标准假定，备选会计方法在对一些重要事项进行预测中产生两种不同的结论时，才可以对其进行评价。这一假定导致在应用这一标准时存在明显的困难。当我们研究如报酬-盈余关系等备选会计方法时，从制定准则的角度看，我们最大的目的不外乎是让准则制定者知道，有一类用户对会计信息是如此反应的。我们必须认识到，准则制定者在制定准则的过程中要做出的妥协和判断，远比我们目前所讨论的问题复杂。也就是说，股票市场活动与会计盈余数据相关一点也不让人惊奇。

Lev 以及在他以前的大多数学者们认为，会计盈余"质量"不高。Lev 首先给出了他对质量的理解：会计盈余质量是指在报酬-盈余关系中盈余的解释能力。然后，他提出了一个研究计划以找到提高盈余质量的途径。其他学者给出的盈余质量概念是不同的，他们的看法与证券分析师对市盈率是否适当的看法很相近，即市盈率越低，盈余质量越低。我们可以在报酬-盈余关系中利用这一观念来评价盈余质量，换句话说，盈余质量高低与盈余变量系数的大小相关。

我们将在第 4 章讨论这一问题。

第 4 章 盈余反应系数

在 Ball and Brown 对盈余报告与股票报酬率的关系进行研究时发现，盈余预测误差符号与非正常报酬率的符号显著相关。为了验证这一看法，他们对每一种股票在实际盈余发布前 12 个月的情况进行分析。因为所有股票投资组合对"好消息"的反应是价格上升，而对"坏消息"的反应是价格下跌，所以，只要对股票盈余预测误差的符号进行分析，就可以得出有关结论。他们的符号检验结果足以否定零假设中关于非正常报酬与意外盈余之间相互独立的观点。在 Ball and Brown 的研究结论中，他们还提出其他应予以关注的问题，即对非正常盈余的大小与股票报酬反应程度进行详细研究。但是，他们预见到在研究此类问题时可能面临一些经济计量学方面的困难[①]，而正是这些问题使得以后的研究变得较为复杂。

正如在会计文献中所讨论的，盈余反应系数（earning response coefficient，ERC）是指每股盈余每增加或减少一美元，股票价格的变动额。通常情况下，它是由非正常报酬率，与经窗口期前股票价格调整的公司未预期盈余（即未预期盈余除以窗口期前的股票价格）做回归后得出的斜率系数来估计的。

---

① 见 Ball and Brown（1968）。

对盈余反应系数的研究，可以帮助我们了解在一段时间内公司间报酬-盈余关系的变化情况，也可以对这一关系做出更有力的验证。这促使我们对盈余信息的本质，以及在整个市场信息结构中会计信息所能够发挥的作用做出更好的评价。

本章讨论的内容包括：盈余反应系数与早期财务文献中所研究的估价理论和资本成本之间的联系；盈余与股票价值其他指标之间显著相关的更多的证据；盈余反应系数的决定因素等。最后，对一些研究问题进行评论。这些问题包括在实证研究工作中报酬-盈余关系的形式以及测度报酬与盈余的时间窗口区间等。

公司财务研究中的盈余反应系数

与盈余反应系数相关的基本概念在公司财务研究上早已出现，比MM还要早，但是对我们来讲，他们的研究是一个研究盈余反应系数的良好的出发点。因为无论是分析性研究还是实证性研究，其重点都是研究公司价值与其以前投资所获得的盈余、未来的增长机会、融资政策之间的关系。

正如我们在第 2 章所讨论的，MM 将公司的资本化价值与税收调整盈余和增长机会价值联系起来。其中，公司的资本化价值表示为 V，用公司负债的税收利益（τD）进行调整。税收调整盈余表示为 $X(1-\tau)$，增长机会价值（value of growth oppotunities）表示为 G。那么，可以用下列等式表示：

$$V - \tau D = X(1-\tau)/\rho + G \qquad (4.1)$$

式中，ρ 是资本成本，X 是连续息税前利润。公司的资本化价值就是股东权益 S 的市场价值，加上负债的市场价值 D。当企业没有负债且无增长机会时，则有下列等式：

$$\pi = X(1-\tau)$$

第 4 章　盈余反应系数

式中，π 是权益人的税后盈余。因此，当企业只存在单纯的权益且无盈余增长机会[①]情况下，等式变为：

$$V = S = \pi / \rho$$

在高度简化的模型中，按照 MM 的理论，会计研究文献中的盈余反应系数就是资本成本的倒数。在他们的扩展模型中，即存在负债和增长机会的估价模型中（式（4.1）），盈余反应系数（在本文中为 S/π，实际上也就是市盈率 P/E）与资本成本、杠杆率和增长机会的关系为：资本成本或杠杆率越高，盈余反应系数越低；增长机会越高，盈余反应系数越高。从理论上讲，MM 的盈余反应系数决定因素包括扩展性，具体来讲，根据 CAPM 以及资本成本有关理论，盈余反应系数的决定因素还可以包括无风险利率、市场风险溢价、权益和负债的系统风险以及负债权益比率等[②]。

MM 希望预测某个行业的资本成本，并对其在一定时期内的变化进行调查。他们认识到，即使在同一个行业内，也最好对公司增长性与负债政策的差异进行控制。由于他们的资本成本概念与会计文献中所提出的盈余反应系数关系密切，因此，他们的实证研究方法对盈余反应系数的会计研究具有一定的借鉴意义。

首先，他们注意到公司价值受观测盈余（observed earnings）（会计盈余）的制约，其中，会计盈余用带有误差的连续性盈余表示。他们在实证研究中做出了严格的假设，即误差在公司间独立且无偏[③]。进一步假设易观测的辅助变量（instrumental variables）（尤其是股利支付、公司规模、负债和优先股的市场价值等）对误差变动十分敏感，可以通

[①] 这里有一个增长的价值溢价，MM 发现，公司希望有新的投资机会，从而为其带来超过资本成本的收益。

[②] Hamada（1969）将 MM 的公司价值理论与 CAPM 联系起来，他的分析没有考虑债务的风险问题，进一步的分析超出了本专著的研究范围，这里不再讨论。

[③] 如果误差的期望值为零，现时盈余是对现有资产在未来所产出的连续盈余的无偏估计（见第 2 章）。在受管制行业（如电力公用部门），这一假设可能失去作用，因为在这些行业，决定收入的价格往往参考会计利润率确定。管制行业中的公司往往有采用保守的会计政策的强烈动机，以推迟收入的确认。因为他们希望通过降低会计利润率从而提高垄断租金。

过它们清除这些误差。因此，将这些数据代入式（4.1）时，观测盈余就被其对辅助变量的回归中得出的预测值所代替。假设他们采用观测盈余，那么对盈余系数的估计就会发生趋于零的偏差，因为这样可能高估观测盈余和资本成本的误差。除此之外，还有一种可能是辅助变量公式本身就有错误，导致对资本成本的估计出现偏差。从这些讨论中可以看出，我们应该在影响盈余反应系数的因素中再加入两个因素：会计盈余的偏差和噪声。偏差的一个例子是，公司采用保守的会计政策，导致样本中观测盈余系统地小于"连续"盈余。

需要注意的是，MM的定价模型表示公司总的市场价值，并且在所有规模的公司中，它与净收益加税后利息费用高度相关。由于计量经济学的原因[1]，即使当式（4.1）中的所有项目除以总资产，然后代入电力公用行业数据，其R^2至少也为2/3。对那些担心报酬率与盈余之间存在微弱相关关系的学者来讲，这里可以给他们一个回答：拟合优度决定于估价模型如何设定，而不是其他因素。在本章后面部分，我们将再对这一问题进行讨论。

MM采用"相同风险类公司"（risk equivalent class）这样一个名词来表示拥有相同资本成本的一组公司[2]。他们首先把电力公用行业作为第一个这样的例子。在CAPM中，MM所说的相同风险类公司，实际上指的是资产β相同的一组公司。将1954年、1956年和1957年的数据分别代入除以总资产以后的回归方程（deflated regression），可以发现资本成本的预测数每年都在发生变化，其变化与3A级公用事业债券的平均收益率一致（MM，1966，p.379）。由此我们可以得出结论：盈余反应系数与其他资产的资本化率有关，它作为一个实证命题会经常发生变化。同时，这些比率的变化为盈余反应系数分别对不同公司、在不同时间进行拟合估计的合理性提供了一个有用且直观的检验。

另外，还有一点需要指出的是，MM讨论的是一个线性回归模型。

---

[1] 原因是避免异方差性，回归误差与代表公司规模的总资产相关。White（1960）的处理程序为避免异方差性提供了一个备选的估计方法。

[2] 见第2章对这一问题的深入讨论。

假定我们有两个备选盈余测度方法，并且希望通过利用其预测公司市场价值能力的大小来评价其相对的有用性。在我们所选择的样本公司中，两组盈余数据的相关程度越高，MM 的作用就会越小，在这种情况下，检验[1]将会失败。

狭义的概念

MM 将公司的盈余资本化率与资本成本视为一个整体，即负债成本加权益成本。会计文献倾向于将盈余反应系数视为盈余报告信息的更新在股票价格方面的反映。它注重权益资本报酬的会计计量的资本化率[2]。在一定意义上，会计上的盈余反应系数相当于证券分析师观念上的市盈率。

决定盈余反应系数的因素

在讨论 MM 的研究时，我们可以找出几个影响盈余反应系数的决定因素：
- 资本成本。资本成本越高，盈余反应系数越低。
- 杠杆率。杠杆率越高，盈余反应系数越低。
- 增长机会。增长机会越高，盈余反应系数越高。

CAPM 理论表明，公司的资本成本可以分解，因此，还有一些其他影响因素同样重要。盈余反应系数还决定于：
- 无风险利率。无风险利率越高，盈余反应系数越低。
- 市场风险溢价。市场风险溢价越高，盈余反应系数越低。
- 公司资产（或某个行业）的系统风险。行业的系统风险越高，盈

---

[1] 如果公司只有权益资本，则其资产 β 亦为公司的权益 β 风险。
[2] Jong Dae Jin (1992) 的文献例外，它讨论了债券价格对会计盈余的反应。

余反应系数越低。

● 公司的经营风险。Lev（1974）曾将其定义为固定成本与变动成本的比值，它决定于公司的生产技术：经营风险越高，盈余反应系数越低。

我们在讨论 MM 的文献时曾指出，当我们采用会计盈余而不是连续盈余来预测盈余反应系数时，可能出现两个问题：

● 会计盈余偏差（bias in accounting earnings）。会计政策可能导致连续盈余出现系统偏差，会对盈余反应系数的估计值产生影响。例如，如果会计盈余存在向上的偏差，盈余反应系数估计值可能产生向下的偏差。

● 会计盈余噪声（noise in accounting earnings）。单纯的会计盈余噪声可能会使盈余反应系数估计值出现偏差而趋于零，这是古典变量偏差中误差的一个简单表现[1]。

我们还注意到，尽管 MM 将公司资本成本视作一个整体，但是会计文献一直注重在估计盈余反应系数时采用股东报酬率。狭义的概念是将注意力集中在股东报酬率上，这意味着盈余反应系数取决于权益风险。假定公司的业务范围和生产技术一定的情况下，按照这一思路，盈余反应系数部分取决于：

● 在公司债权人和权益持有者之间分配报酬总额的规则。

其他影响盈余反应系数估计值的因素有：

● 盈余的持续性，或者说现阶段盈余增长的连续性程度，以及对未来盈余期望产生的影响。盈余持续性越稳定，盈余反应系数也越高。

● 盈余预测能力。Lipe（1990）对盈余预测能力的解释是根据历史盈余预测未来盈余的能力：盈余预测能力越强，盈余反应系数也越高。

● 公司规模。单纯从规模本身来看，该变量似乎并不十分重要。但是，它与其他一些更重要的因素相关。例如，规模与盈余变量的计量误

---

[1] Cho and Jung（1991，pp. 102-103）引用 Pincus（1991）的研究，该研究认为，盈余反应系数高的公司大多数采用"保守的"会计政策。比较困难的可能是如何区分采取"保守"会计政策和"自由"会计政策所带来的误差和偏差的影响，单纯的噪声通常有断章取义之嫌。有关讨论可见第 9 章 Beaver，Lambert and Morse（1980）。

差正相关[1]，并且往往与有关公告事项相关的一段固定时间的证券收益偏差（趋于 0）相关。因此，尽管有关证据并不是十分明确，但大公司的盈余反应系数往往会较小[2]。

● 公司所属的行业。正如 Biddle and Seow（1991）所指出的，行业可以将一些同类的影响因素组合在一起。例如，门槛较高的行业，盈余增长性往往很高，盈余反应系数也较高。

● 不确定性。公司未来预期盈余的不确定性越高，盈余公告的信息含量也越高。不确定性越高，盈余反应系数也越高[3]。

Cho and Jung（1991）详细回顾了大量有关盈余反应系数的研究文献，这些文献大多涉及上述因素。在后面的讨论中，我们就几个有代表性的话题来分享这些研究成果。这些话题包括盈余反应系数与盈余持续性、盈余预测、风险、报酬-盈余关系形式以及报酬期间的大小等之间的关系。

盈余持续性

Kormendi and Lipe（1987）提出的问题是，"盈余报告信息的本质是什么？它如何与公司价值建立联系？"他们试图通过关注盈余反应系数的大小，以及考察它与盈余增长的持续性关系来回答这一问题。他们的研究与 Miller and Rock（1985）的研究思路是一致的。研究的直接成果是，公司股票价格对盈余变化的反应程度（即盈余反应系数），与盈余变化如何影响股东对未来利益的期望有关。

---

[1] 产生偏差的原因在于，市场对大公司信息的预测要早于对小公司的预测。假定我们选择了一年的时间窗口（从 1992 年 4 月到 1993 年 3 月）来计量同一时间段内与盈余变更相关的报酬，对 1992 年 4 月以前发生的盈余变更，大公司往往具有较高的报酬率，因此在 1992 年 4 月到 1993 年 3 月这一时间段，大公司的报酬率偏差要比小公司的更大。

[2] Cho and Jung（1991, p. 100）引证道："在采用横截面变量数据对报酬-盈余关系所进行的检验中，规模变量并不比风险和成长性具有更强的解释能力。"

[3] 见 Cho and Jung（1991, pp. 87-89）。需要注意的是，未来现金流量的不确定性与盈余噪声是两个不同的概念，噪声越大，盈余反应系数越小。

在 Kormendi and Lipe（1987）所采用的研究方法中：股票价格就是权益所有者所拥有的公司未来利益的现值；反映公司未来预期利益现值修正情况的股票价格的变化，与预期未来盈余现值的变化基本一致；采用一个适合每个公司盈余变化历史的自回归时间序列模型，来反映市场根据过去资料预测未来盈余的能力[①]。他们预计，盈余变化造成的报酬反应的程度，与盈余持续性的计量直接相关，等于（1+P_j）。P_j 反映 j 公司的持续性，"1"反映在刚刚结束的期间实现的额外盈余在股价上的即时影响[②]。

Kormendi and Lipe 考虑了两种特殊情况。第一，如果每期盈余增长严格地互相独立，那么当时的盈余变化就是短期的，股价也将随着盈余增长一美元一美元地发生变化。例如，如果上一期的盈余增长为 G，那么上一期间未预期利益已经实现。独立意味着未来没有理由改变以前收益或损失的概率。因此，股价可能上升 G，即已获得收益的数额。

从另外一个极端方面看，如果盈余遵循严格的随机游走模式，那么当期盈余变化就是持久的，也就是说，在未来的任何期间盈余都以相同的金额变化。这样，非预期盈余（unexpected earnings）每变化一美元，股票价格将按照（1+1/r）进行变化，这里 r 是资本化率，我们假定其保持不变。承接前面的例子，如果盈余遵循随机游走模式，并且现在报告显示上年盈余超过以前年度盈余的金额为 G，那么股票价格就要上升 $G(1+1/r)$，或者说（$G+G/r$）。价格上涨的两个组成部分就是上期实现的利得 G，以及预计在未来连续收到的同样利得的永续年金现值 G/r。根据随机游走假设，永续年金上升是因为未来所有期间的盈余将要高出金额 G。

Kormendi and Lipe 的实证模型由两个公式组成。在第一个公式中，公司的报酬率是非预期盈余与期初价格比率的线性函数。在第二个公式中，非预期盈余是可观察到的盈余变化与以前盈余变化的加权总和的差额，反映盈余增长的一系列函数关系。事实上，在第二个公式的加权实

[①] 我们将在第 6 章对采用时间序列方法预测盈余进行详细讨论。
[②] P_j 是对公司未来预期盈余变化现值的估计。

第 4 章 盈余反应系数

证预测模型中,由于他们严格限制样本规模,只有两个前期盈余变动值包括在内。他们利用通货膨胀调整的市场模型,将报酬和盈余中的市场和通货膨胀影响剔除这样可以减少原始报酬与盈余数据的横截面相关问题。虽然采用一定顺序(首先预计盈余增长,然后分开预计报酬-盈余关系)处理两者的结果很相似,但是由于计量经济学的原因,需要将这两个公式联合起来进行预测。

Kormendi and Lipe 的数据包括非正常项目前的每股盈余和从 1947—1980 年每年的 4 月至次年 3 月的年度综合报酬率。根据定义,非正常项目是指不经常发生以及不应包括在利润表中的项目[1]。证券价格研究中心价值加权指数和标准普尔盈余指数分别代表市场报酬率和盈余水平。这两个公式分别采用财务年度截止日为 12 月 31 日的 145 家公司的数据。

Kormendi and Lipe 的研究结果支持他们的模型:盈余反应系数与盈余持续性正相关,盈余反应系数预计数在 -2.28~17.98 之间,中值(均值)为 2.5(3.38)[2],而当盈余服从严格的随机游走模型时,期望值为 11,折现率为 10%。

为了解释他们的结论,即公司由于盈余持续性不同而盈余反应系数也不同,Kormendi and Lipe 还参考了 Lipe 的其他研究成果。在 Lipe 发表于 1986 年的一篇论文中,他对美国盈余报告中六个常用的项目(即毛利润、管理费用、折旧费用、利息费用、所得税以及包含各种杂费的"其他项目")进行了研究,查看这些内容综合在一起是否会比盈余自身提供更多信息。如果是这样,这些新增信息与这些详细内容的时间连续性(time-series persistence)就存在相关关系。

采用与 Kormendi and Lipe(1987)[3] 相似的方法,Lipe 将财务年

---

[1] 另外一种做法是,它们均应该作为单独的回归因子包括在报酬-盈余关系的回归方程中。
[2] 参见 Kormendi and Lipe(1987)表 1。
[3] 共提出四个假设:(1)公司股票价格等于应归股东所有的未来预期盈余的现值;(2)由于某一因素变动导致未来预期利益发生的变动,基本可以用未来预期盈余的变动表示;(3)六个盈余要素的市场期望可以用多元时间序列模型进行估计;(4)用于对预期盈余折现的折现率,在不同时间、不同公司和不同要素之间一直保持不变。

度截止日为 12 月 31 日的 81 家公司的 1947—1980 年的数据代入模型，发现所有六个盈余组成部分都为单纯的盈余增加了解释能力。总的来讲，它们将平均 R^2 值从 0.10 提高到了 0.15。毛利润、管理费用最显著，而折旧费用和其他项目显著性最小。Lipe 发现，盈余组成部分对报酬的反应差别，与每一个组成部分的时间序列持续性的差别有正相关关系。

Cho and Jung（1991）在他们一篇实地调查的论文中得出结论，盈余反应系数与盈余连续性之间的正相关关系是始终如一的。但是，时间序列模型通常用来估计持续性，如 Kormendi and Lipe 的研究要求参数稳定，有时甚至要求很多年保持不变。他们得出了一些粗略的连续性测度方式，认为这些关系比根据面值所计算出的估计值更为牢固。

Kormendi and Lipe（1987）推测其模型可以进一步扩展，例如，通过找出现有盈余增长和对未来盈余的市场预期更准确的测度方法，在未来盈余的市场预期与他们如何影响股东之间建立一个更精确的联系。可以考虑的因素有：股利、营业现金流量、证券分析师的预测、产品或成本数据以及订单积压。

盈余预测能力

Lipe（1990）沿着 Kormendi and Lipe 的思路继续探索，他假定（Kormendi and Lipe 也曾经假定），股票价格是未来预期股利的现时价值；投资者对未来预期股利重新估计的现时价值，与他们对未来预期盈余的重新估计的现时价值一致；并且，计算这些现时价值的折现率长期保持不变。Lipe 又进一步假设，在这一年中，市场可以得到有关下一年度盈余的一个受干扰但是仍包含很多信息的信号。这样，根据盈余报告和其他信息，市场可以对股利的预期进行修正，进而对股票价格做出调整。

根据这些假设，Lipe 得出结论：盈余反应系数随着盈余持续性和可预测性的增长而提高，随着折现率的提高而降低①。可预测能力和持续性表现了盈余时间序列的不同方面：盈余增长性越低，盈余可预测性越高；盈余增长性自相关程度越高，持续性也越高。根据 Kormendi and Lipe（1987）对 145 家公司数据的研究，Lipe 发现盈余反应系数与盈余可预测性和持续性呈正相关关系，并且这一相关关系不受系统风险和公司规模等因素的影响。

然而，Lipe 注意到在解释其结论时存在一种困惑：公司盈余可预测能力越强，时间序列预测与市场盈余预测越趋于一致，盈余变量中的测定误差（measurement error）就越低。所谓较大的盈余预测能力，就是指较小的预测误差（趋于 0）。对盈余反应系数来讲，偏差是从盈余增长的测定误差中得出的。换句话说，统计偏差的降低可以造成盈余预测能力与盈余反应系数之间的正相关关系。

盈余持续性与风险

Easton and Zmijewski（1989）注意到绝大多数盈余反应系数预测值都来自样本公司的混合数据（pooling data），并且假定每一个样本公司的盈余反应系数预测数都是一致的。他们想要弄清楚的是盈余反应系数是否在公司间以可预测的形式发生变化。他们的研究重点是公司之间在盈余持续性上的差异，以及它们如何影响预期报酬率。

这篇论文基于以下思路：股票价格是未来股利的折现价值，未来股利则基于预期可获得盈余以及可以用来分配的预期盈余。一般情况下，正的（负的）盈余增长往往导致投资者向上（向下）调整其对股利的预期。未来盈余增长期望越大，未来预期盈余的变化、未来股利及其现时价值也越大。未来股利折现价值的变化，受到折现率的影响。折现率越

---

① Lipe 还发现，根据他的假设，在下列条件下，股票价格在盈余公告前后有较大的波动：（1）盈余可预测性较低；（2）盈余持续性较高。他发现支持（1）的证据较强，而支持（2）的证据较弱。

高，由于现值金额变小因而现值的变动就越小。因此，他们假设参数（即盈余持续性度量标准）修正后，盈余反应系数会提高，风险会降低（因为高风险对应的是高折现率）。

修正参数可以采用两种方法进行估计：第一种方法与 Kormendi and Lipe（1987）的对盈余持续性的时间序列测度方法相似，Easton and Zmijewski 采用 Foster（1977）的季度每股盈余时间序列模型预测盈余的持续性[1]，但是，这种时间序列方法忽视了证券分析师在进行每股盈余预测时是否能够得到其他数据，以及这些预测是否要比时间序列预测准确等问题。Easton and Zmijewski 估计盈余持续性的第二种方法，是根据公司发布季度盈余公告后证券分析师对每股盈余预测值的修正程度来进行估计。他们以一种十分有趣的方式建立了这一估计模型，具体可用一个虚拟的例子加以说明。

假定 1993 年 1 月 29 日，Value Line[2] 的分析师预测 IBM 1993 年的季度每股盈余如下：截止到 3 月 31 日的第一季度（Q1）为 \$1.5，截止到 6 月 30 日的第二季度（Q2）为 \$1.4，截止到 9 月 30 日的第三季度（Q3）为 \$1.1，截止到 12 月 31 日的第四季度（Q4）为 \$1.15，1993 年整个财务年度为 \$5.15。现在假定，IBM 在 4 月 15 日公布其第一季度每股盈余为 \$1.2，由于这一不利的消息加上其他信息，4 月 30 日分析师会对后三个季度的预测进行修正，从 1 月 29 日的数字调整到譬如说 Q2 为 \$1.15，Q3 为 \$1.00，Q4 为 \$0.95。在这个例子中，Q1 的每股盈余实际数小于分析师最近的预测数 30 美分，随后，Q2 降低 25 美分，Q3 降低 10 美分，Q4 降低 20 美分。这随后的修正部分地反映了第一季度的盈余增长的持续性——第一季度 30 美分的降低对未来季度预测值的影响。其余的变化反映了与第一季度实际每股盈余公告无关的其他信息，但关系到对未来每股盈余的预测。

更准确地说，对证券分析师来讲，他们得到的用于对预测值进行修

---

[1] Foster 发现，季度每股盈余时间序列基本上可以较好地利用季度性一阶自回归模型进行模拟，该模型将在第 6 章予以介绍。

[2] Value Line 是美国一家著名的提供投资信息服务的公司。其网址为 www.valueline.com。——译者

正的信息，由 1 月 29 日获得的信息以及从 1 月 29 日到对分析师的预测进行修正前（即 4 月 29 日）可以获得的其他信息组成。我们可以想象一下，这些额外的信息包括第一季度盈余报告以及其他信息。Easton and Zmijewski 假设，第一季度盈余报告的价值相关部分已经被 IBM 的股票价格变动所反映，具体来讲是在以公布日为中心的 7 个交易日（也就是从 1993 年 4 月 12 日[①]到 4 月 20 日）。而所有与 Q1 结果无关的其他价值相关信息，以及分析师在 1 月 29 日预测到 4 月 29 日结束这段时间内发布的信息，都包括在从 1 月 29 日到 4 月 29 日交易结束的 IBM 股票价格变化中（但是不包括那 7 天的交易时间，因为它与 Q1 的报告有关）。

在以上分析的基础上，分别将每一个公司的数据代入多元回归方程。因变量是 Value Line 分析师对下一个季度每股盈余预计的修正（在假设的例子中，Q2 预测修正值是 25 美分）[②]。自变量是分析师预测误差（30 美分的盈余变动），以及反映其他信息（非盈余信息）的股票报酬率。盈余连续性用预测误差变量的回归系数表示。

研究样本数量是 150 家公司，样本数据包括 1960—1980 年每一家公司至少 20 个季度的全部数据。他们发现，平均来讲，前一季度一美元的每股盈余变动（预测误差），会造成本季度每股盈余 34 美分的修正。在盈余变动是否可以持续到下一个会计期间方面，公司之间的差别好像很大。在这 150 家公司的盈余持续性估计中，有 10% 的公司小于 10 美分，另有 10% 的公司超过 65 美分。

Easton and Zmijewski 采用两种方法来估计盈余反应系数。在第一种估计方法中，因变量是在华尔街日报公布盈余信息的当天和前一天的 [1：0] 两天窗口期的非正常报酬率[③]。自变量有两个：一个是 Value

---

[①] 美国股票市场在复活节的周一仍然营业。

[②] 他们还对证券分析师盈余预测误差（如第一季度）和第二季度盈余预测的更改关系进行估计。正如他们所期望的，盈余更新对以后两个季度（如第三季度）盈余预测的影响，要比下一个季度的盈余预测影响力小。

[③] 非正常报酬率采用市场模型的预测误差进行计量。即使采用未调整或均值调整报酬率来进行估计，其结果也几乎不变。

Line 分析师的盈余预测误差（除以期初价格，这里的期初价格是盈余信息公布前两天的收盘价）；第二个为 Value Line 分析师的盈余预测之后到盈余信息公布前两天之间的股票报酬率。Value Line 分析师的盈余预测通常在盈余公布前 6 周发布。

假定后面的预测与前面的预测不同，采用过时的预测资料，而不是在盈余公布前两天进行预测，可能导致在盈余变量中包含测定误差。这一预测误差可能使得在预测盈余反应系数时偏差趋于零。Easton and Zmijewski 发现，从 Value Line 分析师发布盈余预测日到实际盈余公布前两天这段时间内的股票报酬率，可能受测定误差的影响，股价变动通常与盈余预测修正相关。预测修正期间[①]的股票报酬率，被引入作为回归分析中的第二个自变量，以减少测定误差偏差[②]。基于 172 家公司的数据，盈余反应系数估计值中位数为 1.3，而在第 10 和第 90 个百分位，该数值分别为 0 和 3.9。

在盈余反应系数第二种估计方法中，他们将报酬区间（return window）扩大，该区间从 Value Line 分析师的盈余预测发布日收盘之后到实际盈余报告公布当天收盘为止。因变量是在这段较宽的时间窗口中的累积非正常报酬（cumulative abnormal return），自变量是盈余预测误差，此时应采用预测发布日收盘时的股票价格除以该误差。重新确定事件区间将给受干扰的报酬率提供更多信息，这样可以使盈余变量减少测定误差。然而，这将降低回归方程的解释能力，因为其他与价值有关的信息在这样一段长时间内已经披露出来。如果这些信息与盈余预测误差相关，那么它们在回归方程中的遗漏将使盈余反应系数预测发生偏差。根据这 158 家公司的数据所得出的结果，盈余反应系数估计值中位数为 1.7，而在第 10 和第 90 个百分位，该数值分别为 0.4 和 7.1。

那么，盈余反应系数是否受到盈余持续性和风险的影响呢？Easton and Zmijewski 研究发现，盈余反应系数和持续性测度之间存在正的相

---

① 即从 Value Line 分析师的盈余预测日到盈余报告发布日前两天之间的股票报酬率。
② 盈余预测修正与预测修正期间的相关程度越高，这一程序就越有效。在第 9 章介绍已观察到的相关程度的讨论。

关关系，而与股票的 β 风险无关。而且，当采用分析师预测修正指标测度持续性时，其相关程度比采用时间序列方式的相关程度更高。他们还发现在控制了持续性这一变量之后，盈余反应系数与风险呈负的相关关系，这个结果与我们的预计相同，但并非一直都显著[1]。

报酬-盈余关系：每股盈余是变化还是保持平稳？

有关报酬-会计盈余关系的实证研究倾向于研究盈余变化与股票价格变化之间的关系。当二者均除以期初股票价格后，这一关系就成了股票报酬率与缩小的盈余变化之间的关系。可能是由于早期的事件研究注重盈余和报酬的增长，这一关系往往表述为非正常报酬的测度与盈余预测误差的测度的线性回归形式。

Easton and Harris（1991）提出，在报酬与盈余的回归中加入另外一个变量，即盈利水平，是否能够加强会计盈余数据对股票市场报酬的解释能力。其基本原理如下：今天的股票市场价格是一个"库存"因素，是与此股票有关的预期股利的现值[2]。同样道理，每股会计账面价值是一个"库存"变量，是决定每股股利的公司资源和债务在会计上的反映。假定在时间 t 股票 j 的市场价值等于每股账面价值，在所有的 t 内：

$$P_{jt} = B_{jt}$$

股份 j 的市场价值从 $t-1$ 到 t 的变化额 ΔP_{jt} 等于账面价值的变化额：

$$\Delta P_{jt} = \Delta B_{jt}$$

---

[1] 由于公司规模与非预期盈余的测定误差之间有正相关关系，这就意味着对小公司来讲，盈余反应系数预测值存在向下的较强的偏差，在对规模因素（用权益市场价值的自然对数表示）控制后，他们还计算了相关系数，结果发现结论不受影响。

[2] 预期可以收到的永久股利或者清算股利。

但是，假定我们采用"净盈余方法"（clean surplus approach），所有资产重估等都通过流动收益，则账面价值的变化等于会计盈余（A）减去支付给股东的股利（d）：

$$\Delta B_{jt} = A_{jt} - d_{jt}$$

两边均除以 $P_{j,t-1}$

$$(\Delta P_{jt} + d_{jt})/P_{j,t-1} = A_{jt}/P_{j,t-1} \tag{4.2}$$

式（4.2）确定了如下关系：股票市场报酬率与会计盈余水平（除以期初股票价格后），在导入简单的假设条件后，误差都予以忽略。这些误差包括，每股账面价值和市场价格不一致、股利分配时间与股票市场除权日不同、净盈余理论与会计实际操作的差别等。

通过设立不同的假设条件，Easton and Harris 发现，可以均等地、容易地推导出股票市场报酬率与会计盈余变化（除以期初价格后得出的比率）之间的关系。假设股票价格根据简单的市盈率模型进行定价，市盈率在第 t 期期初与期末为 $1/\rho$（根据 MM，ρ 表示资本成本）。股票价格在第 t 期期末为除权价，但在 $t-1$ 期期末为含权价。与这些假设相一致，我们可以得到：

$$P_{jt} + d_{jt} = A_{jt}/\rho$$

以及

$$P_{j,t-1} = A_{j,t-1}$$

由此可得：

$$(\Delta P_{jt} + d_{jt})/P_{j,t-1} = (\Delta A_{jt}/P_{j,t-1})/\rho \tag{4.3}$$

式（4.3）规定了股票市场报酬率与会计盈余变化（除以期初价格）的关系。

Easton and Harris 分别将式（4.2）和式（4.3）称作"只包含账面价值"和"只包含盈余"的模型。他们认为，作为一个经济生活中的事物，绝大多数公司的股票价格是账面价值和盈余两个变量的函数

(p.23)。在 Ohlson（1989）之后，他们提出了一个简单综合的模型，在这个模型中，式（4.2）和式（4.3）的左方，也就是报酬率，被表达为式（4.2）和式（4.3）右方变量的加权和，用于加权的权数总和为 1。这一综合模型是他们研究第一个问题的动因，即"盈余水平是否能够帮助解释报酬-盈余关系？"

为了回答这一问题，Easton and Harris 将当年股票报酬率对该年度的每股盈余[①]以及从上一年到当年的每股盈余变化进行回归，采用的样本数据为从 1969—1986 年共 19 996 个公司年度。回归分别按各年度和混合年度进行，同时进行单变量和多变量回归。

回归结果发现，原始报酬率与盈余水平高度相关（式（4.2）），而盈余变动（式（4.3））相关程度较前者低。当 19 996 个样本全部混合在一起时，报酬和盈余水平的 r^2 为 0.075，而报酬率与盈余变化回归的 r^2 为 0.040。在 19 年样本期间的 14 年中，盈余水平的解释能力超过盈余变化的解释能力。盈余水平的最小解释能力为 3.3%，而盈余变化的解释能力仅为 0.8%，两者最大解释能力分别为 23% 和 15.75%。

多元回归显示，无论是盈余水平还是盈余变化都有助于解释股票报酬率。当所有年份的数据汇总在一起时，R^2 为 0.077，盈余水平和盈余变化都显著低于 1% 的置信水平；在 19 个年度中的 18 个年份，盈余水平变量在 1% 的水平上显著，剩余的一年，在 5% 的水平上显著。而盈余变动的相应的数字是 7 和 0，在剩余的 12 年不显著[②]。

Easton and Harris 注意到，与其他会计学文献相似，他们采用的另一种方法是将非正常股票报酬率对两个盈余变量进行回归。在混合样本的回归中，R^2 为 0.078，这一结果与未调整报酬作为因变量时的 R^2 结果一致。然而，盈余水平和盈余变化的作用在一定程度上是相反的。例如，在按照年度逐个回归时，在 19 年样本期间，有 11 年（12 年）盈余水平变量在 1%（5%）或更高的置信水平显著，而盈余变动变量在

[①] 报酬是财务年度结束 3 个月为止的 12 个月份内的数额。
[②] 其中一个系数的 T 值为 −2.2。我认为他们采用的单尾检验的模型估计结果并不显著。同样，1971 年的 T 检验值为 1.8 和 1968 年的 1.9 均应视为不显著，因为 T 值不够高。

14（16）年中显著。尽管这样，Easton and Harris 认为，这些试图解释非正常报酬率的回归模型，与以调整（原始）报酬率作为因变量的回归不同，它们缺乏"定价模型"的令人信服的解释。

总之，Easton and Harris 的研究表明，无论是盈余水平还是盈余变化都有助于解释美国的历史报酬率；它们相互补充，每一个都可以单独地解释报酬-盈余关系。但是，它们的综合解释能力仍然相对较弱。

如果在其他证券市场上进行同样的研究将十分有趣[①]。

时间窗口宽度

报酬窗口区间宽度的选择是一个十分复杂的问题，假设我们在进行盈余预测时，对代表市场盈余期望指标的计量误差是独立的，那么，窗口区间越大，盈余变化的信号对比率的干扰越大。较大的研究区间将会提高价格对报酬影响的本质的可能性，而这也是我们关心的问题。同时，较大的研究区间意味着在预测盈余反应系数中有较小的向下的偏差。然而，较大的研究区间可能使更多的事件对报酬产生影响。它们可能影响报酬-盈余关系的解释能力，并且如果与盈余变量相关，还应该对其进行控制。

从另外的意义上讲，报酬窗口区间的宽窄也是需要注意的问题。如果我们将公司从成立到现在每年的盈余变化综合起来考虑，那么就可以估计出现在的盈余水平。因此，正如我们将在第 12 章看到的，在报酬-盈余关系的实证研究中，研究区间越宽，采用盈余水平与采取盈余变动的差别就越小。

当我们将多年份研究区间的盈余汇总起来时，便降低了盈余在内部分配期间的敏感性，并且缩小了营业现金流量与盈余之间的差别。扩大研究区间的底线能够提高盈余反应系数的度量和对报酬-盈余关系的解释能力（Easton，Harris and Ohlson，1992）。

---

① 已经有学者做过这方面的工作。见第 12 章。

第 4 章　盈余反应系数

小结

会计文献中的盈余反应系数由很多因素决定，一些与会计处理程序有关，一些与经济、财务和统计特征有关。这些文献让我们对以下问题有了更深刻的了解：为什么报酬-盈余关系在不同公司间长期存在？它们是如何受到权责发生制的影响的？这些文献还对报酬-盈余关系估计时应考虑的计量经济学问题进行了讨论。

第 5 章　资本市场的其他研究方法

到目前为止，我们在研究会计信息与资本市场的相关性时，主要利用盈余反应系数来研究报酬-盈余关系；研究方法，主要是事件研究法。然而，会计研究学者还从其他角度对会计信息与资本市场的关系进行了评价和分析。

本章的目的就是对其他两种评价会计信息与资本市场的研究方法进行回顾。第一种方法是利用会计信息来预测系统风险（即 β 系数）的能力。根据 CAPM，β 系数这一因素可以解释资产的预期收益为什么会有差别。第二种方法是根据资产负债表法，利用会计信息来预测我们可以笼统地称之为权益的市场价值的能力。这里，我们不去研究会计信息与债务市场的相关关系，因为这一问题超出了本专著的研究范围。实际上，有关这一方面的问题还有很多，例如，在债务市场上，如何利用会计信息去预测企业无法偿还债务的可能性？企业债务信用等级将如何变化以及会计信息对债券风险溢价（bond risk premia）问题的影响等。

风险预测

租赁负债是否应该确认？

虽然 Ball and Brown（1969）研究了股票市场 β 和会计 β 的相关关

系，但是确切地讲，Beaver（1970）是第一篇专门详细研究利用会计数据预测系统风险的文献[①]。而 Bowman（1980a，1980b）才可以真正称得上是第一篇研究利用会计数据预测系统风险能力作为会计方法选择的基础方面最重要的文献。随后 Dhaliwal（1986）、Tosh and Rue（1988）和其他研究者也采用了同样的方法。

Bowman 的研究涉及金融资产的资本化问题，他的研究建立在证券交易委员会发布的会计系列公告第 147 号（ASR-147）基础上。在此之前，Elam（1975）曾指出，金融资产的资本化不能提高会计比率预测企业破产的能力；Abdel-khalik et al.（1978）认为，虽然一些企业因为存在表外融资租赁而降低了信用等级，但是 ASR-147 文件的披露并没有对证券价格产生实质性的影响。Bowman 研究的问题是"融资租赁资本化对预测企业系统风险的能力是否有所提高？"[②]

Bowman 的研究模型建立在 CAPM 基础之上。在此之前，Hamada（1969）注意到 CAPM 与 MM 理论有密切联系，可以为权益 β[③]（equity beta）的决定因素提供一些基本的分析。假定负债是无风险的，公司的市场价值影响因素中应该包括负债的溢价[④]。这样就可以很容易得出如下关系：公司的权益 β 是资产组合的系统风险（即公司的资产 β）、所得税税率和负债权益比率的函数。

在 Bowman 的模型中，因变量是股票市场权益 β，自变量是会计 β（代表资产 β）、负债与权益之比（按账面价值计算）以及资本性租赁与权益之比（这在会计账面上不能确认，因为租赁属于资产负债表表外项目）。模型还考虑了行业因素，在回归方程中用虚拟变量表示[⑤]。

Bowman 在估计会计 β 时，运用第一微分法对收益（特殊项目前）

[①] 会计 β 反映某个公司会计收益率对整个经济社会中其他公司的平均会计收益率的敏感程度，通常采用 OLS 回归进行估计。

[②] 参阅第 3 章 Beaver，Kenneley and Voss（1968）的讨论。

[③] 有时会对 β 进行限定，如资产 β、市场权益 β（权益 β 可以根据股票市场数据估计出来）等。在本专著中，没有专门指明是什么 β 时，通常就是指权益 β。根据 CAPM，权益 β 可以参考 Sharp 对股票市场风险的解释，它是定价理论的中心。

[④] 参见第 2 章 MM 的讨论。

[⑤] 众所周知，公司的系统风险按行业汇集。

与普通权益（按照面值）比率进行处理。他认为采用这种比率，要比息税前收益（EBIT）与总资产的比率更有效。后者似乎更接近我们所依赖的基本理论，即与资产 β 相联系。Bowman 发现根据后者计算出的结果虽然可比性较强，但可信度较低。

财务理论研究是基于市场价值的，即未来付出（future payoffs）的现时价值。从本质上来讲，会计账面价值对了解企业的真正价值没有太大的作用。因此在 MM 理论中，负债和权益的价值是在市场上能够得到的最好估价。Bowman 这里应用的负债权益比率数据，就是根据负债和权益的市场估计值[1]计算出来的。

资本性租赁负债与权益比率也是按照估计的市场价值来进行计算的。租赁的资本化价值按照 ASR-147 报告所确定的原则，从 1973 年 12 月或以后的第一个财务年度数据中摘录下来。Bowman 认为，披露出的租赁负债通常受到两种情况的影响而可能导致有关误差被抵消：一种情况是实际负债被低估，因为经营租赁没有资本化[2]；另一种情况是每一个单独的租赁负债被高估，因为在租赁合同中利率往往小于编制报告时的利率。

Bowman 共收集了 7 个行业 92 家公司的数据，当市场 β 对会计 β、负债权益比率、租赁权益比率和六个行业虚拟变量进行回归时，修正 R^2 为 0.66。回归结果表明，负债权益比率显著相关（$t=4.58$）；行业之间有差别（行业虚拟变量显著）；会计 β 是否显著与行业因素是否纳入回归关系十分密切。但是，Bowman 重点关注的指标（即租赁负债与权益比率）并不显著。Bowman 试图剔除资本性租赁的影响，没有采用原始价值，而是通过将这些数据对数化后代入回归方程，但研究结果并没有发生变化。

在 Bowman 的样本中，负债权益比率和租赁权益比率的相关系数为 0.69，这说明资产负债表表内和表外的杠杆比率水平并不相互独立。

---

[1] 因为市场价值经常无法得到，所以采用负债面值可以得出相似的结果值得注意。（见本节以后的讨论。）

[2] SAC 4 财务报表要素的定义和确认规定比 AASB 1008 的规定更倾向于对租赁资本化。

第 5 章 资本市场的其他研究方法

Bowman 相信他所选择的这些解释变量中的相关关系，会对检验租赁与权益比率的统计显著性产生重要影响[①]。因此，他采用两种方式来控制这种相关关系[②]。下面，我们将讨论这个问题，因为在此类回归中，多重共线性是一个很普遍的问题。

Bowman 的第一种控制方法是运用缩减。他找出了一些没有资本化租赁的公司，将其权益 β 对会计 β 和负债权益比率进行回归。然后，运用回归估计为拥有资本化租赁公司组成了回归方程左边的复合变量（因变量）。对每一个拥有资本化租赁的公司，其复合变量是公司的权益 β 减去它的预计价值，其中预计价值是按照没有资本化租赁公司的回归结果计算出来的。这样，运用复合变量对租赁权益比率进行回归。Bowman 发现，租赁权益比率回归系数显著，与负债权益比率系数相同。

Bowman 的第二种控制方法是构建出样本公司的一个子样本。这些公司的负债权益比率和租赁权益比率无关。然后，将子样本代入原来的回归模型，结果发现租赁权益比率同样显著。

Bowman 得出结论认为，一旦资产负债表表内和表外杠杆的共线性被消除，租赁资本化就会增加会计信息预测市场 β 的能力。

在与此相关的另外一篇论文中，Bowman（1980b）提出问题："如果负债和优先股采用账面价值而不是市场价值，结果会有什么差别？"这篇文章很有意思，因为它勾勒出了资本市场会计研究中负债工具估价的框架，涉及用会计账面价值代替市场价值的问题。与前面的研究相似，Bowman 的评判标准仍然是，负债的账面价值或者市场价值在预测市场 β 时的能力。

在 Bowman 所选择的样本中，50%为流动负债，40%为长期负债，5%为递延所得税，3%为其他长期负债，2%为优先股[③]。为了估计负

[①] 称为多重共线性。

[②] 第三种方法并不成功。

[③] 负债与权益之间的会计意义上的差别与财务理论没有关系。优先股与普通股不同，从会计角度看将二者都作为权益没有特殊的意义。关键在于二者在分享现金和其他收益时的不同权利，这些权利的应用可能受到其他利益相关者的影响，例如，政府通过所得税和其他要求权等方式对其产生影响。

债的市场价值，Bowman假定流动负债的账面价值与市场价值相同，长期负债根据公司债券利率和债券实际收益进行估价。12%的负债是可转换债券作为纯粹的负债进行的估价（也就是说，可转换权利没有任何价值）。其他长期负债按照其账面价值计算。优先股的估价按债券利率折现率的90%对股利进行折现（Bowman是通过对可以提供市场利率的样本债券和优先股的折现率的分析得出这一结果的）。其他优先股附带的可转换条件则不予考虑。

按照这一做法，Bowman重新确定了他的1/3样本的账面价值。研究结果表明，负债账面价值约为市场价值的55%，负债市场价值可能超过总负债的40%。正如前面所述，账面价值和市场价值在预测权益β时有相似的能力。

雇主的资产负债表是否应该包括养老基金资产和负债？

在20世纪80年代初的美国，养老基金负债会计是一个热点问题。美国财务会计准则委员会在1985年12月发布了第87号财务会计准则（FAS 87）《雇主养老基金会计》（Employer's Accounting for Pensions），并于1986年12月15日以后的财务年度实施。FAS 87在早期实施中有三个特点：递延确认某特定事项、报告养老金净成本、抵消养老基金计划资产和负债。递延确认（delayed recognition）是将养老基金计划资产和负债的变动额递延到以后的会计期间内分摊；报告净成本（reporting the net cost）是指养老基金计划成本的组成部分没有分散报告；抵消或者净额结算养老基金计划资产和负债（offsetting or netting a plan's asset and liabilities）是指这些资产和负债不在雇主的资产负债表中单独报告。与此对应的是，Dhaliwal（1986）提出问题：金融市场在确定权益β风险时，是否应该将不注资既有养老基金负债（unfunded vested pension liabilities, UVPL）纳入考虑范围？从本质上看，他的预测标准与Bowman的一样，使用Bowman的模型，但是稍有差别。

Daley（1984）注意到，公司支付的养老基金负债是可以抵扣税金的。这里暗含着一个很重要的前提就是，在市场上对公司养老基金负债的评估是以其税后金额为基础的,也就是将不注资既有养老基金负债的数额乘以 $(1-t_c)$,此处 t_c 是公司的实际所得税税率。Dhaliwal(1986)的回归因子是"新"负债权益比率和"新"和"旧"比率之间的差额。"旧"的比率是指在计算时不包括养老基金计划的资产和负债,而计算"新"的负债与权益比率时,新负债是"旧"的负债加上税后不注资既有养老基金负债,新权益是指原有权益减去税后不注资既有养老基金负债。

研究数据摘自会计年末为 12 月 31 日的 55 家公司的账户和附注。负债(账面价值)与权益(市场价值)的平均比率是依据 1976—1979 年五年的数据计算的。在样本选择上,样本公司都有不注资既有养老基金负债,并且要求所选样本公司新的负债权益比率至少比原有比率高出 10%,市场权益 β 是根据同一个时段的市场模型进行估计的。会计 β 与估计资产 β 的理论模型一致,即通过对样本公司资产收益率(息税前利润除以总资产)与市场指数公司的这一比率的回归来估计,这里市场指数公司的比率是通过对构成标准普尔 500 指数企业的所有公司的资产收益率进行平均计算得出的。数据来自样本公司到 1983 年 12 月 31 日为止共 20 年的利润表和资产负债表。为了保证研究结果不受用于计算税后不注资既有养老基金税率的假设的影响,所以采用三种方式估算:实际税率,指公司向美国证券交易委员会提交的 10-K 表中报告的税率;财务报告中所得税费用与税前收益之比;法定边际公司所得税税率。Dhaliwal 发现不注资既有养老基金负债是市场权益风险的一个显著的决定因素,其他负债也与此很相似。尽管他得出结论,即将不注资既有养老基金负债纳入资产负债表是正当的(FAS 87 要求这样做),但是他也承认,如果可以在其他地方反映这一信息,就没有必要反映在资产负债表上。例如,他研究发现市场对会计报表附注披露的信息同样可以很好地利用。

一个需要说明的重要问题是,这些资产和负债是否应该予以确认(以净值或者单独反映)。澳大利亚有关规定建议予以确认这一做法[①]。SAC 4 建议,如果负债有超过 50% 的可能性得到偿还,并且金额可以被

---

① 见第 53 号征求意见稿(ED 53)《雇员福利会计》。

可靠地计量，则应该对该负债予以确认。对资产的确认有相似的建议。

在澳大利亚，案例法以及法律改革委员会和公司与证券咨询委员会的联合报告[①]中提出的各种修正和建议使这一问题变得更加复杂。案例法和联合报告提出一个问题，就是养老基金盈余是否应该退还给雇主。如果现有的养老基金盈余可以减少未来职工的缴纳数额，则雇主可以动用；如果该笔基金即将注销，则雇员有权参与对该盈余的分配。也许我们有必要调查澳大利亚股票市场在过去如何看待公司的既定收益养老基金资产和负债。我们甚至可以观察公司法律地位的改变是否会导致市场看法的改变。

金融子公司是否应该进行合并？

在美国一种流行的表外筹资方式是利用专属融资子公司（captive finance subsidiaries）筹资。根据会计研究公报第 51 号（ARB 51），如果子公司的业务与母公司有本质不同，则美国会计准则允许母公司编制合并报表时可以不对子公司予以合并。对于绝大多数从事商业和制造业的公司来讲，其子公司从事金融、租赁、保险和房地产业务时，往往不用将这些子公司合并在母公司会计报表内。在这种情况下，母公司应该将在子公司的投资计入权益（在资产负债表上单行合并），并且如果与合并财务状况和经营成果有很强的相关关系，那么子公司的汇总利润表和资产负债表也包括在母公司的财务报表中。

财务会计准则第 94 号（FAS 94）《所有拥有多数股权子公司的合并》要求，除非只是暂时拥有控制权或控制权不为多数股权所有者拥有，否则所有子公司应该全部合并。在 Tosh and Rue（1988）进行这项研究时，这一要求还仅仅是一项建议。母公司可能会因为债务约定选择不将子公司包括在合并报表中，因为 Livnat and Sondhi（1986）的研究表明，当主要拥有的金融子公司不合并进报表时，合并资产负债表的构成更加稳定。不进行合并的另外一个可能的原因是，子公司财务报表的单独披露可以降低监控成本和贷款的资本成本。Tosh and Rue 认为，

---

① 指 1992 年发布的报告，题目为《收购投资：养老基金》。

Roberts and Viscione（1981）在这一问题上的证据是缺乏说服力的。

Tosh and Rue 的目的是试图找到证据来说明市场参与者在多大程度上认为子公司的负债是母公司资本结构的组成部分。他们的检验标准是将子公司的负债纳入合并报表是否会增强对母公司市场权益 β 的预测能力。从根本上说，他们的检验与 Bowman and Dhaliwal 所采用的方法一致。

Tosh and Rue 的研究样本由依据《会计趋势和技术》（*Accounting Trends and Techniques*）的标准挑选出来的 35 家公司组成，这些公司在 1985 年都没有将金融子公司合并进去。在样本公司中把与母公司主要经营活动无关的金融公司剔除，例如银行和保险行业的子公司。因变量，即市场权益 β，是对月度股票数据采用 OLS 回归和 Vasicek（1973）的贝叶斯程序（Bayesian procedure）进行估计而得到的，它试图在 β 预测中找到反转趋势[①]。

与前面一样，该回归模型的解释变量是资产 β 和负债权益比率。用根据营业利润和总资产比率估计出来的会计 β 来代表资产 β。同样，Tosh and Rue 同时采用 OLS 回归和 Vasicek 的贝叶斯程序估计会计 β，并使用了最近 10 年和最近 20 年两个时期的数据。因为会计 β 是根据合并财务报表估计出来的（根据定义不包括未合并的子公司），所以他们假定合并会计 β 可以可靠地代表整个集团的资产 β 风险。负债权益比率是负债加上非普通股权益与普通股权益之比，要计算到 1985 年 12 月 31 日为止该比率三年的平均值。在计算过程中，应将母子公司之间的应收账款与应付账款予以剔除。

Tosh and Rue 发现，根据完全合并计算出的负债权益比率的预测能力，高于在合并中将一个或几个子公司剔除出去计算出的负债权益比率的预测能力。这一发现对采用 OLS 回归和 Vasicek 的贝叶斯估计量（Bayesian estimator）来预测权益和资产风险，以及利用 10 年或 20 年的数据来进行估计是一个强有力的支持。至于财务报告政策，他们赞同美国财务会计准则委员会的立场，即将所有的金融子公司纳入合并范

[①] 一定期间市场 β 预测值"高"中的"低"（即相对于样本均值来讲高或者低），往往伴随着另外一个期间的 β 预测值更接近平均值。

围，这有助于母公司的投资者评价投资风险。Tosh and Rue 支持美国财务会计准则委员会立场的基础是，完全合并的负债权益比率更能够准确评价市场的权益风险，外部使用者可能无法编制完全合并的财务报表，因为他们缺乏母子公司之间交易的必要信息。Tosh and Rue 认为，重要子公司的单独财务报表可能仍然是很理想的，因为它们降低了子公司债权人的监管成本。

资产负债表法

会计主体假设、会计等式等这些基本概念对于会计人员来讲从上大学时就已经很熟悉了。以所有者权益为中心的会计等式（即所有者权益＝资产－负债）被当作一个模型[1]，应用于对尚未在账面上反映的资产和负债的市场价值的研究。两个典型的案例是 Landsman（1986）和 Barth，Beaver and Stinson（1991）的研究：Landsman（1986）对养老基金净资产和负债的研究；Barth，Beaver and Stinson（1991）对美国陷入财务困境的储贷机构的财务报告补充披露情况的研究[2]。Barth et al. 的研究是对前期研究的延伸，前期的研究指的是 Beaver，Eger，Ryan and Wolfson（1989）这篇文献，该文主要研究银行的逾期贷款（non-performing loans）和到期日问题。资产负债表法应该是起源于 20 世纪 80 年代的斯坦福大学。

养老基金的再次讨论

养老基金计划有两类，即既定（或承诺）收益养老基金计划（defined benefit pension plan）和既定供款养老基金（累积存储）计划（defined contribution pension plan）。重新讨论这一话题是为了决定如何对前述内容进行核算，因为当公司根据既定供款养老基金计划将款项

---

[1] 独资企业会计主体的所有者权益形式如：$P=A-L$，这里 P 是一个会计主体的所有者权益，A 和 L 分别表示资产和负债的账面价值，MM 定理中曾采用这一模型的修正形式。

[2] 储贷机构与澳大利亚的住房协会（Australian Building Societies）很相似（类似于我国的互助基金。——译者）。

第5章 资本市场的其他研究方法

支付给信托人时，雇主的负债就已经确认（认识到这一点十分关键）。Landsman（1986）指出，通过对列入1981年世界100强的100家公司的研究发现，养老基金资产平均占权益市场价值（market value of equity，MVE）的43%，应计收益（无论是否属于法定的权益）平均占45%。他所发现的核心研究问题是，"既定收益养老基金计划中的资产和负债应按多少价值计算？""这些资产和负债如何在雇主的资产负债表上反映？"正如以前所指出的，根据FAS 87的规定，当"累积收益负债超过养老基金资产的公允价值时"[①]雇主应该确认负债。

根据Landsman之前的研究学者所提供的证据发现，不注资法定权益（unfunded vested benefits，UVB）像公司的一般负债项目一样是由市场定价的。Landsman（1986）引用了Feldstein and Seligman（1981）、Feldstein and Morck（1982）和Daley（1984）以及Litzenberger and Rao（1971）等文献来研究净养老基金负债对市场价格的影响。其中，Litzenberger and Rao（1971）采用了权益计价模型。正如以上所看到的，Dhaliwal（1986）在对权益风险进行估价时，曾经考虑市场是否能够反映不注资法定养老基金权益（unfunded vested pension benefits）。Landsman 1986年的文献与上述文献的研究有一些显著的差异：他对养老基金资产和负债效应分别进行计量，而不是单独只对净效应进行计量；他的模型基于会计等式；他接受Miller（1977）的观点，即均衡的金融市场要求公司债权人和权益提供者的税后净收益相等；他的研究利用的养老基金数据是高质量的。

Landsman（1986）提出的基本公式涉及权益的市场价值与资产负债表内的资产和负债项目，以及资产负债表以外的养老基金计划资产和负债项目的关系：

$$E^m = \alpha_1 A_b^m + \alpha_2 L_b^m + \alpha_3 A_p^m + \alpha_4 L_p^m$$

式中，A_b^m和L_b^m代表资产负债表表内的资产和负债项目；A_p^m和L_p^m代

[①] 第54段对补充披露作详细规定，包括要求对养老基金计划资产和负债的公允价值分别进行详细报告。

表养老基金计划资产和负债的价值；α 是系数。

在上述会计等式中，当以市场价值对公司估价时，所有者权益的账面价值没有必要重复列在左方。Landsman之所以这样做，是因为不对回归系数（上述等式中的那些 α）进行限制，养老基金和其他资产、养老基金和其他负债就可以有不同的权重。

按照 Miller（1977）对投资进行研究时的观点，上述系数 $\alpha_1=+1$，$\alpha_2=-1$。Landsman 也承认养老基金资产和负债有两种极端情况。如果公司没有从养老基金资产的特殊纳税政策中得到任何利益，也没有承担养老基金计划中的各种风险，那么从理论上说，$\alpha_3=\alpha_4=0$；相反，如果公司得到所有的税收利益并承担所有的风险，那么 $\alpha_3=+1$，$\alpha_4=-1$。Landsman 的兴趣在于由市场赋予每一个 α 数值。

Landsman（1986）所利用的研究数据来自专门为配合 FAS 36 所建立的数据库。该数据库由美国财务会计准则委员会建立，专门供研究养老基金计划时使用。在数据库中的每一个养老基金计划里，不同精算师所采用的计算养老基金负债现值的折现率都已注明。因此，如果每一个计划的精算师利用相同的年利率 10% 而不是精算师所选择的特定利率[①]计算，Landsman 就能够调查他的结果如何受到影响。其他样本数据来自 COMPUSTAT[②] 数据库。这些样本由大型公司组成，养老基金资产和负债分别从各个公司的报告中获取。

在一项特殊的详细研究中，Landsman 彻底调查了若干估计事项，包括计量误差和回归变量中的多重共线性、横截面数据的异方差性以及残差的相关性，发现资产负债表表内的资产和负债项目的预期系数都是一致的（分别为+1和-1），养老基金资产和负债的系数"在 1 的绝对值上下波动"（p. 678）。但是，回归中的截距系统地非零，这意味着经验模型有误。

即便如此，Landsman 仍然认为他能够得出如下结论，"养老基金的财产权完全存在于公司内部……（在这种情况下）美国财务会计准则

---

① 用 10% 的普通利率替换由保险精算师确定的利率，并不能改变这一结论。

② COMPUSTAT 是标准普尔公司建立的一个上市公司数据库。具体情况见网站 www.compustat.com。——译者

委员会的观点，即不注资养老基金负债是公司的一项负债（相反，负的不注资养老基金负债是公司的一项资产）有一定的合理性"（p.689）。但是，由于在他的模型估计中充满了不稳定性，Landsman 对结果持谨慎态度。因此，他的结论并不十分可信。

储贷机构的补充信息披露

在澳大利亚，自 1987 年 10 月股票市场崩溃以及随后的经济衰退以来，银行和其他对外提供贷款的金融机构对逾期贷款的核算是存在矛盾最多的地方。虽然澳大利亚的逾期贷款问题很严重，但存在这类问题的决不仅限于澳大利亚。在美国，银行、储贷机构以及其他金融机构也都经历过痛苦的时期。因此，会计理论研究人员开始注意研究这一类问题，即会计是否能够提供足够的信息，从而保证 20 世纪 80—90 年代上市的金融公司价值得到公允评价。而这些会计信息中，一部分可能反映在资产负债表上，另外一部分可能反映在会计报告附注所做的补充披露中。

Barth et al.（1991）由于研究了这一重要问题而显得十分有趣，同时也阐明了资产负债法的灵活性。他们所提出的研究问题是，"在补充披露的信息中，有关金融机构面临的利率风险和无法收回贷款风险的信息，是否可以帮助我们了解股东权益的账面价值和市场价值的关系？"

更早的一篇由 Beaver，Eger，Ryan and Wolfson 在 1989 年共同撰写的文章也研究了有关金融机构补充信息披露的问题。具体来讲，他们的研究内容包括：对逾期贷款（无法收回风险的来源）和到期日（对固定贷款利率风险的计量，或者是受利率波动影响的脆弱性，都取决于贷款期限）的补充披露问题。储贷机构面临相似的风险，它们对特定的贷款项目（这些项目往往具有较高的违约风险）以及重新定价数额[①]（有利于

---

① Barth et al.（1991）评论道（p.58），虽然特定项目的定义经常变动，但是它包括下面这些类别，例如，"呆滞"消费信贷和抵押（slow consumer credit and mortgages），20%的已保险和担保的无法收回贷款（troubled loans）以及因贷款无法偿还而丧失抵押品赎回权（foreclosure）所持有的不动产。而重新定价数额由储贷机构的一年内不进行重新定价（往往是提高利率）贷款组成。在这些贷款中，储贷机构的贷款不能马上要求提高利率，因此它们必须承担至少一年的利率风险。

帮助投资者评价一个金融机构的利率风险水平）进行补充披露。将贷款组合暴露在利率风险之下，可能导致我们不能根据账户对其进行估价。因为如果利率增加，而某个贷款组合中包含相当数量的固定利率贷款，会计准则不会要求对这个贷款组合进行重新估价以反映利率的现实水平。Beaver et al. 研究发现，补充披露在预测股票价值时十分有用，也就是说，在补充披露中，利率和贷款无法收回风险越高，银行股东权益的市场价值越低。

美国储贷机构和银行有几点是显著不同的：储贷机构的贷款组合中，以住宅抵押形式所占的比例更大；储贷机构所拥有抵押的平均期限要比银行所持有普通抵押的期限长。同澳大利亚一样，美国银行绝大多数受联邦机构监督，储贷机构更倾向于受到地方政府机构的监督。在会计信息的披露要求和实践方面，两者也有很大差异。银行必须披露无法收回贷款和利率风险，储贷机构对这类风险的披露则不是强制的，而是具有可选择性；银行需要披露所有非应计（non-accrual）贷款和重组贷款（restructured loans），而储贷机构只需要披露常规项目（scheduled item），这些项目只能部分地反映由于无法收回的高风险而造成的资产减损。另外，Barth et al. 暗示可能存在这样一种情况，即储贷机构要比银行面临更大的财务困难。因此，对储贷机构的股东来讲，有限负债的期权价值更高。有限负债具有期权价值，是因为它赋予了股东一种权利，即将公司贷出的款项出售给债权人[①]。

关于储贷机构财务报告的补充资料披露，有两点需要说明：第一，可实现净值标准（net realizable value criterion）仅仅适用于部分贷款。因为 FAS 5《或有事项会计》要求对损失进行估计，以便在备抵账户上反映（一般业务不允许这样处理），备抵将低估贷款损失的预期价值。第二，就利率风险来讲，储贷机构是资产与负债在持续期限内不相配比的典型案例[②]。造成这一结果的部分原因是可调节（变动）利率担保的

[①] 一些储贷机构的债权人也会得到联邦信贷担保基金的支持，该基金相当于美国政府对储贷行业签发大量的卖出期权，但又不是单纯的价内期权。

[②] 定期贷款的期限是从现在到贷款到期用现金支付为止的时间的加权平均，每一个付款时间段的权数是支付款项的现值与贷款总现值的比值。按照这样的界定，贷款期限直接与贷款总额和实际利率呈正相关关系。

第 5 章 资本市场的其他研究方法

做法刚刚开始施行。即便这样,美国对利率调整的频率和调整的幅度仍然有严格的限制。理想期限的测定方法应该使得贷款和负债组合对利率变动有很高的敏感性,但是,有关这一较为理想的测定方式目前尚未看到。Barth et al. 利用贷款规模来代表所面临的利率风险,这里的贷款是在年度资产负债表日一年后重新定价的[①]。他们估计这些补充数据没有全面反映违约和利率风险的内容。

Barth et al. (1991) 的模型是 Beaver et al. (1989) 模型的延伸:

$$E^m = E^b + A_l^m - A_l^b + A_o^b - A_o^m$$

或者采用下列变换模型:

$$E^m - E^b = A_l^m - A_l^b + A_o^b - A_o^m$$

式中,E 是普通股股东权益;A_l 是贷款资产;A_o 是其他资产(所有负债和优先股的净额);上标 m 和 b 分别代表市场价值和账面价值。A_l^m 无法观察到具体数据,但是估价误差($A_l^m - A_l^b$)应该与储贷协会的常规项目的规模(违约风险)和贷款的重新估价结构(利率风险)相关。

为了简化他们的模型,Barth et al. 假定贷款资产的估价误差与贷款损失账面备抵、常规项目金额、超过一年的重新定价期间的贷款数量有线性关系。他们进一步假定,对非贷款资产的估价误差($A_o^b - A_o^m$),与普通股权益的账面价值有线性相关关系。这样就构成了他们的基本回归模型。

$$E^m = \beta_0 + \beta_1 P + \beta_2 S + \beta_3 R + \beta_4 E^b$$

式中,P 为贷款损失折让的账面价值;S 为常规项目的金额;R 为超过一年的定价期间的贷款数额。

贷款损失备抵的账面价值之所以包含在回归因子中,是因为他们想考察除了资产负债表备抵之外的补充披露所增加的解释能力。所有的变

[①] 储贷机构常常分别按照其资产、负债提供一个补充重新定价的时间表,并且提出一个可以重新定价(通过调整利率)的最早日期,这一指标可以粗略地代表贷款期限。贷款的期限与利率的敏感性有相关关系(见前注)。

量都是以每股等价物来表示。假定补充披露是一种不重要的信息，他们预测，更大的违约贷款和利率风险将会减少股东权益的价值，也就是说，β_2 和 β_3 将是负值。

Barth et al. 希望把分年度的储贷公司的数据代入他们的公式，因为 β 系数在过去的时间里并不是稳定不变的。虽然由于 1983 年的样本量太少而无法代入公式，他们仍然可以得到 1983—1987 财务年度的重新定价数据。在其他年份，β_4 显著且呈正值，但是 β_1 和 β_3 并不显著。由于 β_3 即重新定价变量的系数不显著，所以 Barth et al. 将样本扩大，包含了从 1980—1987 年已经报告了常规项目但没有必要进行重新定价的样本。当剔除了重新定价变量并将回归模型应用于扩大后的数据集时，检验结果为：β_1，即贷款损失备抵的系数为正值但不显著；β_2，即常规项目的系数除了 1985 年以外其他各个年份均为负值，在 1980 年、1986 年和 1987 年三个年份，相关关系显著。

由于对每年的数据分别进行回归使得样本量很小，为了进一步说明问题，Barth et al. 又将所有年份的数据混合在一起，构成一个新的估计模型。所有年度的斜率系数为常数，但是各个年度和公司的截距不同。如果将重新定价数据从混合数据中剔除，他们发现 E^b 的系数呈显著正相关。贷款损失备抵的系数为正，但不显著。常规项目的系数为 -0.14，检验结果显著。这一结果表明，投资者对抵押和包括在储贷常规项目中的其他资产价值的折扣率为 14%，与 Beaver et al. 报告的逾期贷款的 63% 相比，这一数字还是很低的。

他们接着提出一个扩展的模型用来估计未披露效应。具体来讲就是找到两个虚拟变量，一个代表常规项目披露时的情况，另外一个代表新估价数据披露时的情况。他们发现，当这些项目没有披露时，储贷机构的股票市价较低。这一结果与自愿披露环境下公司更愿意披露好的消息而不愿意披露坏的消息的情况相一致。

总之，Barth et al. 研究发现，较大常规项目金额的披露意味着较低的普通股股票价格，而不对任何常规项目进行披露将会导致较低的每股盈余。储贷机构违约贷款的比例比银行同类贷款的比例小。对于这一现象一种可能的解释是，储贷机构抵押贷款的违约风险低于银行。储贷机构违约风险常规项目的计量误差更大（因此对储贷机构来讲，系数偏向于零），或者对储贷机构而言，美国纳税人所签发的贷款保险的卖出期权价值要高于银行。最后，以用于重新定价的贷款形式反映的利率风险的补充披露，对储贷机构来讲并不显著，虽然对银行来讲十分显著。

小结

会计信息除了与股票市场价格和报酬有关外，还与资本市场变量有关。本章给出的例子，预测系统风险或权益 β 风险以及预测公司的市场价值，说明了为什么预测能力标准难以在实际中应用[1]。

在对备选预测变量（predictive variable）进行选择时，可以根据所处的不同环境找到答案。对一个变量来讲，可靠的数据也许无法取得[2]，或者理论上正确的函数形式在实证研究中无法应用[3]。在另外一些情况下，就像美国的养老基金报告研究结果所表现的，预测不同的市场变量可能导致出现同样的结果。

当运用不同的预测标准（predictive criteria）而导致出现互相矛盾的结论时应该如何处理呢？一种可能的解决方案就是接受这样一个原则，即基于相同相关资产或负债的备选会计指标（alternative accounting representations）可以不必互相排斥。基于会计报告就是为投资者提供有用会计信息的原则，我们可以根据需要对更多的代表指标进行报告。

---

[1] 回顾第 2 章所述我们在应用这些标准时需要回答的一系列问题。
[2] 例如，见第 13 章 Shevlin（1991）的讨论。
[3] 例如，由 Landsman（1986）利用资产负债表法建立的模型，研究 Bowman（1980a）中的问题时可能没有成功。资本化租赁资产和负债在首次确认时有同样的账面价值，回归变量中的租赁资产和租赁负债似乎高度相关。

第二篇

延 伸

第 6 章　盈余预测

英国和美国早期的一些研究文献（如英国的 Little（1962）、Little and Rayner（1966），美国的 Cragg and Malkiel（1968））曾经指出，"公司收益的连续性变化是独立的"（Ball and Watts，1972，p.663）。在有些情况下，这些结论有些不合时宜。

在 Ball and Brown（1968）对盈余公告的事件研究中，会计盈余的时间序列特征问题就已经开始出现。他们试图找出盈余公告中的非预期因素（unexpected component），也就是实际盈余和预期盈余或盈余预测之间的差异。在缺乏明确的盈余预测数据时，往往是根据一些机械的原则和模型进行模拟。Ball and Brown 的研究模型蕴含着两种假设：鞅（即随机游走）假设和半鞅（即半随机游走）假设。鞅或随机游走假设，即本年的预期盈余与上一年的实际盈余一致，是他们的"简化模型"的基础。利用这一假设可以对修正市场模型应用于盈余研究进行检验，而这一问题正是 Ball and Brown 更早的一篇文章的研究主题（Brown and Ball，1967）。所谓修正就是将公司年度盈余变化对市场盈余指数的变化进行回归。这一做法与市场模型很相似，市场模型是对股票市场报酬率进行回归。半随机游走模型假设则指，本年的盈余预期是上一年的实际盈余加上一项漂移项，这一漂移项就是以前某一段时期盈余的平均变化额。如果没有市场效应，或者说公司盈余变动和市场盈余变动的协方差为零，回归的截距（可以代表预测盈余的变动）就正好是公司盈余的平均变动额。

我们之所以对盈余或者盈余预测的时间序列特征感兴趣，还有以下原因：人们普遍认为，除非在盈余预测中有关盈余的事件研究是有效的，也就是说与股票市场对盈余的预期一致，否则在计量盈余变量时通常会出现误差。这一误差可能会引起盈余公告的相关价值被低估，并可能导致由于出现偏差而拒绝报酬和盈余互相独立的这一零假设。在前述盈余反应系数研究中，这一误差可能导致在对系数进行估计时出现偏差，使之趋于零。

Ball and Brown（1968）指出，"收益过程的统计学本质……很少被了解"（p.177）。受这一文章的启发，Ball and Watts（1972）专门研究年度盈余的时间序列特征。由于在研究报酬-盈余关系时已经将研究范围扩展到季度盈余公告，因此，季度盈余的时间序列特征也被列入了研究日程。随后，证券分析师面向社会发布的商业性盈余预测报告便可以较容易地获取，同时，人们发现证券分析师的预测比时间序列推断法效果更好，因此在盈余公告研究问题中，证券分析师的预测成为一项重要的内容。证券分析师预测的统计学特征成为进一步深入研究的主题。

由于盈余预测误差在资本市场会计信息研究中发挥着关键性的作用，因此，了解盈余预测的时间序列本质以及证券分析师预测的统计特征十分重要。这些特征也就是本章所要重点研究的内容。这里，我们不打算对管理人员的盈余预测特征进行详细讨论，因为他们在进行预测时可能带有某种倾向性[1]。

统计预测

年度盈余

Ball and Watts（1972）这一文献的写作动机，除了要说明事件研

---

[1] 见第7章涉及信息传递效应问题中对管理预测的讨论。

第 6 章 盈余预测

究的必要性外,还对管理人员成功平滑盈余的可能性进行了揭示。Ball and Watts 注意到,一般人都认为公司对盈余进行了粉饰。从表面上看,盈余粉饰的目的在于降低实际收益与其预期的偏差,从本质上看,管理人员认为收益好的年份似乎一般紧跟着收益差的年份,或者说盈余往往是好一年差一年[①]。如果收益或盈余没有这样的特征,而是不可预测的,那么管理人员对盈余的粉饰就没有什么意义,我们可能就会疑惑管理人员为什么一直要去对盈余进行粉饰。

Ball and Watts 将随机游走和半随机游走两种程序全部考虑在内。他们的样本数据来自 COMPUSTAT 数据库的 451 家公司,时间跨度为 1947—1966 年。文章对有关盈余的四个变量进行了研究:税后净收益、每股盈余、资产净收益率和销售额。他们认为,存储在 COMPUSTAT 数据库中的公司盈余公告的净收益是考虑了非经常项目以后的金额。根据定义,每一个非经常项目应该在下一个期间转回从而使得平均值为零。他们研究所使用的统计分析方法包括游程检验(runs tests)、序列相关检验(serial correlation tests)、均方连续误差检验(test of the mean squared successive difference)和局部调整模型估计(estimates of partial adjustment models)。所有这些检验都是为了更清楚地了解盈余在某一段时期与下一段时期的统计关系。

Ball and Watts 发现年度"收益基本符合半随机游走或相似程序的特征"(p.680)。所有这四项指标均符合这一特征。当对随机游走和半随机游走程序的预测准确性进行比较时,他们发现,税后净收益的预测准确程度是相同的。随机游走在预测每股盈余和资产净收益率时更为有效,而对销售的预测采用半随机游走更为有效。

虽然 Ball and Watts 认为一般企业盈余采用随机游走和半随机游走程序进行预测是正确的,但是对于预测一些公司(如非经常项目比重较大的公司)的净利润来讲,情况可能不适用。这一问题是由 Brook and

---

[①] 这些说法有些极端,Gonedes(1972)对这一问题进行了详细研究,Ball and Brown 的研究隐含着管理人员不能够根据他们其他方面的知识来对盈余进行预测的假设,实际上是假定管理人员的预期利润和会计实际利润之间有一个不可忽视的时滞,即管理人员认为根据合同已经取得的收入或发生的成本,与会计对收入和费用的确认之间有一定的差距。

Buckmaster（1976）提出的，他们认为对于这些非经常项目比重较大的公司来讲可能发生非正常盈余变动，并推断如果一些公司的收益不符合半随机游走模式，那么 Ball and Watts 所指出的两种情况可能就不正确。也就是说，不是所有的公司最终都要进行清算，也不是管理人员粉饰收益的企图没有意义。

Brook and Buckmaster（1976）也是采用 COMPUSTAT 数据库作为数据来源，他们对到 1973 年为止的 20 年的工业企业进行研究，净收益为考虑所得税和所有非经常性损益项目后的金额。他们根据本年实际收益与"正常"收益的差异程度对样本进行分层。"正常"收益采用以下三种方法计算：对收益按时间进行的简单线性回归；以前年度收益的百分比变化；收益的标准第一微分（normalized first difference in income），也就是收益变动额除以 20 年来收益变动的标准偏差。在确认时间序列程序过程中运用了指数修正模型（exponential smoothing models），一阶、二阶和三阶模型全部适用。

他们所选择样本的显著部分，即分布在最高层的 1.4% 和底部的 13.8% 并不服从半随机游走模式。半随机游走模型对分布在最左边（也就是底部 5%）的拟合性很差，一阶平滑过程对年度收益（annual income）最适合。在外部层，收益倾向于恢复到原来的水平。根据 Ball and Watts 的样本，Brook and Buckmaster 指出半随机游走模型是最合适的，结论也是正确的，但是由于底层出现例外，因此，Ball and Watts 的推论不能完全成立。

Finn and Whittred（1982）的研究发现，在澳大利亚，无论是随机游走模型还是半随机游走模型在预测公司每股盈余时都十分准确。Taylor and Tress（1988）研究了澳大利亚公司一系列会计数据和比率的时间序列特征，定义了九个业绩变量（分别基于净收益、营业收入和现金流量来反映公司业绩情况的变量）、三个杠杆变量、三个流动性变量和两个有关增长的变量。他们的数据来自存储在澳大利亚管理研究生院（Australian Graduate School of Management）金融研究中心的公司年度报告，共有 90 家公司符合他们的选样标准，时间跨度为 20 年。他们得出的研究结论是,"简化预测模型可以提供一个有效的实证基准,所涉及的变量代表公司的业绩、流动性和杠杆水平(pp.26-27)"。他们没有单独考虑公司盈余的极端变动的时间序列特征。

季度盈余

以上我们所讨论的文献主要研究了年度会计数据的时间序列特征。荣获美国会计学会1976年论文比赛优胜奖的Foster(1977),开始将注意力放在探讨季度盈余的有关特征上[①]。虽然对绝大多数公司来讲,年度盈余符合半随机游走过程,但是Foster发现季度盈余并非如此。在一些行业,如农业、零售、饮料、电力和天然气等,它们的经营有着较为明显的季节特征。如何处理这些行业的季节性特征,向中期盈余计量提出了挑战。Foster的文章由于是在美国财务会计准则委员会考虑中期会计报告问题时发表的,因此具有重要的影响。另外,该文还对市场是否能够做出有效的盈余预测提出了质疑,而在此之前很多人认为它是合理的。

Foster(1977)选择使用Box-Jenkins的时间序列模型来研究季度盈余的时间序列特征。他注意到,当简化模型(如随机游走模型)高度简化时,比Box-Jenkins时间序列模型更有优势,因为这一模型需要的数据较少,可以更好地满足数据是平稳序列(stationary series)的要求。然而,Box-Jenkins时间序列模型的优点是,它允许研究人员按照顺序详细研究一系列替代模型。

他对四个简化模型进行了检验,其中两个利用鞅和半鞅模型,预测结果显示本季度的盈余与上一年相同季度的数据相关。另外两个简化模型也利用鞅和半鞅模型[②],发现本季度盈余与绝大多数近期季度

---

① Foster引用了更早的一篇Watts and Griffin未发表的文章,还有一篇由Lorek, McDonald and Patz(1976)发表的文章,文中对自选的40个样本的管理预测与Box-Jenkins模型预测结果进行了对比。

② 定义Q_t为在季度t的盈余,$E(Q_t)$为其预测值,δ为在半鞅状态下的波动。四个模型分别为:(1) $E(Q_t)=Q_{t-4}$;(2) $E(Q_t)=Q_{t-4}+\delta$;(3) $E(Q_t)=Q_{t-1}$;(4) $E(Q_t)=Q_{t-1}+\delta$。

的盈余相关。将这四个简化模型与两个 Box-Jenkins 时间序列模型进行对比后发现，这两个模型，一个是包含季节性差异的 AR（1）形式，另一个是一个更灵活的模型，允许有针对公司特有的时间序列参数[①]。

研究数据取自 69 家公司 1946—1974 年的季度数据。Foster 首先运用 64 个季度的数据作为 Box-Jenkins 时间序列模型的初次验证和预测。随着工作的继续，他对 1962—1974 年的每一个季度都进行了预测，直到用完所有数据。Box-Jenkins 时间序列模型的特征在于将时间序列模型进行拓展，从而导致更有效的预测。

Foster（1977）对三个季度利润表中的系列指标进行考察：季度税后盈余、销售额以及它们的差额即总费用。Foster 对预测准确性进行了两个测试：一个测试是考察预测误差，用平均绝对误差和均方误差两个指标来衡量；另外一个测试是考察截至发布预测日的前 60 天的证券非正常报酬率。

研究结论显示，季度盈余、季度销售额和季度费用总额并不服从简化的半鞅过程。相反，它们有季节性的因素和相邻的季度与季度之间的因素，这些因素能够被 AR（1）模型精确地反映。截至发布预测公告日的前 60 天，证券非正常报酬率的符号与季度盈余预测误差的符号显著相关。最后，Foster 发现，虽然 Box-Jenkins 的 AR（1）模型在预测下一时期盈余数据时十分准确，但是，第二个简化模型（带漂移的半鞅模型）在预测第一季度和第三季度以及与第四季度合并的非正常报酬率时更好。我们将在本章后面再讨论这一略显怪诞的结论。

Foster（1977）得出结论，认为如果财务会计准则委员会要求对季度数据进行调整，如在年度固定成本分配中，那么在调整方法选择上，Box-Jenkins 的 AR（1）模型无疑具有很强的优势。

[①] 如果运用前一注释的方式，Foster 的第五个模型是：$E(Q_t)=Q_{t-4}+\phi(Q_{t-1}-Q_{t-5})+\delta$，这里 ϕ 和 δ 是模型中的参数。

第 6 章 盈余预测

证券分析师的预测

分析师与时间序列分析的准确性

如果我们的目的是得到公司预期盈余可靠的估计数据，那么证券分析师的预测就是时间序列预测结果的一种替代选择。在美国，Value Line 公司发布预测报告的时间至少可以追溯到 20 世纪 70 年代，其他的预测数据来源有：由 Lynch，Jones and Ryan 发布的机构经纪人预测系统（Institutional Brokers Estimate System，IBES）；由 Zacks 投资研究中心发布的伊卡洛斯咨询服务（The Icarus Service）；标准普尔（Standard & Poor's）从 1967 年到 1987 年 4 月每周发布的《盈余预测者》（Earning Forecaster）周刊；1985—1998 年，巴克莱澳大利亚投资服务公司（Barcalys Australia Investment Services）每月发布的盈余预测服务，预测对象为澳大利亚和新西兰机构投资者感兴趣的主要上市公司，这些公司的股票市场总价值超过整个股票市场资本总额的 80%；巴塞普（Barcep）的预测数据来自至少 35 家澳大利亚股票经纪人雇佣的超过 100 个卖方证券分析师的预测。

Brown，Hagerman，Griffin and Zmijewski（1987）提出如下问题：证券分析师的预测是否比时间序列分析模型预测的结果更为准确？当他们发现证券分析师的预测更有效时，又开始研究造成这一结果的原因是什么，是分析师在时间序列预测日可以优先得到更多的信息，还是他们拥有时间上的优势？（他们往往在实际盈余公告发布以后才进行盈余预测，而时间序列预测是以发布的盈余数据为基础计算出来的。）

对于这些问题的回答，我们可以从以下两个方面的分析中找到答案：一是对 1960—1979 年季度报告的分析；二是比较 Box-Jenkins 的时间序列模型与 1975—1979 年 Value Line 公司发布的分析师预测报告的预测能力。在以前的会计研究文献中使用的 Box-Jenkins 时间序列模型有三种：Brown and Rozeff（1979）使用的模型；Foster（1977）使用的模型；

Watts（1975）和 Griffin（1977）使用的同一个模型。预测能力用预测误差百分比的绝对值来衡量。为了保证对平均水平的了解，在计算时将异常值剔除。这些预测数与前一个、两个和三个季度的实际数进行对比。这些盈余预测是在公司财务年度的第一、第二、第三和第四季度末所做出的。

Brown et al. 发现，随着预测范围宽度的加大，预测误差随之增长。也就是说，对下一个季度盈余预测的准确性，要比预测未来两个季度和三个季度的盈余的准确性高。证券分析师的盈余预测的准确性比 Box-Jenkins 的所有三个模型的预测准确性明显地高。虽然分析师的预测误差分布的离散程度与时间序列分析相比较低，但是，证券分析师的预测结果的截尾误差较小。证券分析师的预测偏斜程度较大，可能是他们更倾向于乐观。Brown et al. 发现证券分析师能够更好地利用时间序列预测日的信息，并且他们还充分利用时间序列预测日以后的信息，而时间序列预测日在盈余公告发布时就被确定下来了。

Brown et al. 注意到，在上述比较时间序列和证券分析师预测准确程度过程中，没有考虑使用这些方法的成本和效益问题，也没有提到 Foster 的奇怪发现，即简化模型在预测未来盈余时不是很准确，在预测非正常报酬率时更为准确。他们认为，他们的研究结果与事件研究的相关性可以用另外一个标准来评价，即伴随着盈余信息的发布而对未预期报酬的预测能力（p. 86）。

盈余误差：哪一种预测？哪一个实际盈余数据？

Philibrick and Ricks（1991）发现，人们普遍认为证券分析师的预测要比时间序列预测更准确，但是对很多研究者来讲仍然存在一个问题，那就是应该用哪一个分析师的预测。现实中有多种预测可供选择，一些预测不仅提供单个的预测，还提供很多不同分析师对同一个公司预测的汇总情况[1]。另一个问题是使用哪一个实际每股盈余数据。

---

[1] O'Brien（1988）认为，绝大多数分析师的最新预测比综合预测好，因为后者包含一些过时的预测。Brown（1991）证明最近三次的预测平均数，以及最近 30 天所做的预测平均值，仍然比综合预测数据准确。对于小公司来讲，最近预测与最近 30 天以内所做预测的平均值一样准确，但是对大公司来讲，30 天的预测平均值更为准确。

第 6 章 盈余预测

COMPUSTAT 数据库是一个容易获得的电子数据来源，很多人愿意从这里获取实际每股盈余的数据以及每股盈余的发布日期。但是，尽管如此，人们对这一来源的数据仍然存有疑虑（如对非经常项目的处理是否合适）。有一点似乎应该是最基本的，即实际盈余与盈余预测数据都应该有可比性。

他们注意到，Value Line 可以提供 91 个行业 1 700 只股票的预测数据，其政策是每周调查七八个行业的大约 130 只股票，这样每个季度就可以对所有的股票进行重新调查。机构经纪人预测系统的调查数据也可以以电子形式得到，它拥有超过 2 500 个证券分析师，能够对 3 400 多只股票的年度和季度盈余进行预测。机构经纪人预测系统每月的预测摘要包括：每一只股票的当年和下一个财务年度的盈余预测值；由不同分析师提供的同一只股票的最高预测值、最低预测值、平均值和预测值中位数以及标准差；有多少个分析师分析某一只股票以及当月分析师将它们的预测值向上调整和向下调整的数量。

标准普尔发布的《盈余预测者》从 1967 年到 1987 年 4 月每周出版一次。它发布的内容包括当年和下一个财务年度的盈余预测值，以及上一年的实际每股盈余。由于标准普尔中断了它的预测服务，因此，Philibrick and Ricks（1991）认为对这一来源的每股盈余进行详细分析意义不大。Zacks 投资研究中心的伊卡洛斯服务公司拥有分布在 185 家经纪人公司的超过 2 500 个分析师，分析的股票数量超过 4 000 只。Philibrick and Ricks 发现这一来源的数据在会计研究中应用较少，也就不对它做进一步的考虑[1]。

Philibrick and Ricks（1991）研究了财务年度与日历年度一致的 522 家美国公司共 4 770 个季度样本。其中，从机构经纪人预测系统中获取了从 1984 年第三季度到 1986 年第四季度的预测值；从 COMPUSTAT 数据库中收集了实际每股盈余和季度公告日期；从 Value Line 获得了每股盈余的实际数和预测值。他们在分析盈余预测误差与证券报酬关系时考虑的研究期间为 3 天，即从 COMPUSTAT 数据库发布公告的

---

[1] 不同情况见第 9 章中 Lys and Sohn（1990）的讨论。

前一天到发布的后一天。

要求盈余预测能够满足每一个分析师对公司非经常项目、经营中断和一些特殊项目的要求有相当大的困难。正是由于这一原因，他们在利用 COMPUSTAT 数据库所提供的每股盈余的"原始"数据和稀释后的季度数据时，考虑了特殊项目前和特殊项目后、终止经营以及利润表中的非经常项目等各种情况。他们对盈余预测能力的测试是利用预测误差除以某一指标后得出的，这个分母可以是发布公告前的股票价格，也可以是每股盈余季度预测的绝对值。检验结果发现其对分母的选择并不敏感。他们所进行的第二个预测能力测试是基于盈余预测误差与证券非正常报酬率的关系进行的，这一问题在 Foster（1977）中做了详细分析。

通过对 Value Line 提供的样本公司实际每股盈余和预测数据的对比发现，预测误差的平均绝对值最小。无论是来自 Value Line 还是机构经纪人预测系统，当预测值与其相应的实际每股盈余对比时，预测误差都很小。当盈余受到非经常项目、终止经营和其他原因如会计方法变更等因素影响时，预测误差最大。

当 Value Line 发布的实际盈余与 Value Line 和机构经纪人预测系统的预测值对比时，非正常报酬率与盈余预测误差的关联性最强。Philibrick and Ricks 得出结论，就美国的研究来看，与盈余预测来源相比，实际盈余数据的来源更重要。

分析师的预测：进一步的观察

在对未来盈余的预测中，证券分析师发挥着关键性的作用。这里隐含着一个假设，即分析师的预测是最新的。这一点似乎应该是符合逻辑的，因为分析师是专业人员，具有良好的教育背景，能够在与其他同行的竞争中逐渐获得较大的声誉。将分析师的预测作为有代表性的数据也暗含着一个假设，即他们的预测是无偏的。然而，我们必须注意一个问题，那就是证券分析师的动机是否单纯，从而导致他们做出公正的预测。

在有关盈余和证券价格关系方面，有一系列让人迷惑不解的现象：

第6章 盈余预测

市场对盈余公告的反应迟钝。这一现象确实存在,至少已经出现过。该现象被称为证券报酬研究中的盈余公告后漂移(post earnings announcement drift),这一问题我们将在第8章中讨论。对于造成这一现象的原因,有些学者声称是市场反应不足(underreact),因为股票价格"牢牢受制于以前年度相应季度的盈余……对更新的盈余信息反应不足"(Abarbanell and Bernard,1992,p.1181)。另外一些学者认为是市场出现正的和负的非正常报酬的反应过度(overreact)现象,证据是长期市场有很明显的反转趋势,而持有反向投资理念的投资者往往得到较高的投资报酬(De Bondt and Thaler,1985)。De Bondt and Thaler(1990)发现了证券分析师对最新盈余公告的过度反应情况,Mendenhall(1991)则发现了证券分析师对最新盈余公告的反应不足现象。Klein(1990)发现,如果以前公司的股票价格在盈余公布之前出现大幅度的下跌,证券分析师在进行年度盈余预测时会对这些公司做出过度乐观的预测。针对证券分析师盈余预测的讨论,又可以引申到另外一个话题,即我们原来假设分析师公正、不带有任何偏见可能并不准确,事实上,证券分析师的多种动机会导致他们做出不同的预测。

Abarbanell and Bernard(1992)认为,分析师对盈余公告的反应程度,可以帮助解释股票价格对盈余的时滞(按照一些学者的说法股票价格对盈余公告的反应过度)这一反常现象。他们试图对 De Bondt and Thaler 以及 Mendenhall 的明显矛盾的证据进行调和,认为分析师既有对盈余公告反应过度的情况也有反应不足的情况。

就研究数据来看,Abarbanell and Bernard(1992)选择了178家公司,以每家公司1976—1986年至少16个季度的数据[①]做样本。公司的每股盈余预测值和实际值从 Value Line 获取。盈余预测误差被发布公告前10天的股票价格抵消。日股票报酬率被当作分析对象,极端的盈余观察值也被剔除以减轻对研究结果的影响。

Abarbanell and Bernard 对季节性随机游走模型(如鞅模型 $E(Q_t)=$

[①] 最开始选择了100家较大规模和100家中型规模的企业,但由于缺少足够的数据而将样本缩减到178家。

Q_{t-4}）和 Value Line 的模型在预测误差中的自回归问题进行了调查。季节性随机游走模型得出的预测误差在前三个时段成正自相关，而在第四个时段成负自相关。Value Line 的预测误差在进行单个公司预测时自相关，但是相关程度比季节性随机游走模型的预测误差低。Value Line 的盈余预测误差在四个时段全部正自相关，没有证据表明证券分析师在进行预测时特别依赖以前年度第四季度的盈余数据。

当把单个公司预测混合在一起时，自相关程度稍稍有些提高。Value Line 的混合预测结果显示，平均有 27% 的绝对预测误差。从整体情况看，一阶自回归现象使得每一美元每股盈余的预测误差为 5 美分。换句话说，假定分析师可以将所有的一阶自回归情况考虑进去，他们的预测会更准确。Abarbanell and Bernard 认为，目前我们还没有发现分析师们对以前年度同一季度的盈余过分重视的证据，Value Line 分析师更倾向于对近期季度盈余公告的反应不足。

Abarbanell and Bernard 试图对他们的观察结果与 De Bondt and Thaler（1990）所报告的分析师预测过度反应和 De Bondt and Thaler（1985，1987）所发现的股票价格过度反应进行调和，他们得出的结论是，虽然每股盈余预测变化倾向于特别极端，但是误差不是对盈余公告或股票价格过度反应的结果，肯定存在着对其他信息来源的过度反应。他们还得出结论，"也许在极端的分析师预测与股票价格的反应过度和反应不足之间不存在任何关系"（p.25）。

我们将分析师预测误差和盈余公告后的漂移关系问题，留待第 8 章进行讨论。

证券分析师的多种动机分析

Schipper（1991）对证券分析师的预测从更广泛的角度进行了分析。她认为，在事件研究中将注意力仅仅集中在分析师的预测上这种做法太狭隘，因为分析师的职责除了对盈余进行预测外还有其他方面的责任。Schipper 认为，我们最起码应该区分主要被经纪公司雇佣的卖方分析师和主要被投资公司所雇佣的买方分析师。她注意到，分析师是会计

第 6 章 盈余预测

研究人员感兴趣的话题,因为分析师是会计信息的主要使用者。同时还注意到,在会计研究文献中对审计人员的判断予以了充分关注,但是对分析师的判断没有给予同样程度的关注。

Schipper 警告说,如果我们不能完全了解市场对盈余信号的反应,就不能那么肯定地让这种反应来代表市场对盈余的期望。研究人员还没有对分析师预测的预期偏差进行调整,但是市场参与者可能会这样做。他们会收集多种预测,可能利用非线性损失函数,对投资收益和损失进行不同的估价。

我们可以对证券分析师预测的一些特征进行研究,这些特征包括:衡量预测作为时间函数准确性的离差,对计算和归集出的预测误差十分敏感的偏差,以及预测信息披露和股票价格变化之间的关系等。

在会计研究领域里有一个新的主题是:隐藏在分析师预测信息中的本质是什么?一些学者试图揭示分析师的预测一直占主导地位的原因。Schipper 引用 Brown, Richardson and Schwager (1987),认为人们之所以更信任证券分析师的预测,有以下几个方面的原因:一是基于可以取得信息的来源渠道(信息组的不同维度);二是盈余数据的准确性和可变性;三是分析师所获得的信息与其他人获得信息的关联程度。Brown et al. 的文献能够表明,与时间序列推断相比,证券分析师的预测更有优势,这一优势与公司规模(代表信息数量)和分析师之间预测的一致性(准确性)有关。他们不能证明各种相关信息变量之间的关系,因为很难找到用哪些指标来代表它们。

Kim and Schroeder (1990) 认为,证券分析师考虑了盈余管理的问题。他们认为,盈余管理受到企业高层管理人员对自身管理报酬的驱动,追求薪酬最大化可以解释管理层盈余管理的动机。证券分析师对他们的盈余预测进行调整是考虑了盈余管理的结果。相反,Biddle and Rick (1988) 的研究显示,证券分析师的感觉并不是如此敏锐:他们系统地高估了 1974 年采用后进先出法进行计价的样本公司的盈余。

其他研究人员对分析师是否就其所拥有的信息充分理性的利用进行了检验。他们还试图验证,虽然分析师的预测建立在以前的有关信息基础之上，他们依然能够把握所得到的信息的本质。Lys and Sohn（1990）发现，虽然证券分析师预测的修正与修正前股票价格的变动有关，但是这些预测仍然包含了部分与分析师以前预测有差异的信息以及公司所披露的信息。正如我们前面已经提到的，Klein（1990）发现，证券分析师的预测在股票价格下降后倾向于乐观的估计，但在股票价格上升后预测是无偏的。Mendenhall（1991）则发现，Value Line 分析师对他们预测的盈余信息反应不足。由于这些专业分析人员所做出的研究结果的预测误差具有一致性，这可以向 Schipper 证明，证券分析师的动机是经得起检验的。

典型的美国证券分析师通常负责跟踪指定行业里的 10～20 只股票。证券分析师们的建议可以分为买入、卖出和持有三种。他们对股票进行选择时，通常通过写投资研究报告来确认他们的判断，在这一过程中，他们还要对公司的每股盈余进行预测。Schipper 发现，分析师们的上述工作，是（或者可能是）对外一系列服务中的一部分。为公司提供的其他收费服务还包括经纪服务、承销和公司财务咨询等。她注意到，分析师们可能有提供"乐观盈余预测（optimistic earnings forecasts）的动机，特别是在公司面对不利的股票收益率和盈余信号时"（p.115）。与这一观察结果相一致，Lin and McNichol（1991）发现，受雇于承销商的分析师在预测中更倾向于持有乐观的态度，但准确性并不是很高。

Schipper 所得出的结论是，虽然以前的研究文献注重对分析师预测的统计特征及其与股票价格关系进行证明，但是现在的研究重点也许应该加以改变，转为对分析师的决策背景（decision contexts）和他们所面临的决策动因结构（incentive structure）进行研究和分析。她指出，研究发现，分析师倾向于将目光聚焦在盈余指标上，而不是现金流量上，他们没有必要通过预测每股盈余来决定推荐哪些股票构成未来的投资组合。

Schipper 的最后一个观点并没有得到准则制定者和众多会计研究人员的重视，他们往往将注意力放在盈余指标上。除此之外，就目前对分析师预测问题的研究状况看,"在盈余事件研究中,哪一个基准是最好的"这一问题仍然没有答案。

小结

本章我们对盈余预测文献进行了回顾,特别是对时间序列预测和分析师预测的相对准确性问题进行了讨论。尽管盈余及其相关变量好像用简单随机游走模型就能够得到很好的描述,尤其是在利用有限的数据和简单模型时更是如此,但是有很多例子证明,扩大的样本可以导致不同的结论。例如,毫无疑问地,考虑了季节特征的模型要比没有考虑这一特征的模型在描述季度盈余数据时更加适用。

分析师的预测要比时间序列推断法更为准确;只要综合预测所依据的分析师的预测是最近 30 天内更新过的,分析师的综合预测(consensus forecast)就要比最近的单个预测(individual forecast)更为准确。但是分析师的预测不一定是所有预测中最准确的,因为它们可能反映了分析师自身的一些动机因素所造成的偏差。卖方分析师有来自他们雇主方面的压力,雇主希望预测对承销有利,因此,可能导致分析师的预测倾向于乐观。或者公司管理人员拥有对分析有价值的信息,可能要求分析师做出乐观预测从而与他们交换信息。

在第 8 章中我们还将对这些问题进行讨论。

第 7 章　信息传递

所谓信息传递，是指在资本市场上，某个公司发布的信息会向其他未发布公告的公司传递价值相关的信息，这里所指的公司往往是相关公司或者是处于同一行业的公司。到目前为止，该类问题的研究主要集中在盈余信息的传递上，包括实际发布的盈余公告以及盈余预测信息的传递。

研究信息传递的文献从 20 世纪 70 年代中期开始出现，属于公司发布会计信息对股价影响研究的延伸[①]。研究发现，虽然盈余信息能够反映某一公司财务年度价值方面的信息，但是年度财务报告并没有发挥它应有的作用。造成这一结果的原因之一可能是，资本市场已经从其他较早发布盈余公告公司的年度报告中获得了有关信息，使得后发布年度报告公司财务报告所包含的信息对投资者的影响力降低。

King（1966）的研究表明，任意两只股票的收益率通常都有较大程度的相关性。市场效应（market effects）对两个公司产生同样的影响，解释了二者的协同性，非市场效应则解释了另外一些特性。尤其重要的是，同一个行业的两个公司的收益率高度相关。另外，还有一种看法已经被证实，那就是市场效应和行业效应在公司会计盈余上也有表现

---

① 见 Schipper（1990）对截止到 1990 年的文献的评论。

(Brown and Ball，1967)。会计信息尤其是盈余信息应该是我们研究报酬协同性的起点。

在本章中，我们讨论公司盈余公告以及管理层盈余预测所引起的信息传递情况，除此之外，我们还对信息传递方面的其他两个领域进行讨论。

盈余公告

起源

信息传递文献起源于英国学者 Firth（1976）的研究，他引用 Ball and Brown（1968）的结论，即投资者运用其他信息来源预测公司的年度盈余公告。Firth 推测，其他信息来源包括公司发布的中期报告、某些特定交易的信息（如取得了一项重要的销售合同）以及与之紧密相关的竞争对手的财务业绩等。Firth 认为，一家公司其竞争对手的财务业绩在决定这家公司的股票价格上有着十分显著的作用。他的目的是"调查某个公司公开发布的财务业绩报告对竞争对手的股票价格的影响"（p.298）。

这里，竞争对手公司是指与发布信息的公司处于同一市场上的公司，这些公司采用同样或相似的技术，经营品种相对比较稳定。Firth 选定的四个行业组分别是：酿酒业（16家公司）、食品零售业（24家公司）、运输业（14家公司）以及银行业（6家公司）。

Firth 所做的研究属于典型的事件研究。需要收集发布信息公司的发布日期，观察竞争对手公司（即未发布信息公司）在信息发布日前后股票价格的变动情况。Firth 所关注的公告为 1973 年和 1974 年发布的年度盈余公告。他将注意力集中在公告发布前后 10 个交易日的这段时间。为避免在同一时间段内受到多项盈余信息传递的影响，Firth 在选择样本时进行了控制：保证在 21 天之内，同一行业的其他公司没有发布类似公告。

盈余预测事实上或者基本上不对盈余公告进行分类。但是 Firth 假定，除了市场效应以外，对于发布盈余公告的公司，在发布公告日影响其股价的唯一因素就是已发布的盈余公告。这样，他根据公司发布盈余公告日非正常报酬的信号，将盈余公告分为好消息和坏消息。

当一家公司发布的公告是好消息时，同一行业的其他尚未发布公告公司的股票价格，在发布公告前 10 天没有显著的变化，在发布公告日平均增长 2.1%（94% 的未发布公告公司的股票价格在当天上涨）。在随后的几天里，股价几乎没有变化。当一家公司发布的公告是坏消息时，在发布公告前 10 天，同一行业其他公司的股价没有显著变化，在发布公告日股票价格平均下跌 3.7%（98% 的未发布公告公司的股价在当天下跌），在公告发布后的几天里变化很小。

这一结果十分引人注目，可能是在信息传递研究中发现的最典型的结果。这里不仅不能对好消息和坏消息进行预测，而且几乎所有公司立即全部做出反应，因此，在公告发布日后，价格的影响可以忽略不计。

Firth 的研究之所以值得关注有两个方面的原因：第一，他的研究证明，盈余公告信息对发布公告公司股价的影响越大，信息传递程度越高；第二，盈余公告的发布，导致未发布公告公司的股票交易频率有所增加。当未发布公告公司的非正常报酬对发布公告公司的非正常报酬进行回归时，Firth 发现二者的相关系数为 0.6，斜率系数也为 0.6。他得出结论，未发布公告公司的残差比发布公告公司的残差多一半，交易频率（用每日交易数量计量）与公告日前 2~3 周相比也激增。Firth 预计，未发布公告公司在发布信息当天的股票交易量，是发布日前 15 天至前 5 天平均交易量的 4 倍多。在公布日后的两天，交易活动仍然保持较高的频率，然后便回到正常的水平。

Firth 得出的结论是，竞争对手公司的年度报告，可以在一定程度上代替公司自身发布的报告。这样便可以得出一个结论，市场发现财务信息不仅有助于确定发布公告公司的股票价格，而且有助于确定同一行业其他公司的股票价格。这一外部性的应用在后面的章节中还要提到。

第 7 章 信息传递

Foster 对于美国的研究证据

Foster（1981）采用与 Firth 相似的研究设计。他对信息传递的定义是"$j(k,……,z)$ 公司披露的信息可以用来推断 i 公司的股价分布情况"（p.202）。Foster 指出，当 j 公司的盈余信息让市场了解到该行业的一般情况时，就会发生信息传递。当 j 公司的盈余表现出行业内公司间的竞争轮换（competitive shifts）时，也会出现信息传递。例如，Woolworth[①]公司的盈余增长时，一般可以推断出整个零售行业业绩均佳，或者是 Woolworth 的业绩是以其他竞争者（如 Coles Myer 和 Foodland Associated 等公司）的业绩不佳为前提的。因此，现在的关键问题是要将这两种可能性区分开。

Firth（1976）的研究和 Morris（1980）的一篇未公开发表论文的结论是相互矛盾的。正如我们刚才所看到的，Firth 发现盈余传递在英国十分显著，而 Morris 对 165 家澳大利亚公司在 1964—1972 年的盈余披露进行研究后发现，没有证据表明有显著意义上的信息传递。Foster 为了对这一矛盾现象进行解释，又进行了多次检验。他进行了定向的和非定向（directional and non-directional）的检验。对行业的界定更为严谨，对谁是第一个报告者以及将信息传递给同一行业中的其他公司也进行了界定。

Foster 首先选择了一个初始样本，然后又从中挑选出信息传递可能显著的两个子样本。初始样本为同一年份标准行业分类（Standard Industrial Classification，SIC）中四位数字相同的公司，这样每一个行业大概有 6~12 家公司。在采用了其他的过滤选择后，初始样本包含 10 个行业共 75 家公司。他的第一个子样本严格限定于经营业务相同的公司，也就是说公司的业务不能太分散。Foster 在采用这一标准对初始样本进行筛选后，要求同一行业公司的主营业务收入应该占到 50% 以上，否则就从样本中剔除。这样筛选后的结果是，第一个子样本包括 12 个行业共 53 家公司。第二个子样本包括在行业中占主导地位的公司，

---

① Woolworth, Coles Myer，Foodland 均为澳大利亚著名的零售连锁商场。——译者

Foster 将其限定为 1970—1978 年年收入在行业中占中上水平的公司。Foster 从初始样本中选出了符合这一标准的公司共 40 家。之所以将这些公司挑选出来，是因为这些各行业中占主导地位公司的股票价格的变化往往会对整个行业产生重要影响，通过它们可以比较容易地观察到信息传递效应。

这里，假定 0 为盈余信息发布日[①]，我们对发布前 11 天到发布后 10 天 [−11：+10] 的非正常报酬率进行研究。在非定向检验中，非正常报酬率表达为在盈余披露前后这一段时间内非正常收益的平方与非披露期间非正常收益的方差之比。Foster 根据这一比率的大小将发布公告公司的报告编号为 1~6[②]。未发布公告公司（也就是与发布公告公司在同一个行业的其他公司）也像发布公告公司一样被分别编号。这样，Foster 试图根据发布公告公司的股票价格影响程度，对不同情况进行分级，希望看到信息传递能力与分级有关。

非定向检验验证了 Foster 的想法，即在发布公告期间，发布公告公司的价格变化最大，信息传递效应也十分显著。Foster 发现，从事同类业务公司的信息传递效应比不是同类公司的效应显著。

定向检验是基于对发布公告信息公司的非正常报酬率的分类[③]，因为 Foster 认为，发布盈余信息公司的股票价格的变动方向和重要程度，决定了同一个行业的其他未发布公告公司的股票价格的变动方向和重要程度（p.218）。这一结论对在同一行业的公司和在该行业起主导作用的公司中十分显著。

Foster 还对盈余公告的时间问题进行了研究，他预计第一份盈余公告对发布公司自身的股价影响最大，因为其他公司的盈余情况尚未披

---

① 也就是说，在 22 天的时间段内，共有 11 对两天的报酬。Foster 之所以选择两天的报酬期间，是因为前一天做出的公告，在当天早上的报纸上不一定全部反映，公告可能是在前一天的交易结束前或者结束后发布的。Foster 知道当天的收盘价肯定是包含了前一天发布公告的信息内容；他还知道在−2 天的价格肯定是发布公告前的数据。

② 这里，根据非正常报酬率分布的固定划分点进行分类编号，两端的投资组合（投资组合 1 和 6）因检验方法不同而分别包含了 5%~8% 的观察值。

③ 在定向检验中，Foster 特又将公司编号为 1~6，这一次是根据发布公告公司在 [−1：0] 两天内非正常报酬率的符号和数额大小进行划分的。

露，所以，在此之前没有此类报告可供参考。但是，当时他的研究证据并不支持他的这一推测。Foster 很不愿意接受这一结论。他认为可能是他对行业的界定有问题，也可能是他没有找出发布第一份公告的公司，或者也许有比盈余公告更早的事项已经向投资者传达了即将发布的盈余公告的内容。其他学者重新对这一问题进行了研究，发现 Foster 的推断是正确的，即使他自己没有证明出来这一结论[1]。

Foster 在讨论发现时总结道，Firth 的结论是正确的，Morris 的结论是错误的。因为盈余信息传递在统计学意义上是显著的。信息传递效应对证券收益的影响程度，低于与公司有关的其他报告，例如，股利增长、产品销售、盈余预测、新项目投资、罢工、股票分割，等等。但是 Foster 观察到的效应，不如 Firth 在早期对英国公司的研究结论显著。

Foster 对信息传递带来的外部性的评论，使得会计政策决定因素问题变得更加复杂。会计准则制定者是否应该仅关注发布公告公司的股东会计报告的信息效应？或者说，他们是否应该将其他未发布公告公司股东的利益也考虑进去，以使这些股东能够在不承担信息生产成本的情况下就可以推断其所持股票的价格？

澳大利亚证据

Clinch and Sinclair（1987）怀疑，以前的研究可能高估了信息的传递效应，因为以前的研究者没有对在同一行业内证券收益其他方面的协方差进行控制。他们还担心同样的问题在事件研究法下被夸大，因为事件研究中所收集的样本可能大多集中在同一行业，或者主要关注特定事件日期的样本。同一行业其他公司发布的信息可能成为干扰事项，从而导致出现这一结果。Clinch and Sinclair 试图找出一个更合适的模型和检验方法来对这些效应进行控制。他们还试图采用一种新方法对 Foster 的假设进行检验，也就是发布盈余信息公司的股票价格对盈余的反应程度，取决于行业内发布信息的相对时间。这一假设连 Foster 自己也没

---

[1] 见 Clinch and Sinclair（1987）在下一节的讨论。

有给予证实。

Clinch and Sinclair 与 Foster 的研究假设相同,即未公告公司非正常报酬的绝对值在公告日大于零;在公告发布日,发布信息和未发布信息公司的非正常报酬的符号相同;在同一行业中,盈余信息发布得越早,非正常报酬的绝对值越大。

Clinch and Sinclair 研究了澳大利亚 10 个行业中的 47 家公司,共 328 个半年度公告,时间跨度为 5 年,即从 1977 年 1 月到 1981 年 12 月。他们认为,他们所选择样本的特征与 Foster 所要求的经营同类业务样本公司的特征很相似。非正常报酬根据市场模型进行计算,由于同一行业具有共同性,因此采用递归系统方法对截面残差共变进行控制。根据 Foster 的非正常报酬率分布情况,将公司分为 10 个数量相同的组合。结果显示,公告公司和未公告公司在公告日都有十分显著的残差。公告公司的平均非正常报酬率为 7.9,而未公告公司为 1.9。另外,市场模型和递归系统模型得出的结果是一致的。他们的定向检验(directional test)也验证了 Foster 的结论,公告公司和未公告公司的残差正相关。在对第三个假设进行更深入的检验后,Clinch and Sinclair 证实了 Foster 所推测的一种关系是存在的,即公告发布时间与发布公告公司自身股票报酬率显著相关。他们发现,在报告期内随着同一行业公司盈余信息的陆续披露,披露公司和未披露公司的每日股票价格变动方向、价格变动幅度的关系逐渐减弱(p.105)。他们还分别对已经发布公告公司和尚未发布公告公司进行观察。对于已经发布公告公司,当其非正常报酬率为正数时,信息传递效应(反映在未公告公司的收益率上)是显著的;当其非正常报酬率是负数,也就是将传递不利的消息时,信息传递效应对尚未发布盈余信息公司的影响力最强。

盈余预测误差

到目前为止,从以上研究结论可以看出,在盈余公告日公告公司和未发布公告公司的非正常报酬率的符号和金额存在正相关关系。也就是说,在一般情况下,当一家公司发布盈余信息后,同一个行业里其他公司的非正常报酬率存在着正相关关系。Han and Wild（1990）对这一问题进行了更深入的研究，他们在对信息传递的检验中，使用了发布信息公司的非正常报酬率这一指标，而不是非预期盈余[①]。

除了改变对信息内容的测量方式外，Han and Wild（1990）的文章和 Foster（1981）相似。他们研究了美国 47 个行业 1 418 个季度盈余公告，时间跨度为 1984—1986 年。他们所依据的分析师的预测来自 Lynch，Jones and Ryan 机构经纪人预测系统。对预测结果的敏感性分析，采用的是把来自 IBES 的结果与三个时间序列预测模型的预测结果进行对比，这三个预测模型分别是：季节性随机游走模型、带偏差的季节性随机游走模型和带偏差的一阶自回归模型。在样本选择上，如果在某个公司发布公告的当天同一个行业里其他公司也发布了公告，那么就将这个样本剔除。这样，他们的研究样本共有未公告公司的 3 702 个季度数据。然后，对同一行业中未公告公司的数量从 1～9 进行排序。对从预测财务年度的第一个交易日开始到同一行业有公司最早发布盈余信息的前 6 天为止这一时期，采用市场模型计算非正常报酬。Han and Wild 考虑了三个事项区段的日非正常报酬率，即 [−1；0]、[−1；+1] 和 [−2；+2]。

Han and Wild 进行了两组检验：第一组检验基于信息传递早期研究者的思路，对发布盈余信息公司的非正常报酬率进行分析。这一检验的基础是建立一个投资组合。这个投资组合可以是多头，也可以是空头。当同一行业的已发布信息公司的非正常报酬率为正数时，未发布盈余信息公司持有的投资组合为多头（long position）；当发布信息公司的非正常报酬率为负数时，未发布盈余信息公司持有的投资组合为空头。结果显示，投资组合在 [−1；0] 这两天的时间里有显著的非正常报酬率。然后，根据发布信息公司非正常报酬率的结果，再将其分为 10 个投资组合。同时，在此基础上，也将对应的未发布信息公司划分为 10

---

① Baginski（1987）在此之前已就与管理预测有关的信息传递问题进行了讨论（见本章后边的讨论）。

个投资组合[1]。根据观察，这两类投资组合的报酬之间的等级相关系数为0.71，在1%的置信水平上显著。基于单个证券的等级相关系数就低很多，为0.07。然而，数量巨大的单个证券样本意味着0.07的等级相关系数，在1%的置信水平上仍然显著。

当根据发布盈余信息公司的相对预测误差将公司分类时[2]，得出的结论与Ball and Brown（1968）所发现的有关发布盈余信息公司的结论一致。在对样本公司划分为不同的投资组合时，发布盈余信息公司的未预期盈余和非正常报酬率的等级相关系数为0.95。以分析师的盈余预测作为预期盈余时，在[−1：0]这两天的时间段里，未发布盈余信息公司的报酬率通常较低，这一结果在10%的水平上显著；若以带偏差的季度随机游走模型的估计值作为预期盈余时，上述结果在1%的水平上显著。在将公司划分成不同的投资组合时，发布盈余信息公司的未预期盈余和未发布盈余信息公司的非正常报酬之间的等级相关系数为0.64，在5%的水平上显著。

Han and Wild得出的结论是，发布盈余信息公司的未预期盈余与发布盈余信息和未发布盈余信息公司的非正常报酬率之间的符号和数量有正的弱相关关系。当信号被认为是发布盈余信息公司的未预期盈余时，信息传递效应是存在的，但是较弱。而非像其他公司那样，可以从其非正常收益中推断出信息的传递效应。

什么情况下信息传递效应更强？

除了Firth引人注意的精确结论外，大多数研究发现，与公司自身的盈余信息公告相比，信息传递者的作用是处于第二位的。有很多研究者试图通过找到使信息传递更显著的方法来提高检验的可信度，例如，对行业进行严格的限定、关注行业中最早发布信息的公司。另外一种方法是找到若干与非正常报酬高度相关的公司，重点观察其中一对公司的会计信息传递情况。Freeman and Tse（1992）曾经采用类似的更直接

---

[1] 发布公告公司共有10个投资组合，与之相对应，未公告公司也有10个投资组合。
[2] 如果采用盈余预测误差除以股票价格进行计算，得出的结果几乎是一样的。

的方法进行研究,他们将观察重点放在一些特定行业上,这些行业的公司的盈余或者盈余要素的协方差较高。之所以选择这些行业,是因为预期这些行业可能存在较强的信息传递效应。

Freeman and Tse 建议,研究较早发布信息公司和较晚发布信息公司的历史盈余信息之间的关系,将会帮助我们找出哪些行业可能具有更强的信息传递效应。某一季度,当同一行业(按两位数字 SIC 行业目录的规定)的前 13 家公司发布了季度报告时,早期的信息发布者被重新归类。他们的样本中包含 42 个行业,每个行业至少有 50 个观测数据。这些数据包括发布公告的日期、特殊项目前盈余金额、销售额和其他数据等,这些样本数据全部摘自 COMPUSTAT 季度数据库,样本期间为 1979—1988 年,样本总量为 10 277 个。

从统计检验方法看,Freeman and Tse 按照 15% 的置信水平来对回归方程的显著性进行检验。这里,因变量为该公司本季度与上一个财务年度同一季度相比盈余的变动额,回归自变量为下列指标:(1)本季度与上一个财务年度同一季度相比销售变动额;(2)本季度与上一个财务年度同一季度相比盈余变动额。所有的变量均要除以相应权益的市场价值。同一个行业内所有公司在这一段时间内的观测值被混合在一起。

在 42 个行业中,23 个行业表现出在盈余传递方面的显著性。在 23 个行业中,19 个行业的盈余变量系数为正数,18 个行业的销售额变量系数为正数。换句话说,同一行业中的信息传递通常意味着,一个公司的好消息对其他公司来说也是好消息。然而,回归方程的解释能力较低,在 23 个信息传递显著的回归方程中,R^2 修正值仅为 0.003~0.158。

研究信息传递的学者试图从未公布业绩公司在 [−1,0] 这两天和 [−1,+2] 这四天窗口期内的市场调整收益率中寻找信息传递效应的证据。就 Freeman and Tse 的研究结果看,虽然回归方程的解释能力相对较弱,但他们发现的引人注意的证据表明信息传递确实是存在的,并且,在最有能力展示这些特征的行业中,信息传递效应也最强。

管理预测

初始证据

到目前为止，我们讨论的话题一直围绕公司的盈余公告。但是，公司管理者偶尔也会在公司发布盈余公告前对公司的利润进行预测，这种预测称为管理预测。在有关信息传递文献中，有一些分析性和实证性文章也对此问题进行了研究。

Baginski（1987）是第一篇公开发表的研究这类信息传递的文献，讨论了公司盈余创新（earnings innovation）信息的发布与同行业中未发布信息公司的非正常报酬率的关系。他注意到 Waymire（1984）的观点：管理预测是一个十分复杂的问题，因为有两个因素可能影响股票价格的变动，即信号的内容和预测行为的本质。Baginski 有两个假设：第一个假设是盈余创新的符号向未发布信息公司的股东传递着一个价值相关的信息；第二个假设是盈余创新的幅度越大，未发布信息公司的股票价格波动也越大。Baginski 将盈余创新定义为管理者的预测和发表在标准普尔的《盈余预测者》中的最新证券分析师的预测之间的差异。

Baginski 的研究样本选自 1978—1983 年在《华尔街日报》刊登的 51 家公司管理层发布的 57 个预测报告。管理预测是最初的预测，也是对全年的预测，它们往往在财务年度的前 11 个月发布。如果有下列情况，则预测值从样本中删除：该公司或类似公司在预测日 7 天之前或之后发布了其他有可能造成混淆的事项，预测不能表述为一个点估计[①]。如果分析师的预测已经超过管理预测公布时的 5 周，则也不能将这一观察值放进样本中。

这 57 个预测公告样本，来自 45 个行业（按四位数字 SIC 行业目录的规定）。首先，采用聚类分析法，在同一行业中找出在商业风险和杠

---

① 例如，管理预测有时可以表达为一段区间的值，如"在 3.5 美元到 3.8 美元之间"，一段区间的中点可以提供一个点估计。

杆方面有着类似情况的公司。这一做法基于如下假设，即商业风险和杠杆因素在信息传递过程中发挥着重要作用。商业风险用市场模型中的截距、斜率和残差代表。这一市场模型为符合从预测年份开始后 60 个月的股票报酬估计模型，杠杆率用负债加优先股除以普通股权益表示。所有的数字均采用账面价值。运用与挑选 57 个样本相似的方法，Baginski 选择了 132 家未发布信息公司样本。有 28 个行业，每个行业只有 1 家未发布管理预测信息的公司，另外 14 个行业，每个行业有 2 家未发布管理预测信息的公司。平均每一个行业有 2.32 家未发布公司。公司盈余创新额以分析师的预测值进行平减，非正常报酬率用市场模型中的预测误差计量。

  Baginski 第一个假设的检验基于一个投资组合的非正常报酬率，这一投资组合是在发布信息公司的盈余创新为正（负）数时，未公告公司采取多（空）头所组成的联合投资组合。检验结果显示，平均非正常报酬率在发布日与这一联合投资组合有显著的正相关关系。第二个假设通过符号和数量检验也得到证实。Baginski 将盈余创新分成六等，根据公告公司盈余创新信息所归的类别，分别将公告公司和未公告公司分配到不同的投资组合中。检验结果显示，投资组合的平均非正常报酬率与投资组合在全距序列中的等级相关系数：发布公告公司为 0.82，未公告公司为 0.77（其中投资组合的平均非正常报酬率基于 [−2：+2] 5 天的时间段计算）。Baginski 从后面的相关关系中得出结论，未公告公司的股票价格与同类公司管理者所做的盈余预测所造成的盈余期望变化呈正相关关系。他的结论支持如下观点：证券报酬中至少部分协方差受到盈余信息的驱动，这一盈余信息与发布公告的公司以及与之相关的公司有关。

管理预测为高盈余时谁能获益？

  前面我们提到了信息传递的复杂情况，具体来讲就是区分什么是 Han，Wild and Ramesh（1989）所说的竞争轮换和行业内协同性（industry-wide commonalities）。竞争轮换可能是指 Woolworths 这一零售企业所取得的利润以其他连锁零售企业，如 Coles Myer 的损失为代价。而行业内协同性可能是指所有零售连锁企业都从零售市场的扩大中获得利益。Han et al. 主要的假设是：第一，管理者的预测，与公告公司和其他同行业中未公告公司的非正常报酬率有相关关系；第二，去掉一般行业报酬的协方差，会对信息传递效应的能力产生显著影响。如果将一般行业报酬率的协方差去掉后不能找到信息传递的证据，就证明盈余预测公告只与行业的协同性有关。

Han et al. 对四位数字行业编码（SIC）相同的所有企业进行了研究，时间跨度为 1979—1982 年。在这段时间窗口，可以在每一个行业内至少找到一家发布管理盈余信息的公司。他们的样本有 149 家公司的 195 个这样的预测。具体来讲，在 149 家公司中，有 35 家公司在这 4 年内发布过不止一次盈余预测，有 2 家公司每年发布一次盈余预测，1/4 的盈余预测是在财务年度的最后一个月才发布。不同行业间，未公告公司数量不一样，从 1~74 家不等，平均值为 12 家，中位数为 6 家。在样本数据选择方面的其他限制有，公司管理层发布的预测信息要么是点估计值，要么是期间估计值，其中期间估计可以用期间中值代替。IBES 的预测在管理预测发布之前的很短一段时间内可以取得。Han et al. 对盈余创新的定义与 Baginski 的相似，即管理预测与分析师预测的差额，除以分析师预测的绝对值。

根据公告公司的非正常报酬率（作为第一次检验）的符号和数额大小，以及这些公司的盈余创新（第二次检验）的符号和数额，将公司与未公告公司样本分成 20 个投资组合。单一指数（市场）和双指数（市场和行业）模型应用于日报酬率的计算，时间跨度为到预测发布日前 21 个交易日，共 200 个交易日。研究结果表明，去掉行业协同性（也就是将行业指数加入标准市场模型）后，并不影响预测信息公司的结果，这说明管理预测确实包含特殊的信息。

与此相反，将行业指数加入模型，会对未发布管理预测信息公司的结果产生影响。单一指数模型结果显示，发布管理预测信息公司的盈余创新或非正常报酬率与未发布管理预测信息公司的非正常报酬率正相关。然而，双指数模型的结果显示，发布管理预测信息公司与未发布管理预测信息公司的非正常报酬率没有显著相关关系，发布管理预测信息公司的盈余创新和非正常报酬率与未发布管理预测信息公司的非正常报酬率也不存在显著相关关系。

Han et al. 得出的结论是，一旦将公司报酬中的一般行业协方差去掉，信息传递效应就不再明显。信息传递的来源是行业内的协同性，而不是行业内的竞争转换。

公司间的信息传递

Pyo and Lustgarten（1991）对 Han et al. 的结论进行了详细的剖析。他们的目的在于了解基于单个公司的信息传递，研究对象也是管理预测。他们的模型隐含一个假设，即同一行业的公司生产的产品有一定程度的差异，从而使产品具有可替代性和互补性。因此，他们的模型假设，管理预测所传递的信息基于特定的发布信息公司与未发布信息公司的盈余协方差。

道琼斯新闻检索服务（Dow Jones News Retrieval Service）被用来识别可量化的管理预测。预测数据在 1979—1985 年的《华尔街日报》上收集。由于受到没有足够的市场报酬率资料来源，至少五年的历史盈余资料，最近 IBES 分析师发布的预测，以及在 [-1：+1] 3 天内没有其他可能带来混淆事项的要求等限制，他们共挑选出了 65 个 COMPUSTAT 数据库所列行业中的 86 个预测样本，以及各对应行业中共 1069 个未发布预测公告的样本。

Pyo and Lustgarten 对盈余协方差（earning covariance）的计量，是通过发布盈余预测公司的每股盈余对未发布预测信息公司每股盈余的回归得出的斜率系数来确定的，在这个回归过程中对 5 年、7 年和 10 年的每股盈余进行了回归结果的稳健性验证。他们利用两个简单回归模型，对未发布信息公司非正常报酬率的信息传递效应进行验证。在第一个回归模型中，回归因子是公告公司发布预测公告前后的非正常报酬率；在第二个回归模型中，回归因子是未预期管理预测（unexpected management forecast），这一指标采用下列方法进行确定，即管理预测值减去最新 IBES 的综合预测值，除以研究区间前一天的股票价格。每一个回归方程用两种方式进行估计，一种方式的回归因子是发布预测信息公司的非正常报酬率或者是未预期管理预测，另一种方式的回归因子是盈余协方差和发布信息公司的非正常报酬率或未预期预测的乘积。以预测公告日为中心，计算前后五天 4 个重叠窗口的市场模型预测误差，以此来衡量非正常报酬率。

研究结果显示，当以盈余协方差和发布信息公司的非正常报酬率或未预期预测的乘积作为回归因子时，未公告公司的非正常报酬率与公告公司的非正常报酬率之间存在相关关系，这一相关关系在 5% 及以上水平上显著，回归期间为 11 到 12 个合并的期间，即三个协方差估计期间和四个报酬率估计期间的组合。当回归因子仅为发布管理预测公告信息公司的非正常报酬率时，四个报酬率估计期间只有一个期间在回归时显著。由此他们得出结论，信息传递的程度在同一行业内有所不同，它取决于公司与公司之间的盈余协方差。至于未发布盈余预测信息公告公司的非正常报酬率和未预期管理盈余预测之间的相关关系则很微弱。

管理预测的作用

当研究管理预测在信息传递过程中发挥的作用时，Pownall and Waymire（1989）提出一个有趣的问题，管理预测行为是否对信息传递过程有足够的了解。他们注意到，管理预测是自愿披露，因此，可以假定管理者披露盈余预测是为了调整一般投资者的预期。如果投资者可以从其他来源获得这些信息，管理者一般不愿意使企业面临被诉讼的风险去发布他们的预测。他们推测，如果盈余信息传递和公司管理层的自愿预测是可以相互替代的，那么，未发布管理预测信息公司将从其他发布盈余信息披露中得到更显著的信息传递效应，而自身发布预测公司的信息传递效应要小得多。

为了验证这一观点，Pownall and Waymire 采用随机抽样法选取了 15 个行业共 502 家公司，盈余数据来自《华尔街日报》，时间为 1969

年7月到1973年12月。未预期盈余采用下列方法计算，即用实际每股盈余和预期每股盈余之差，除以预期每股盈余的绝对值。预期每股盈余数据摘自标准普尔发布的《盈余预测者》。发布预测数据公司的规模往往比较大，更倾向于多元化经营，有较多的证券分析师对其进行追踪。也许正是由于这一原因，证券分析师对这些公司的预测往往比较准确。

Pownall and Waymire 对日原始报酬率进行回归，回归因子为市场报酬指数和他们构造的旨在反映［－1：0］两天窗口期公告效应和信息传递的一系列虚拟变量。回归结果发现，相对于公司自身的公告效应，信息传递效应较小。未对外发布预测公告的公司往往都受到其他公司盈余公告的信息传递。而对于那些选择自己披露盈余预测的公司来讲，信息传递效应很弱，或者根本就不存在[①]。

信息传递其他方面的问题

虽然为了保证与本专著的主题紧密相关，我们一直关注由于盈余公告所产生的信息传递，但是，我们也没有理由要求会计理论研究工作者持有这种狭义的观点。在信息传递研究方面，有两个例子是对信息传递从单个行业的角度进行研究的：一个是 Olsen and Dietrich（1985）对零售企业的销售额的公告问题的研究；一个是 Dranove and Olsen（1990）对制药行业的监管的研究。

零售业销售数据发布频率较高，市场份额也被严密监控。零售商们发布的销售额公告可能对其供应商的股票价格产生影响，因为它们之间存在合同关系。这些公告还可能通过传达影响供应商的股票价格的一些信息，进而对零售业的其他公司产生影响。Olsen and Dietrich 研究了这个问题，发现了零售商和供应商之间信息传递的证据；还发现了当零

---

① Pownall and Waymire 将他们的样本分为两个子集，在只采用一个子集的样本时，他们的结论是显著的。

售商发布销售数据时,供应商的股票报酬率会受到影响。

监管的成本可能会对一个行业造成沉重的负担。Dranove and Olsen(1990)研究了制药行业公司发布危险药品公告对公司股票价格的影响问题。当某一特定药品因为收到警告信或者涉及诉讼案件被召回时,其他制药企业也都会受到影响。竞争者们在未来的行业管理条例出现之前都蒙受着损失。

小结

有关研究信息传递的文献数量增加很快。众多的研究发现,年度盈余公告抓住了一年内发布的价值相关的信息,但是绝大部分在实际发布之前已经失去了价值。King(1966)的研究表明,行业因素在预测公司报酬率时十分关键,因此,证明信息传递效应的深层次原因可能就在于此。

在开始阶段,研究者根据发布盈余公告公司在发布信息时的非正常报酬率的符号,将盈余公告分成好消息和坏消息两种。后来的研究根据报告中披露的盈余预测误差对报告进行分类。有证据显示,盈余信息传递反映了整个行业的共性,在最能表现其共性的行业里,信息传递效应最强。

有关文献还对管理盈余预测进行研究,可能部分是由于管理部门披露盈余预测信息是自愿的,因此,发布管理预测本身就包含着某种信息。在行业内,各个公司之间的信息传递程度是不同的,传递程度与公司之间的盈余协方差有关。选择披露公司自身盈余预测信息的公司股东从信息传递过程中得到的利益,要小于未发布盈余预测信息公司的股东得到的利益。

本专著主要将研究重点放在报酬-盈余关系上,然而,我们应该认识到,信息传递研究文献的研究领域可以更宽阔一些,我们应该对信息传递过程模型的研究再细致一些,而不应该只将目光局限在净利润上。

在这些方面,已经有人迈出了几步。

第 8 章　与会计数据相关的异常现象

事件研究的关键在于选择观察股票交易行为的时间窗口。与此相关的问题是找出最适当的股票市场均衡模型。最常用的假设是认为股票市场是有效的，即对于所有可得到的公开信息而言，股票价格处于均衡之中；换言之，公开披露的信息已在股票价格中得到充分反映，所以对于此类信息而言，价格是无偏的。然而，股票交易行为的其他特性则可能在信息公开后的一段时间内受到影响。在不引起可观测价格漂移的情况下，投资组合可能逐步实现再平衡。然而，逐步再平衡（progressive re-balancing）会引起一系列异常交易行为，如股票交易量、交易的频率以及可能出现的股票价格波动性。

所谓异常现象（anomaly），是指看起来正确但与某一特定学派的观点不一致的情况[①]。在本书的行文中，异常现象指从公开可得到的会计信息中可以预测到的非正常报酬。由于很多基于资本市场的研究对象都是会计盈余，因此会计文献中发现的大多数异常现象的证据均与盈余公告相关是可以理解的。

在本章中，我们考虑两个问题，"对于公开的会计信息而言，股票

---

① 参见 Ball（1992，p.321），他把 Kuhn（1970）对"异常现象"的定义解释为"看起来精确但与基本理论的原则不符的系统证据"。

价格是不是有偏的?"以及"如果价格是有偏的,它对于以探讨报酬-盈余关系为目的的实验设计有何意义?"我们将要讨论的论文包括:Ball(1978,1992),探讨异常现象及其可能的解释;Ou and Penman(1989),质疑与较复杂财务报表分析相关的市场有效性,以及该论文所引出的其他文献;Bernard and Thomas(1989,1990),观察到与盈余公告相关的异常现象。Bernard and Thomas(1989),讨论盈余公告后价格漂移现象(post-earnings announcement drift,PEAD)。他们1990年的论文表明:在季度盈余公告时,股票价格反映了此前公告所包含的信息。其他相关论文也会顺便提到。Fama(1991),对有效市场问题进行更广泛的探讨。

Ball 的第一次探讨

Ball(1978)是第一篇公开发表的汇总了盈余相关异常现象文献的论文。他指出,有充分证据表明,盈余公告后非正常报酬与非预期盈余之间存在直接的相关关系,而且这一点在盈余公告时就被明确地揭示出来了。在该文附录中,他回顾了截至1977年发表的20项研究。其中,15项是关于公司盈余公告的,3项是关于股利分配的,1项是关于盈余公告与股利分配的,1项是关于 Value Line 的盈余预测的。由于各项研究不是完全相互独立的,因此无法逐项衡量所涉及的异常现象。但是从总体来看,异常现象的证据很有说服力。Ball 证明了异常现象的存在,探讨了其成因,并且就如何通过精心的实验设计使其影响最小化提出了建议。

任何一项关于会计信息与证券价格关系的经验研究都包含了某些理论框架的应用。有效市场假说及其验证方法的理论基础是一组关于会计数据价值相关性和会计数据在证券价格中反应过程的命题。这类研究中得到的证据可能是有效的,也可能是无效的。如果证据有效,则要么会证明假设,要么会排除假设。如果证据无效,则可能有两种原因:一是命题为真但被拒绝（第一类错误或 α 错误，即弃真）；二是命题为假但被接受（第二类错误或 β 错误，即取伪）。

例如，假设我们希望进行一项事件研究，以确定更换注册会计师是否影响股东价值。一旦我们确定了注册会计师更换的一些案例以及更换的具体日期，我们就应该判定股价在哪一期间对此类信息做出了反应。假设市场是半强式有效的，我们就应该考察注册会计师更换信息公开日期附近的股价变化。

有效市场假说的一个具体含义是，一旦市场得知注册会计师更换的信息，股价将会立即进行调整，在此之后不会有更进一步的调整。如果我们考察信息宣告后期间，发现股价仍然有统计意义上的显著变化，那么就说明要么我们错误地认定了一个非零效应（non-zero effect），要么我们的证据是正确的。如果证据是正确的，则我们对于市场效率的假设是不正确的。市场无效的可能原因有很多：投资者是迟钝的学习者；交易成本抑制了套利；私有信息处理成本很大；等等。上述原因的合理与否取决于事件的性质和我们所发现的效应的强弱。

Ball 关于盈余公告后非正常报酬率的分析也或多或少地遵循了这个模式。他给出的第一个可能解释是研究错误，即系统实验误差可能导致了实际上不存在的 PEAD 现象。他把实验误差分成两种类型：一种类型是由于应用了错误的资本市场均衡理论及其他理论而导致的错误，另一种类型包括下列错误：

● 没有收集准确的盈余公告日期，这将导致一些盈余公告发生在假定日期之后。例如，如果盈余公告日期被假定为财务年度后的 3 个月，但某些公司却在年度结束后的第四个月宣告盈余，这样就会因为有 +1 个月的误差而产生异常结果。

● 如果使用了初始公告宣告日期，但预案中的盈余数字与以后计算机数据库中的实际盈余数字有差别，则在该差别具有信息含量的情况下，将会出现误差。在初始公告宣告日（该日经常被假定为市场开始知道计算机数据库中的盈余数字之日），市场并不知道上述差别。

● 在最后月度成交价格发生于盈余公告前的情况下，使用实际的月度股价数据将会错误地把盈余公告效应推迟到下一个月。

● 如 CAPM 所示，如果风险影响报酬，并且收益率的变动影响风险的变动，那么假定风险在实验期内不变，在收益率增加的情况下，将会低估证券的期望报酬率；在收益率降低的情况下，将会高估证券的期望报酬率。这将产生明显的 PEAD 现象。

● 与前一点相关联，估计风险的误差可能与收益率或股息率相关。

● 累积非正常报酬率的基础可能被歪曲。例如，倍增非正常业绩指数（multiplicative abnormal performance index）被歪曲。如果样本中存在较强的残存偏差（survivorship bias），可能会影响研究结果。

● 报酬率的计算可能没有按照报价基础的变动进行适当的调整，如股利和资本化的变动。包括澳大利亚数据库在内的绝大多数市场数据库，除权日的报酬率都为正值。年末股利的除权日总是要迟于盈余公告预案。

Ball 最后得出结论，上述所有误差都无法解释 PEAD 的大小，出现 PEAD 现象最可能的原因是非正常报酬率的计算模型不恰当。既有的市场均衡模型由于要控制股票报酬率其他来源的变化，而忽略了与收益率或股息率有关的重要变量。同时指出，异常现象证据与下列解释最一致：按照证券的收益率进行分组，研究对象集中于极端的投资组合（由最高收益率或最低收益率证券组成的投资组合）的研究，与按照盈余的变动进行分组的研究相比，易于产生更稳定的投资组合排名和更明显的异常现象。后一种类型研究导致了较不稳定的投资组合，因为盈余在很大程度上倾向于服从随机游走模型。

1978 年以后的研究

11 年以后，Bernard and Thomas（1989）重新探讨了 Ball（1978）的问题，即 PEAD 是否说明了市场是无效的，或者它是否仅仅是应该在计算非正常报酬率时被消除的一个风险溢价。他们集中研究盈余创新

第 8 章 与会计数据相关的异常现象

与创新披露之后的股票报酬率之间的关系。

PEAD 的一个潜在的解释是价格反应延迟。延迟现象可能是因为交易者没能立刻处理盈余数据，而是一直等到证券分析师调整他们的观点或一直等到未来盈余得到实现；延迟现象也可能是由于市场摩擦（market frictions），如交易成本或投资组合管理成本。另一个可能的原因是 Ball 所强调的风险的错误计量。例如，在一篇写于 1988 年的未发表论文中，Ball，Kothari and Watts 指出，对年度每股盈余数据而言，风险变化与盈余创新有关。然而，Bernard and Thomas 在评价 Ball et al. 的研究时认为，他们的样本主要由大公司组成，而明显的异常现象主要发生在小公司。他们还指出，绝大多数的 PEAD 现象发生在盈余公告后的前三个月，因此季度盈余数据应该比 Ball et al. 所用的年度数据的检验效力更强。

为了对替代解释进行评价，Bernard and Thomas 获取了一组样本，包括 1974—1986 年 NYSE/AMEX 的 84 792 个公司季度观测值和 1974—1985 年 NASDAQ 的 15 457 个公司季度观测值[①]。他们首先通过利用 Foster，Olsen and Shevlin（1984）的标准化未预期盈余计量模型揭示了 PEAD 现象的存在，该模型假设每股盈余的季度差别遵循第一顺序自回归过程[②]（first-order autoregressive process）。所谓标准化是用预测误差除以其标准差。他们直接使用了 Foster et al. 的规模调整报酬率。把所有样本公司按照规模大小的十分位数分成 10 个投资组合。个股的非正常报酬率的计算方法为：个股的报酬率减去其所属投资组合

---

① NYSE 代表纽约证券交易所（New York Stock Exchange），AMEX 代表美国证券交易所（American Stock Exchange）。NASDAQ 代表纳斯达克系统，即全美证券交易商协会自动报价系统（National Association of Security Dealers' Automated Quotations System），一个供柜台股票交易的计算机系统。

② 盈余数据不含非经常项目和已中止的经营活动。Bernard and Thomas 所构造的时间序列模型假设 t 季度的盈余比上一年同一季度（($t-4$)季度）的增加额（减少额）将大于（$t+1$）季度的盈余比（$t-3$）季度的增加额（减少额）。研究发现，t 季度的盈余变动额（针对上一年同一季度的盈余）与后三个季度的盈余变动额（($t+1$)、($t+2$)、($t+3$)季度）之间存在正的但逐渐减少的相关关系，但是 t 季度的盈余变动额与（$t+4$）季度的盈余变动额之间却存在负相关关系。他们模型的设计目的就是要捕捉这些经验相关关系。

的报酬率的平均数。

对于 NYSE/AMEX 公司，价格漂移的证据如下：在盈余公告后的 480 天内，超过半数的漂移发生在前 60 天，具体来说，包括 53% 的小公司、58% 的中等公司和 76% 的大公司[①]。绝大多数的漂移发生在前五个交易日。在投资组合层面，漂移随着标准化未预期盈余的增加而增加。当对 10% 的拥有最好消息的公司看多，对 10% 的拥有最坏消息的公司看空时，480 天内的非正常报酬率平均为 4.2%。如果依照公司规模建立套期头寸，套期投资组合（对好消息公司看多，对坏消息公司看空）的非正常报酬率分别为：大公司 2.8%，中等公司 4.3%，小公司 5.1%。NASDAQ 公司产生了类似的结果。

Bernard and Thomas 接着把注意力转向寻求可能的解释。他们考虑的第一个因素是，在规模调整报酬率中是否存在一个应该被消除的风险溢价。如果 PEAD 现象是由系统风险（β 风险）造成的，那么在牛市和熊市应该出现不同的报酬率，然而在实际中并没有观察到这种情况。风险溢价因素看起来无法解释盈余公告后某些时期价格漂移的集中程度，如前五个交易日。如果在实验设计时允许 β 随时间发生变动，结果显示 β 的变动与部分价格漂移相联系，总体上却无法解释他们的结果。Bernard and Thomas 指出，Chen，Roll and Ross（1986）已经提出把套利定价理论作为 CAPM 的替代模型，并且认定了扩充的五种风险因素，即工业产品的增长、违约风险报酬的变动、利率期限结构的变动、未预期过去的通货膨胀和预期通货膨胀的变动。即便如此，Bernard and Thomas 发现上述五种风险因素也无法解释 PEAD 现象。

他们又考虑了另一个可能的原因：是否在计算证券报酬率时包含了股利，而没有像 Brennan（1970）处理 CAPM 那样调整所得税股利。他们随后又排除了这个解释，因为股利对 PEAD 产生了可检测到的但可以忽略不计的影响。

对于由两个极端十分位未预期盈余公司组构成的对冲投资组合

[①] 公司规模的确定依据是公司普通股的市场价值。处于后 40% 的公司被视为小公司，处于前 30% 的公司被视为大公司。

第8章 与会计数据相关的异常现象

(hedge profolio)来说，价格漂移非常一致且均为正向。在13年内50个季度的46个季度中，价格漂移是一致的。正的报酬率总计约为200%，负的报酬率总计约为-7%。对于所观察到的PEAD，如果要与市场均衡相一致，则将意味着：或者在1974—1986年内，公司亏损的概率很小；或者基于标准化未预期盈余的对冲策略的风险报酬是研究期间之前对可能发生的股灾的适当补偿（在研究期间没有发生股灾）；或者亏损的负效用是利得效用的28倍[①]。异常现象的证据集中于标准化未预期盈余最小的投资组合。该投资组合如此大的负非正常报酬率暗示其个股报酬率小于无风险报酬率[②]。为了使此结果与市场均衡相一致，或者在CAPM有效的情况下，盈余公告后短时间内，拥有坏消息的小公司和中等规模公司的β分别为接近零和负值；或者这些股票是对某些未知风险因素的对冲，以赚取低于无风险报酬率的报酬。第一种情况与获取的证据不一致，第二种情况看起来完全不合逻辑。

交易成本是他们考虑的另一个可能的原因。Stoll and Whaley (1983)估计，在NYSE交易的小公司股票和大公司股票的交易成本（包括买卖价差）分别约为4%和2%。假设基于标准化未预期盈余的对冲策略完全实施"往返交易"(round trip)，总交易成本将是上述成本的两倍，为4%~8%。Bernard and Thomas提到了Ball (1978)的建议，即如果交易成本是相关的，将意味着PEAD现象仅会由于市场均衡的较小偏离而出现。较大的偏离会提供足够吸引套利者(arbitrageurs)的机会，他们的行动将使异常现象完全消失。

为了评估交易成本的影响，他们按照个股的标准化未预期盈余的排序，把样本进一步分成更极端的投资组合。他们首先研究样本的前50%和后50%，对前1/2股票看多，对后1/2股票看空。然后，他们把所有样本分成三个投资组合，对前1/3股票看多，对后1/3股票看空[③]。此过程一直持续下去，直到他们的样本被分成100个投资组合，对前

[①] 也就是说，投资者面临一个非线性的亏损函数；计算方法为：28=200/7（即总利得除以总亏损）。
[②] 无风险报酬率被假定为美国短期国库券利率。
[③] 中间的1/3被忽视。

1%的股票看多，对后1%的股票看空。在每一次细分过程中，他们都计算了盈余公告日前后60天的套期投资组合的报酬率。然后，他们将套期投资组合的报酬率与看多和看空投资组合股票的标准化未预期盈余的均值之差进行对比。他们指出，在盈余公告后期间小公司的累积非正常报酬率最高值达到了约5%，中等公司约4%，大公司约3%。这些报酬率都在往返交易的交易成本范围之内。

对卖空的限制也是引起PEAD现象的原因之一，它可能意味着坏消息报道的非正常报酬率可能会更大且持续时间更长。然而，Bernard and Thomas发现，对好消息股票看多的盈余公告后报酬率（60天后为1.9%，120天后为4.4%）与对坏消息股票看空的盈余公告后报酬率（60天后为2.8%，120天后为5.4%）基本相当。

他们考虑的最后一个可能的解释是，价格是否完全反映了当期盈余对未来盈余的影响。他们指出，有季节性差别的季度盈余数据在连续的五个季度内存在相关关系[1]。如果市场不是有效的，那么它未能察觉这种序列相关性是令人惊讶的。他们发现了与此解释一致的证据，价格看起来没有完全反映序列相关性。在后序的一篇论文中（将在下一部分讨论），Bernard and Thomas（1990）对这个问题进行了更深入的探讨。

Bernard and Thomas得出结论，风险的错误计量无法解释PEAD现象，或者是因为系统风险估计错误，或者是因为计算正常报酬率的模型遗漏了被市场适当定价的风险变量。他们相信延迟的价格反应可能是更好的解释。交易成本应该是有约束力的，但是他们无法解释某些发生于盈余公告后期间内的交易，异常现象仍然存在。另一种可能的解释是市场没能完全察觉当期盈余对未来盈余的影响。

盈余公告后报酬率的回声效应

Bernard and Thomas（1990）指出，他们与Freeman and Tse（1989）

---

[1] 见前注。

第 8 章 与会计数据相关的异常现象

都发现，PEAD 现象的很大一部分影响一直持续到下一个盈余公告日。Rndleman，Jones and Latane（1987）的研究表明，当下一期盈余创新被控制时，大部分与本季度每股盈余有关的 PEAD 现象都消失了。他们得出结论，部分 PEAD 现象是对先前盈余可预测公告的回应。然而，当他们使用更宽的时间窗口时，该结果的其他解释难以被排除。Freeman and Tse 推导出了在较窄时间窗口内预测未来市场对季度盈余的反应方法。他们的研究显示，当下一季度的每股盈余公告被控制后，至少有一半与本季度每股盈余相关的 PEAD 现象消失了。

Freeman and Tse 并没有像 Bernard and Thomas（1990）那样，集中研究 PEAD 与季度盈余的时间序列特性之间的联系。Bernard and Thomas（1990）的新颖之处在于，它把盈余公告后反应的符号及大小与季度盈余数据变动的自相关结构联系起来。因而，他们使得关于 PEAD 成因的争论（是研究设计的误差，还是市场无效导致的市场延迟反应）进一步加大。

从技术上看，Freeman and Tse 的季度每股盈余时间序列模型是以 Brown and Rozeff（1979）的模型为基础的，并对其加以修改以包括季度每股盈余的变动趋势。为了解释观察到的但逐渐衰减的盈余创新在后续三个季度的自相关，模型加入了一个一阶自回归项，同时为了解释观察到的盈余创新在第四个季度的负的自相关，模型还加入了一个季节性的移动平均数。

他们的样本以 Bernard and Thomas（1989）所用的样本为基础。季度每股盈余数据期间从 1970 年开始，标准化未预期盈余的计算对象是 2 649 个公司于 1974—1986 年公告的 96 087 个季度每股盈余数据。规模调整非正常报酬率的计算与 Bernard and Thomas（1989）相同。针对每一个季度，根据其标准化未预期盈余的十分位数把所有公司分为 10 个投资组合。投资组合的规模调整非正常报酬率的计算时间窗口为盈余公告日的前三天。

研究假设变为如下推测。假设当天发布了一个包含好消息的季度盈余公告。当后四个季度的盈余公布时，它们不仅反映了自身的消息也反映了当天报告的回声效应。虽然此效应在以后三个季度内逐渐减弱,但在前三个季度仍然为好消息,而在第四季度时将变为坏消息[①]。

Bernard and Thomas(1989)发现,部分 PEAD 现象发生得很快,现象刚开始发生的时候存在时滞,是因为它集中出现在公告后的期间。他们的推测在所有标准化未预期盈余的十分位数内得到验证,小公司更为显著。对于三组公司(大公司、中等公司和小公司)来说,被延迟到以后公告期间的那部分 PEAD 都是一样的。不同的具体季度,研究的结果也略有不同。

由于 Foster(1977)的季度每股盈余模型比 Brown and Rozeff 的模型对数据的要求更宽松,因此他们采取了前者,并且发现如果使用以前四个季度的每股盈余来建立投资组合,可以在当期盈余公告的 3 天的时间窗口内获得超过 2% 的非正常报酬率。这可与相同期间的完美的、有前瞻性的对冲投资组合(对标准化未预期季度盈余最高的 10% 与最低的 10% 的公司股票分别看多和看空)的 4% 的报酬率相媲美。然而,在个别公司层面上,前期盈余信息对盈余公告期非正常报酬率只解释了不到 1% 的横截面变动。如果在最近的盈余公告后建立一个投资组合并且一直持有到当前的盈余公告,基于前四个季度盈余创新的投资策略的季度报酬率将达到 8.6%,年度报酬率达到 35%。

如何解释这些结果?确信效应(confirmation effects)首先被排除,因为他们相信确信效应对好消息组合和坏消息组合都只会产生正的漂移,但是他们并没有观察到这个现象。市场学习因素也排除了,因为多年来自相关现象都是可以预测的:他们的预测模型是基于在他们研究之前发表的研究中观察到的自相关现象。交易成本看起来也无法解释上述结果,因为价格漂移太大了。如果不是采用时间序列预测,而是采用分析师预测来计量盈余创新(Freeman and Tse,1989,表 7),价格漂移将会更大。为什么错误定价现象持续几个月?为什么在此期间交易成本与至少部分交易者无关?为什么实际发生的交易价格仍然是错误的?

风险也被排除在原因之外,因为风险变动应该能解释回声效应在前

[①] 请回忆前文经验研究结论:四个季度的盈余变动间存在负相关关系。

三个季度是正值在第四个季度是负值。而且，后续盈余公告时股票价格调整的集中现象很难用风险变动来解释。再者，如果要用风险来解释上述结果，对于报酬为零的投资组合来说，其每年的报酬率应该是正负交替的；而事实上，连续13年的报酬率均为正值。交易时，买卖价格的不平衡会使报酬率发生偏差。如果时间窗口内的报酬率发生了正向偏差，比如说，时间窗口结束时仍存在大量的买者，那么在时间窗口结束后，其交易的频率将迅速恢复常态，此时报酬率将出现负向偏差。但是并没有发现这种负向偏差的存在。

Bernard and Thomas 也考虑了 COMPUSTAT 数据库对财务数据的再加工是否可以解释他们的发现。他们确定了一个子样本，构成该子样本公司的年度每股盈余等于其四个季度每股盈余的总计。对于这个子样本，他们的结果是有说服力的。由于现有的投资策略取决于对未来盈余公告日的了解，最后他们探讨了一个可执行的交易策略是否会产生不同的结果。在本季度与上一年度公告日相同的日期，一个相关的投资策略是买入或者卖空。该策略既是可行的又具有直观的吸引力，因为公司倾向于在每年大概相同的日期披露业绩。在这种策略下，持有期间平均为15天，非正常报酬率为4.7%，折合成年化率为67%。看起来很难不得出如下结论：PEAD 现象不是实验设计的问题，而是延迟的市场反应。

总体来说，他们的发现与其他研究成果有相同之处。例如，Foster (1977) 发现，同时期的非正常报酬率与较低效的预测模型所得的盈余预测误差高度相关。Mendenhall (1991) 证明当证券分析师修改其盈余预测时，好像低估了盈余预测误差的持续性，股票价格看起来没有包含先前公告的证券分析师的预测。

这些研究结果的含义是，在依赖于非正常报酬率-未预期盈余关系的盈余反应系数研究中，收益窗口可能需要扩大，既包含本财务年度开始之前的期间，也包含本年度业绩宣布之后的期间。PEAD 的规模已经足够对盈余反应系数的估计产生显著的影响。

Ou and Penman 的观点

Ou and Penman 的观点包括两个命题：第一，公开披露的财务报告中的信息可以用来预测未来的每股盈余；第二，通过这些预测，投资者可以设计出能够产生非正常报酬率的投资组合。他们探讨了历史会计数据和未来盈余的复杂关系，该研究是有趣的。

先前的研究一直假定，市场价格足够确定一个公司的价值，而且充当了一个适当的基准，可以根据此基准评估会计计量变量的信息。与此形成鲜明对比的是，证券分析师的基本分析假定市场价格偏离了证券的"基本价值"，并将逐步调整为其基本价值。Ou and Penman 检验了如下命题：对已公开披露的财务报告的基本分析可以利用市场价格对基本价值的偏离，从而获得较好的投资业绩。他们的方法是，首先基于本年的财务报告预测下一年每股盈余的变动，然后根据每股盈余下一年将要增长的概率建立套利投资组合，并计算该套利投资组合的报酬率。他们得出结论，从现在可得到的财务报告中可以发现未来的非正常报酬。也就是说，即使基本分析仅仅以现在可得到的会计披露信息为根据，它也是有一定意义的。此后，其他论文对上述论断提出了异议。

Ou and Penman（1989）

Ou and Penman 认为，股票价格取决于未来的股利。由于未来的股利是从盈余中支付的，因此未来的盈余具有价值相关性。他们相信，历史会计数据和未来盈余之间的联系要比通过对每股盈余进行一个简单的时间序列分析所揭示的关系复杂得多。

他们不是要建立一个会计信息与未来盈余关系的理论模型，而是转向财务报告分析以认定可能准确预测未来盈余的若干变量。他们通过调查研究选出了 68 个变量以进行进一步的研究。他们从 COMPUSTAT 数据库中收集了 1965—1984 年的有关数据，又把总的研究期间分为三

第 8 章 与会计数据相关的异常现象

个子期间：1965—1972 年、1973—1977 年、1977 年以后。前两个子期间用于评估 68 个财务指标预测未来每股盈余增长的能力。

在每个子期间内，按照公司与时间对观察值进行汇集①。在第一个子期间内，68 个指标中的 34 个每股盈余变动的单变量预测值，在 10% 水平上显著或者更显著。34 个指标中的 26 个指标具有相同的符号并且在第二个子期间内也在 10% 水平上显著或者更显著。对每个单独的子期间来说，在 10% 水平上显著或者更显著的指标被用于第二个阶段，并被用于多元 Logit 回归模型之中。第一个子期间内有 16 个指标在多元模型中显著（10% 水平显著或更显著），第二个子期间内有 18 个指标显著，有 6 个指标在两个子期间内都显著。每个子期间都使用了超过 11 000 个观察值。

在 1973—1983 年，他们通过在财务年度结束后的第 3 个月建立投资组合，观察每年的非正常报酬率。之所以选择每年财务年度结束后的第 3 个月，是因为他们假定此时投资者可以得到完整的年度报告。根据 1965—1972 年数据的回归模型预测 1973—1977 年的每股盈余；根据 1973—1977 年数据的模型预测 1978—1983 年的每股盈余。

具体地说，Logit 回归模型预测得出了某家公司报告的下一年每股盈余超过当年每股盈余（加上漂移因素）的概率。他们的"对冲"② 投资策略为：对每股盈余增加的概率超过 0.6 的股票看多，对每股盈余增加的概率小于 0.4 的股票看空，而对概率处于 0.4~0.6 之间的股票不予考虑。采用市场调整模型③计算非正常报酬率。

在投资组合建立 36 个月后，该对冲投资组合产生了正的非正常报酬率。其报酬率是 Ball and Brown 的每股盈余完美预测策略所产生的非正常报酬率的 55%。根据基于 2 000 次重复随机分配样本股票对看多与看空投资组合的统计检验，平均报酬率是高度显著的。当基于 Logit 模型概率测度的十分位数建立 10 个投资组合时，投资组合的报酬率与投

---

① 按照时间进行汇集可能会导致信息的缺失，因为会计指标、盈余变化以及市场报酬之间的关系不一定是静止不变的。
② 他们的投资组合并没有完美地套期：参见后面 Greig（1992）的讨论。
③ 即个股报酬率减去大盘指数报酬率。

资组合所处的十分位数的数值的秩相关系数为 0.76。而且,在两年之外的全部研究期间,坏消息投资组合的报酬率显著低于好消息投资组合的报酬率。Ou and Penman 认为,在 36 个月后,市场已经几乎完全得以调整(也就是说,对基本价值的偏离在很大程度上已被消除)。在 1973—1983 年的 11 年间,在看多与看空投资组合中,只有两个产生了错误信号的非正常报酬率:1982 年的看空组合和 1983 年的看多组合。

为了帮助解释其结果,Ou and Penman 探讨了他们的概率计量是否与其他财务特征有关。他们指出,它与盈余和报酬率的反转有关,与市场权益 β 无关,与收益率负相关。

当采用规模调整非正常报酬率替代市场调整模型非正常报酬率后,上述异常现象弱化了。即便如此,22 个投资组合中的 19 个的非正常报酬率也具有预测价值。他们认为,没有明显理由使他们在计量非正常报酬率时控制公司规模。小公司股票价格与基本价值不一致的现象比大公司出现的更频繁。或者说,当大公司股票价格太高时,小公司股票价格可能被暂时地压低了。

Ou and Penman 相信他们的模型的预测结果较实际情况而言是低估了的,因为非正常报酬率本可以超过他们报告的数值。例如,他们采取了一个简单二分法测试把样本公司分配到各投资组合,视每股盈余超过还是低于预测值而定;在每一估计期间,按照公司与时间对观察值进行汇集;套用了一个预先设计的投资策略;仅预测了一年后的每股盈余。

Stober(1992)

1992 年《会计学与经济学杂志》有一期关于资本市场问题的专刊,其中有三篇文章是继续研究 Ou and Penman 提出的命题。第四篇文章是 Ball 的总结。

Stober(1992)是对 Ou and Penman 文章的补充,他观察到证券分析师对未来的每股盈余进行了预测,这可以比作 Ou and Penman 文章中的预测。Stober 的数据包含了 17 000 多个公司年度观察值,从中可得到始于 1975 年的 4 309 个 IBES 综合预测值。IBES 预测值与样本中的大公司有关。他分别计算了市场调整非正常报酬率和规模调整非正常报酬率,后者是通过从每家公司的个股报酬率中减去可比规模公司组成的投资组合的平均报酬率得来的。非正常报酬率的计算期间是从初始投资组合日到此后的六年。

对于可获得 IBES 预测值的公司所组成的子样本而言,Ou and Penman 的预测值与证券分析师的综合预测值有超过 3/4 的相符。在这些相符的数据中,他们准确地预测了 78% 的每股盈余变化的方向。当他们的结论与分析师的结论相悖时,虽然证券分析师正确的频率更高(占 54% 的比例),但他们的策略产生了显著为正的非正常报酬率。这看起来强化了 Ou and Penman 的结论,即这些证券被错误定价。然而,当 Ou and Penman 预测值与 IBES 预测值一致时,他们的策略就无利可图了。Stober 得出结论,上述证据与 Ou and Penman 捕捉未在证券价格中反映的信息的方法是一致的。

但是与 Ou and Penman 的发现相反,Stober 所报告的非正常报酬率持续到了前 36 个月之后。在第 36 个月末,所有公司的累积市场调整非正常报酬率的平均值达到了 18%,三年后增长到了 27%。规模调整后的报酬率分别为 15% 和 26%。对于 IBES 预测值与 Ou and Penman 的方法在盈余变化方向不一致的子样本,对冲投资组合在第 36 个月末的非正常报酬率(规模调整)为 12%,三年后为 48%。鉴于 Ou and Penman 的方法仅预测了一年以后的盈余,Stober 认为持续如此长时间的非正常报酬率意味着遗漏了某些应该作为解释变量的风险因素。

Holthausen and Larcker(1992)

正如我们所看到的,Ou and Penman 的方法是首先使用财务报告数据预测每股盈余的变动,然后根据预测的变动方向建立投资组合。他们没有采用财务报告数据直接预测非正常报酬率,其原因是那样做会最大限度地提高揭示与会计数据相关的风险溢价的可能性。风险溢价是由市场公平定价的,但在计算非正常报酬率时并没有被消除。

Holthausen and Larcker 评估了 Ou and Penman 的两步骤方法,其

评估期间涵盖 11 年，其中包括 1983 年（Ou and Penman 研究期间的最后一年）之后的五年。他们也考虑了根据财务报告数据直接预测到的非正常报酬率所建立投资组合的报酬率，也就是说，他们采用了 Ou and Penman 没有采用的方法。该方法在原则上而不是在应用上与 McKibben（1972）较早的研究相一致，后者声称会计信息可以预测非正常报酬率。

他们考虑了 Ou and Penman 的 68 个会计指标，其中的 8 个由于数据缺少被删除。他们对指标的定义与 Ou and Penman 略有不同，但是这些差别不会影响结果。研究对象为在 NYSE，AMEX 和场外市场上市的公司。他们至少有 20 000 个观察值，并采用了三种模型计算非正常报酬率：市场调整模型、Jensen 的 α 模型[①]和规模调整模型。

他们定义了一个可执行的投资策略，观察值在一年内加权平均，然后再归集各年数据以产生一个平均结果。截至 1988 年的 11 年间，Ou and Penman 的策略前 12 个月（[+1：+12] 月）产生了 -0.4%～1.4% 的非正常报酬率，依非正常报酬率的定义而定。1983 年之后，Ou and Penman 的策略表现很差：不管非正常报酬率的定义为何，每年对冲组合前 12 个月的非正常报酬率均为负值。相比之下，当采用会计信息直接预测非正常报酬率时（绕过预测每股盈余），前 12 个月的规模调整非正常报酬率大约为 8%。1978—1988 年，每年报酬率的平均值为 8%。值得注意的是，8% 报酬率的大约一半是由 Holthausen and Larcker 看空的股票得来的；同样值得注意的是，Ou and Penman 的投资策略的报酬率会随着持股期间的延长而增加，但 Holthausen and Larcker 的投资策略不会发生这种情况。这种现象的原因还不明确。

Holthausen and Larcker 观察到，非正常报酬率与下列因素有关：收益率（以及它的倒数，即市盈率）、每股市场价格与账面价值比率、逆向策略[②]、PEAD 现象和公司规模。他们逐个考虑了上述因素，没有

[①] Jensen 的 α 是 CAPM 经验版本（即用股票的报酬率减去无风险利率与市场风险溢价作回归）的回归模型中的常量估计值。

[②] 逆向策略的一个例子是买入上一年亏损的股票，卖出上一年盈利的股票。

发现哪一个可以解释其结果。他们得出结论，或者是资产定价错误没有解释他们的结果，或者是非正常报酬率预测模型捕捉到了上述没有提到的错误定价信息。

Greig（1992）

Greig（1992）指出，Ou and Penman 衡量下一年度每股盈余增长概率的变量 P_r 在横截面上有变化。他探讨了 P_r 仅仅是正常报酬率的替代变量的可能性，即 P_r 等同于一个被市场合理定价的变量，但是却被从期望（或者说正常）报酬率的经验模型中遗漏。应该指出，Ou and Penman（以及 Holthausen and Larcker）已经认识到了对已知异常现象进行充分控制的重要性，却得出了他们从财务报告分析中观察到的非正常报酬率与那些异常现象相独立的结论。

Greig 在分析时同时控制了规模与系统风险因素。他使用了与 Ou and Penman 相同的分析符号、系数的估计值和研究期间，所用的数据也大致相同。他发现，虽然 P_r 与后续非正常报酬率（采用 Jensen 的 α 模型计量）之间存在显著的正相关关系，但是当模型代以他自己的计量方法①得出非正常报酬率时，上述相关关系却消失了。Greig 也提供了 P_r 与市场报酬率正相关的证据。由于 Ou and Penman 的对冲投资组合不是一个完美的组合（在某些年份纯粹看多，而在某些年份纯粹看空），他们可能没有完全控制好随时间变化的期望报酬率。

澳大利亚的证据

西澳大利亚大学的三篇未发表的商业学士（荣誉项目）论文（一篇写于 1991 年，另两篇写于 1992 年）尝试用澳大利亚的数据重复 Ou and Penman 的研究，但是没有取得明显的成果。

Woodmore 1991 年的研究从澳大利亚管理研究生院财务研究中心数

---

① Greig 的替代计量方法如下：在一年持股期间内，以均值调整报酬率为因变量，以 P_r 变量、其始于上一年的延迟价值（为了探测实施投资策略后的下一年的股价异常行为）和公司规模（以投资策略实施前公司的权益资本市场价值的对数来计量）为自变量，进行回归。

据库获取了 1972 年 7 月到 1985 年 6 月的数据。他试着用澳大利亚数据检验 Ou and Penman 的 68 个会计指标中的 56 个。然而，Woodmore 不能设计出一个稳定的模型，或者像 Holthausen and Larcker 直接预测非正常报酬率，或者像 Ou and Penman 间接预测非正常报酬率。他给出的可能解释为：Ou and Penman 的结果具有时间特性（time-specific）；澳大利亚数据与美国数据具有不同的特点；他所用的数据质量不够高；样本量太少以至于无法揭示效果。

1992 年的研究由 Koay and Dally 完成。Dally 借鉴了 Holthausen and Larcker 的直接预测方法；Koay 借鉴了 Ou and Penman 的方法。这两项研究都使用了澳大利亚股票交易所的 STATEX 数据库，因为它比 Woodmore 所用的数据库应用更广泛和更商业化，所以数据可能更完整也不易产生误差。Koay and Dally 可以复制 Ou and Penman 68 个指标的 52 个，但是他们的样本量在任意一个年份都少于 100 家公司。他们得到的 STATEX 的数据是从 1980 年 6 月 30 日开始的。在估计和应用回归模型时，分别使用了单一年度数据、2 年、5 年和 7 年汇总数据。非正常报酬率的计量从记录作为预测指标的会计变量的年末后的第 6 个月[①]开始，一直到此后的两年。采用了三种报酬率计量方法：个股报酬率、规模调整报酬率和市场调整报酬率。

Dally 发现其预测模型使用了四个财务报表指标。这四个变量的特性每年都有所变化，就像他的交易策略的获利能力一样。当 Dally 通过汇总 7 年的数据使他的样本规模达到最大时，非正常报酬率出现了统计意义上的显著。

Koay 发现，当对下一年盈余增加的概率大于 0.6 的股票看多，对下一年盈余增加的概率小于 0.4 的股票看空时，可以在 24 个月内获得平均 4.9% 的报酬率。这个平均值是基于 6 个不同年份实施的交易策略之上的。然而，6 年中的 3 年的非正常报酬率是负的，而且 4.9% 平均报酬率中的 4.7% 可被第 13 月到第 24 月的报酬率来解释。此外，随机实验表明，其结果不具有统计学意义上的显著性。

---

① 选择第 6 个月的目的是保证建立投资组合时可以得到有关数据。

总之，到目前为止，虽然在澳大利亚试图重复 Ou and Penman 的研究并没有取得明显的成果，但是也存在足够多的异常现象证据值得进一步研究。

小结

证券市场异常现象总是一个有趣的话题，部分原因是它是难题之源，部分原因是它为敏锐的交易者提供了套利的机会。

我们很容易被 Bernard and Thomas 的关于 PEAD 的奇怪现象的结论所说服。季度盈余创新影响当期报酬率，当后四个季度报告发布之后，又会出现回声效应。它们与后三个季度正向回应，与第四个季度负向回应。

Ou and Penman 关于财务报表指标、未来盈余变动和未来非正常报酬率之间关系的发现也一度成为热点。然而，现在看来，他们关于市场非效率的研究没有 PEAD 现象更有说服力。只要异常现象仍然存在而且可以被发现，它就值得研究。最终，股票市场异常现象肯定会消失，或是通过消除支持其存在的证据的可信性，或是把异常现象纳入市场均衡理论体系之内，或是通过套利消除。

Ou and Penman 关于证券市场异常现象的研究及其拓展研究的走向还难下结论。

第 9 章　股票价格的信息含量

　　会计人员认为所有者权益的市场价值与账面价值在实质上是不同的。账面价值是会计人员将其确认标准和计量规则应用于一系列商业交易的结果。长期以来，这些标准和规则在不断回应各种意见中持续改进。相比之下，股票的市场价值是指买方和卖方同意交换部分所有权的价格。这些权利的价值依赖于个人对未来报酬以及把报酬转换成当前价格的折现率。

　　依据 MM 理论，对公司未来支付报酬的期望取决于两个因素：公司已经实施的投资项目和公司未来的增长机会。公司现在的市场价值理性地反映了这两个收益来源。但是，对于 MM 提出的由于未来增长机会所产生的收益，会计上并不在当前予以确认。而且，当某项投资项目开始实施时，其账面价值的最大值[①]为其初始投资成本（至少在项目开始时是如此），随着项目经济寿命的结束，项目价值与其初始投资成本的差异渐趋缩小。这些市场价值与账面价值的差异是由市场和会计原则的本质特性决定的。它们在广泛意义上解释了价格可以预测未来盈余以及未来盈余具有信息含量的原因。

---

　　① 此处之所以用"最大值"是因为研发费用会计准则规定了一些项目的成本在早期被即期冲销（参见第 13 章 Shevlin 关于有限合伙研究的讨论）。

从较狭义的角度看，价格也包含了未来盈余的信息。在第 4 章我们看到 Easton and Zmijewski（1989）采用证券报酬率来更新分析师的"基准"预测。更新的期间开始于 Value Line 的预测日，结束于报酬率时间窗口的结束日。他们假定，证券价格以一种信息有效的方式反映了投资者对具有价值相关性的盈余信息的信心。其中隐含的推论是，价格的变动反映了投资者信心的变动，换言之，价格变动是有价值信息披露的可替代因素。

到目前为止，我们都把报酬率看作少部分是由会计盈余决定的。在本章，我们研究盈余信息反映在证券价格中的程度。我们首先讨论证券报酬率和未来期间盈余公告之间的关系，然后扩充到证券报酬率与证券分析师修改预测之间的关系。

证券报酬率与报告盈余

Beaver, Lambert and Morse（1980）

Beaver et al.（1980）是较早涉及此领域的论文。他们通过强调盈余的时间序列特性建立了价格与盈余关系的模型。他们从报酬-盈余关系中发现某些公司的盈余并没有遵循随机游走模型。然后，他们建立了两个比随机游走模型预测未来盈余更精确的模型。

他们关于价格与盈余的关系的讨论是含混不清的。资本市场均衡的特征被描绘成"状态、偏好和禀赋到价格的映射"。会计盈余是"来自一个信息系统的信号，该系统是从状态到信号的映射"。价格和盈余被看成一个状态产生过程的共同实现[1]。

为什么价格可以传递关于未来盈余的信息？前已述及，在理性预期下，能够影响未来向股东支付报酬的事件将会反映在当前的股价中。但是，会计准则常常要求把此类事件递延到未来某个会计期间才予以确认。

---

[1] 见 Beaver et al.（1980，p.5）

Beaver et al.（1980）的主要论点是当盈余是一个复合过程[①]时，即使过程的一部分全是噪声，价格也可以传递信息。考虑如下的简单一阶差分模型：

$$x_t = x_{t-1} + a_t - \theta a_{t-1}$$

式中，θ 是一个移动平均系数；a 是均值为零的独立同分布变量[②]。如果 θ 等于 0，上述过程就是一个随机游走模型；如果 $\theta = 1$，该过程就是一个均值逆转模型（mean reverting）。

现在假设报告盈余 X_t 是下式所表达的复合过程：

$$X_t = x_t + e_t$$

式中，x_t 是价值相关部分；e 是纯噪声，而且

$$\Delta x_t = a_t - \theta a_{t-1}$$

他们把 e 描述成引起"未错乱"盈余的 x_t 出现"错乱"的原因，然后假设股票价格是预期盈余的资本化价值，其中预期盈余以所有 x 以前的值为条件。假定资本化率不随时间变化，但可能随横截面变化。

为了估计其模型，Beaver et al. 对股票价格年度变化百分比与异常项目前每股盈余年度变化百分比进行了回归[③]。如果盈余遵循随机游走模型，上述两个变动百分比应该相等，他们的模型的回归斜率也应该等于 1。通过研究 1958—1976 年的数据发现，个股水平的斜率的平均值为 0.12，这与我们对盈余反应系数经验研究的期望大体相当。盈余反应系数的真正数值等于 1 的概率极小。

他们接着根据价格变动百分比的顺序对个股进行了分类，并且据此

[①] 此处的复合过程（compound process）是与简单过程（simple process）相对应的概念。所谓简单过程，是指当期会计盈余仅取决于过去的盈余信息。所谓复合过程，是指会计盈余是两个过程的复合：第一个过程是盈余序列，它反映了所有能影响股价的事件；第二个过程代表不影响股价的所有其他事件。参见 Beaver et al.（1980）。——译者

[②] 此过程在一阶差分中被称作第一顺序移动平均过程。

[③] 年末股价对股票分割和股票股利进行了调整。价格采用 12 月 31 日的数据。他们所有的样本公司都以 12 月 31 日作为会计年末。

第 9 章　股票价格的信息含量

建立了 25 个投资组合。分类可减轻盈余中噪声的错乱所导致的回归偏差。把投资组合数据代入到同样的回归模型中，得到的斜率系数大约为 2，暗示 θ 大约为 -1（如果投资组合的每股盈余严格遵循随机游走模型，该值应该为 0）。盈余就这样通过延迟反应反映了 a_t 的累积影响：在 t 年价格中的信息有一半在 t 年的盈余中得到反映；其余的部分反映在 $(t+1)$ 年的盈余中。这显示了 t 年股票价格变动百分比包含了 $(t+1)$ 年盈余变动百分比的信息。

Beaver et al. 建议可以采用此方式对市盈率进行解释：基于他们的模型，在价格与预期盈余的比例关系中，当 X_t 比预期盈余低时，就会出现高市盈率。市盈率与后续盈余增长之间应该存在正相关关系[1]。

他们又建立了两个用价格预测盈余的模型。第一个模型用投资组合增长率预测盈余。根据按年度排列的市盈率，将股票等量分配到 10 个投资组合之中。从 20 年的盈余数据中计算出了 19 个增长率。然后，如果某股票本年属于某个投资组合，比如第 2 个投资组合，则其本年到下一年的增长率，就是投资组合 2 中所有股票从最近年份到现在为止的平均增长率。他们第二个模型是带漂移的随机游走模型。

对每一个预测值，他们都计算了其相对预测误差（定义为观察到的盈余减去预测值再除以观察盈余）。然后通过分析两个模型的平均绝对值和平均相对预测方差比较模型的预测精度。Beaver et al. 得出结论，价格基础模型更好一些：它具有较低的时间误差；预测处于极端投资组合中的股票的盈余更精确；预测市盈率超过平均值的股票的盈余更精确[2]。

他们得出结论，盈余没有被市场所察觉从而遵循随机游走模型。在预测盈余方面，价格基础模型比随机游走模型更精确，这对报酬-盈余关系研究具有启示意义。价格基础模型也提供了评价证券分析师预测精度的另一种基准，他们相信，可以将以下两个过程结合起来，建立盈余

---

[1]　由于市盈率和未来的盈余增长具有相同的分母 (X_t)，因此 Beaver et al. 认为，即使价格 (P_t) 与未来盈余是相互独立的，上述原因也会导致二者具有正相关关系。

[2]　这些结果与 Brook and Buckmaster（1976，1979）相一致。参见第 6 章。

的时间序列过程模型：一个是对价格当期和延迟的反应；另一个是对盈余添加噪声的"错乱"过程。他们模型的一个含义是，从证券分析的角度来看，对未来会计盈余数字的预测并不是最重要的工作。从本质上看，模型中的价值相关信息包含在错乱的变量中，而不是包含在报告盈余中。

Beaver et al. 也考虑了其模型是否对证券分析师具有启示意义。分析师可能会按照他们的方法从股票价格中提取盈余信息。如果是这样，一个有趣的问题是，证券分析师是否提供了价格未包含的其他信息。我们将在以后章节讨论这个问题。

再次讨论

Beaver，Lambert and Ryan 于 1987 年在一篇以"再次讨论"为副标题的文章里，对 Beaver，Lambert and Morse（1980）所用的统计方法进行了再次探讨和整理。虽然此次所用的一些数据与上次不同[①]，其结论仍保持不变。

Beaver et al.（1980）根据因变量（股价变动百分比）数值的大小把个股的数据划分成不同的投资组合，其目的是减轻盈余计量误差的影响。盈余变量中的噪声因素增加了盈余中价值相关部分的计量误差，而且会使回归斜率系数估计产生偏差。

为了减轻由自变量计量误差引起的回归偏差，研究人员经常按照数值顺序对自变量进行分组。这种分组方式的不受欢迎之处在于计量误差有偏见地驱动了分组。由此产生的结果是，误差在各组之间相互不独立且无法最终得到平衡：一些误差仍然存在。当把分组后的数据代入回归模型时，斜率系数仍然是有偏的。采取 Beaver et al.（1980）的方法，

---

① 第二篇文章的数据涵盖期间为 1965—1983 年，共 19 年，样本规模为从 1965 年的 439 家公司变动到 1982 年的 771 家公司。上篇文章的数据涵盖期间为 1958—1976 年，样本规模为从 1958 年的 363 家公司变动到 1973—1976 年每年 748 家公司。

对因变量进行分组，也不是一个完美的解决方案。它会导致因变量与扰动项之间的虚假相关关系，使得针对有限样本的分组回归的斜率系数发生正向偏差。然而，对因变量分组和采取另一种回归方式，逆向回归（reverse regression）是趋于等价的。足够大的样本可产生相同的结果。

Beaver et al.（1987）比较了逆向回归（用价格对盈余进行回归）与更常用的回归形式（用盈余对价格进行回归），发现逆向回归比对因变量分组更有效，也就是说，从统计学意义上看，其效果更佳。它也把盈余的计量误差合理地分配给了回归扰动项。

当用盈余变动（在按照 G 分组后，同 1980 年论文）百分比对证券价格（G_{it}）变动百分比进行回归时，随着每组股票数量的增加[①]，模型的斜率系数的平均值增加了，计量误差偏差也减少了。当他们采用逆向回归模型时，斜率系数的估计值为 0.5。据此结果，他们推论出，价格变动百分比是盈余变动百分比的两倍，这与 1980 年发现的结果相同[②]。Beaver et al. 接着又把前一年的价格变动百分比作为一个附加解释变量纳入逆向回归模型，因为他们的模型预测到不可观测的 x_{it} 与 G_{it} 和 $G_{i,t-1}$ 有关。G_{it} 和 $G_{i,t-1}$ 的系数都是正值而且显著。但是由于 G_{it} 和 $G_{i,t-1}$ 相关性很弱，因此他们得出结论：虽然不如多元回归的估计可靠，但是一元反向回归的系数估计是相对无偏的。

规模是一个相关变量吗？

Collins，Kothari and Rayburn（1987）受 Beaver，Lambert and Morse（1980）的启发，决定更详细地探讨他们的模型。Collins et al. 提出问题：Beaver et al. 的发现有可能依赖于公司的规模吗？在本质上，公司规模可能不重要，但它确实是可得到的信息与追踪股票的证券分析师数量的可替代因素。

经济理论预测，在证券市场上，消息灵通的交易者越大，他们可得到的信息越多，股票价格就越具有信息含量。因此 Collins et al. 设想，

[①] 相应地，投资组合（组别）的数量减少了。
[②] 可以推出盈余反应系数为 2。

公司规模将会影响 Beaver et al. 的结论，在预测公司盈余方面，股票价格基础模型比随机游走模型表现更出色。简言之，他们发现规模确实是相关因素。虽然简单时间序列模型对小公司而言是相对精确的，但对大公司而言，它没有股票价格基础模型精确。

早于 Atiase（1985）的一篇文章已经分析了影响私有信息获得报酬率的因素。他认为，证券市场的广度（scope）应该足够大，以证明私有信息获取成本的合理性，而且证券市场也应该有足够的深度（depth），以使得到信息的交易者的行动不会影响股票价格从而泄露其私有信息。买卖大公司发行的股票更容易满足这些条件。由于公司规模越大，其提前披露的盈余相关信息的数量就越大，因此 Atiase 预测并发现了，较小公司的盈余创新会对报酬率有较大的反应。无独有偶，Grant（1980）发现，在 NYSE 上市的股票的新闻报道数（刊登于《华尔街日报》）比在场外交易市场交易的股票多得多。Grossman（1976，1978）、Grossman and Stiglitz（1980）以及 Verrecchia（1979）也指出，从理论上讲，活跃在市场上的交易者越多且交易者中消息灵通者越多，价格就越具有信息含量。根据上述讨论，Collins et al. 假设：由于大公司的信息更广泛和更丰富，并且拥有更多的交易者和追踪其信息的证券分析师，因此它们的价格变动可以对"持续的"盈余变动更精确和更有效地估计。

他们的样本包括从 1968 年的 630 家公司到 1980 年的 1 051 家公司。每家公司的会计年末均为 12 月 31 日，且都至少拥有以前 6 个年度的数据。他们指出，较小公司的盈余更不稳定[1]，而且它们的累积非正常报酬率的绝对值也更大[2]。他们采用了两个时间序列预测模型，即随机游走模型和随机漂移模型，根据样本公司普通股的市场价值总额，把全部公司分配到 5 个具有相同公司数的组中。在每一组中，每家公司都被分配至 25 个投资组合中的一个，分配的基准为其上一年累积非正常报酬

---

[1] 参见 Givoly and Lakonishok（1983）。
[2] 累积非正常报酬率（CAR）是通过复合用每周数据代入市场模型产生的报酬率预测误差计算出来的。

率值的排序。与 Beaver，Lambert and Ryan（1987）相似，他们对每一个五分位组中的 25 个投资组合都进行了逆向回归，具体方法为，用上一年的累积非正常报酬率对每股盈余从上一年到当年的变动百分比回归[①]。回归斜率系数的估计值从 0.091（第四个五分位组）变动到 0.194（第一个五分位组）。他们接着采用 1968—1974 年的数据，分别使用回归估计值和上述两个基准时间序列模型对 1975—1980 年的盈余进行了预测。

预测精度被定义为预测误差（观察值减期望值）除以观察盈余。当 Collins et al. 按照规模组别比较预测精度时发现，大公司的盈余较容易预测。对较小公司而言，他们的时间序列模型比价格预测模型精确，但是随着公司规模的增加，价格预测模型表现更佳。对于最大规模的五分位组而言，价格预测模型比时间序列模型精确 22%，但是对小公司来说，它不如时间序列模型精确。他们得出结论，随机游走模型可能会导致计量盈余创新的错误盈余基准的产生，公司规模越大，上述误差就越大。一个相关的结论是，年度盈余研究的时间窗口应该始于 12 月以前，时间窗口开启太晚是受到投资组合中公司规模的影响。

为了检验他们的结论，即对大公司而言，随机游走模型不如价格基础模型精确，他们以一年为时间窗口，研究了盈余创新和规模调整非正常报酬率之间的关系。他们发现，通过对成功预测到好消息的公司看多和对成功预测到坏消息的公司看空，价格基础期望模型产生的非正常报酬率比随机游走模型高了 90%。重要的是他们也发现，对大公司而言，上年的非正常报酬率与本年的盈余创新具有相关关系，但对小公司而言，这种关系没有那么明显[②]。

Collins et al. 的结果与 Freeman（1987）的结果是相关的。后者发现，较大公司的证券价格在预测会计盈余方面要早于较小公司，小公司

[①] 投资组合的每股盈余变动百分比是通过该组合中所有公司该比率的简单平均数。投资组合的 CAR 的计算方法也是如此。

[②] 大公司和小公司的以本年年末为结尾的两年期间的 CAR 分别为 12% 和 13%；在第一年年末（即本年年末前 12 个月）该值分别为 4.2%（两年数值的 1/3）和 1.6%（两年数值的 1/8）。

已知的盈余创新对股价具有较大的影响。

上述两篇文章都对备选会计方法选择和资本市场影响的研究具有重要的启发意义。例如，公司规模是解释会计政策选择的一个重要变量。对某种会计方法（如当前会计准则允许采用现金流量和物价水平会计等备选会计方法）增加解释力的研究中，需要通过对不同规模公司的仔细分析才能做出正确选择。

证券报酬率与分析师预测

股票报酬率与投资者信心的修正

在一个信息有效的市场中，价格反映了所有完全公开的价值相关信息。由此引起的一个问题是，股价变动如何影响证券分析师的预测？在信息没有完全公开的情况下，价格变成了市场参与者为了得到更多信息而试图解释的信号。股票价格如何影响证券分析师的预测就这样在方法论意义上与对报酬-盈余关系的探讨建立了联系。

Brown，Foster and Noreen（1985）对很多与证券分析师预测相关的问题感兴趣：随着实际盈余公告期的临近，证券分析师之间的预测精度与一致性会发生何种变化；下一个五年中的每年的盈余预测从本月到下月的变动之间的关系；盈余预测修订的自相关关系；某共同市场因素对修订一家公司盈余的综合预测的解释程度；证券报酬率与短期抑或长期盈余预测关系是否更紧密（他们问："股票市场短视吗？"）；预测修订与个股报酬率和非正常报酬率之间的关系。他们通过以下方法探讨了上述最后一个问题：使每股盈余综合预测值的变动与预测修订前（即直到前一个预测值发布的上月末）、修订中（即从上月末到本月末）以及修订后（直到本月后的 12 个月）的报酬率建立关系[①]。

Brown et al. 所用的数据是 IBES 按月发布的标准普尔 500 股票的

---

① 更一般意义上，修订期间是指从前一个预测日到当前预测日之间的期间。修订期后有时候称为预测期间或者预测范围期间。

每股盈余综合预测值。预测是针对当年（FY1）和下一年（FY2）的。他们共获取了五年（1976—1980年）的数据，还采用了由富国银行提供的单个证券分析师按月更新的每股盈余的预测值数据，公司数量超过了400家，预测期间为后续的五个年度（FY1，…，FY5）。

在IBES数据中有明显证据表明，综合预测值修订的符号与修订期（如［-12：-1］月）前的非正常报酬率、修订月的非正常报酬率以及以分析师的预测发表后的那个月为开端的一年非正常报酬率有联系[1]，但相关关系并不是很强，例如，单个公司以前的证券报酬率一般只能解释FY1的综合预测值修订方差的5%。

单个分析师的预测

一些研究采用了分析师预测的单一来源（如Value Line公司数据），作为替代如IBES提供的综合预测。事实上，很多分析师都对同一个公司发表单个的研究报告，包括盈余预测。

分析师报告集中倾向于公司的新闻事件（news events）。例如，Stickel（1989）发现，证券分析师预测到了盈余公告并通过安排他们的年度盈余预测修订时间对其做出反应。在中期盈余公告之前的两周内，几乎没有盈余预测发布。这种情况暗示证券分析师可以预测到公告日并且延迟他们的修订[2]。公告日后两周内，预测发布大量涌现。中期报告后预测活动的密度随着年末的临近而增加。

Lys and Sohn（1990）探讨了单个分析师的预测是否一般都包含了在预测日之前已经反映在股价中的信息；他们发现，股价反映了"一些但不是全部"（p.342）的信息。他们也探讨了间隔很短的预测修订是否只是互相抄袭；结果发现，无论前次预测已经发布了多久，每次修订都具有信息含量，这使得他们对盈余预测的"创新性"和"证实性"孰轻孰重产生了疑问。他们发现这两个方面都重要，说明了典型的分析师预测的信噪比率（signal-to-noise ratio）很低，低到足以使之成为一项有

---

[1] 参考他们的表4.5。
[2] 参见 Brown, Clinch and Foster（1993，p.24）。

价值的活动。他们接着考虑分析师盈余预测的信息含量的多寡是否依赖于预测发生前公司有无披露其会计信息；结果发现，无论先前公司是否披露了会计信息，预测都具有信息含量。

Zacks 投资研究中心（ZIR）提供了始于 1978 年的数据，包括 150 家不同的"卖方"证券分析师的预测。ZIR 数据库内容比较全面，包括被预测公司名称、分析师名称、预测发布日、会计年末、每股盈余预测值、前次预测发布日以及前次的预测值。Lys and Sohn 使用了 ZIR 数据库中大约 4 000 家上市公司中的 58 家公司的 23 938 个每股盈余预测值。略多于半数的预测值是针对当前年度的。他们指出，预测修订期间（被定义为从分析师前次预测日到本次预测前两日[①]之间）平均为 58 天。公告期间被定义为以公告日为中心的三天，预测范围被定义为从 +2 日到盈余公告预案公告日。所有预测值的预测范围平均为 246 天，其中当年盈余的预测范围平均为 130 天，第二年和以后年度的预测范围为 385 天。

最初，他们通过用两个连续的每股盈余预测值的变动除以首次预测日的股价来计量预测修订变量。平均来看，分析师修订其预测的方向是向下的，即预测修订值的均值为负。连续的预测修订值之间具有显著的自相关关系。当分析师的预测误差被定义为每股盈余的实际值与预测值之差除以预测日的股价时，平均预测误差也为负值，这显示了分析师的预测过于乐观。连续的预测误差之间也具有显著的自相关关系。

在给定一家公司和其分析师的情况下，用修订期和公告期公司股票报酬率和市场报酬率对该公司的预测修订值进行回归时，他们发现 R^2 平均约为 7%。正如他们所预测的那样[②]，两个期间公司报酬率的相关系数都为正值，两个期间市场报酬率的相关系数都为负值。这意味着修订值至少反映了预测日前某些可得到的信息。由于公告期报酬率的系数是显著的，因此修订值至少反映了预测日前两个交易日的价格中未包含的某些信息。

[①] 预测截止日设为发布前两日是考虑到了正常的公开发表的延迟。
[②] 参见 Lys and Sohn (1990, p. 348)。

Lys and Sohn 接下来探讨了分析师对以前证券报酬率中所包含信息的预测效率。他们用修订期内、预测公告期内和预测范围内的证券报酬率和市场报酬率对盈余预测误差（即每股盈余的实际值与预测值之差）进行了回归。结果发现，如果分析师提取了修订期股价变动中包含的所有信息，那么其预测的精度还可以提高，然而提高的空间很小。

他们考虑的下一个问题是，他们的结果是否对前一预测日后流逝的时间敏感。他们认为间隔很短连续发表的预测值应该具有相关性，因为它们反映了相似的信息。然而，如果它们是共同证实性的（mutually confirmatory），则将会增加信噪比率的信号，以使所有预测都对证券报酬率产生显著影响。他们按照本次预测日与前次预测日间隔的天数把样本公司分成三组：少于 3 天、3~7 天、7 天以上，然后用修订期的报酬率、代表预测值所属组别的虚拟变量（乘以公告期公司的报酬率）以及修订期和公告期的市场报酬率对每股盈余预测值的变动（除以前次预测日的股价）进行了回归。结果发现，三个虚拟变量的相关系数都显著而且具有相同的顺序。他们据此得出结论，确信效应弥补了较近发布的前次预测遗漏的所有信息，即使在最近三天前已经发布了预测，分析师的后续预测也具有价值相关性。

该研究是为数不多的专门阐述实证效应的经验研究之一。发现分析师的后续预测具有价值相关性是一个重要的贡献。在 Lys and Sohn 之前，仅仅确认以前预测的第二次预测被认为不具有信息含量，因为它没有修改以前的预测值。

Stickel（1989）指出，分析师预测修订活动在每股初始公告发布之前逐渐减少，在此之后会增加。为了探讨以前公司会计披露对分析师预测的信息含量的影响，Lys and Sohn（1990）把样本公司分成两组，一组是预测修订期内至少包含了一次公司会计披露[①]，另一组是其他情况。他们使用了与研究实证效应相同的虚拟变量，但是此处代表的是预

---

① 披露包括的范围很多，如中期和期末报告预案，按照 SEC 的 10-K 规则披露的文件以及年度报告。

测公告期的报酬率[①]。他们发现，如果预测修订期内至少包含了一次会计披露，两次预测之间的间隔比无会计披露的长。

研究结果显示，存在会计信息披露的公司预测的修订幅度比无会计信息披露公司的预测修订幅度高 15%，Lys and Sohn 声称这意味着会计信息披露比公司的其他事件包含更多的信息。此效应与公司规模无关。然而，存在于分析师预测中的信息无效率看起来与预测修订期间是否存在会计披露公告无关。由于预测修订期内存在会计信息披露时预测修订的幅度更大，他们的结果暗示，如果上述干扰变量被识别，那么预测修订和证券报酬率之间关系的检验可能会被加强。

总之，Lys and Sohn 的主要发现是，分析师的盈余预测反映了某些但不是全部的连续预测之间可得到的信息。即使在分析师预测之前存在其他预测，或者存在公司会计信息披露，分析师的预测对证券价格也具有信息含量。

证实

虽然 Abarbanell（1991）与我们刚探讨的上篇文章有很多共同之处，但它也是值得进一步讨论的，因为在很多方面，它是一项模型研究（model study）。

他研究的主题是预测修订和预测误差是如何与以前的价格变动相关的。Abarbanell 有两个推测：第一，如果分析师获得了关于未来盈余的私有信息，而且如果价格变动同样对盈余有反应，那么无论分析师是否明确地把价格变动纳入其预测，他对预测的修订都很可能与价格的修订相联系。第二，如果分析师的预测没有包括所有的先前价格变动信息，那么其盈余预测误差将会与上述先前价格变动具有相关关系。他的发现证实了这两个推测。

Abarbanell 的理论模型假定了两个可能的未来状态，即高盈余与低盈余，公司的价值取决于最终披露哪种状态。公司现在的价格（即实际

---

① 有两个变量：对于未披露组，第一个是零，第二个是公告期的报酬率；对于披露组，第一个是公告期的报酬率，第二个是零。

状态未披露之前的价值)被假定为对其价值按照每种状态出现的概率进行加权平均之和。假定出现高盈余状态的先验概率随着当前公司价格的增加而增加,并且属于(0,1)区间。分析师被假定使用一个信息系统,这个系统可以预测出最可能出现状态的信号(即该系统可预测盈余将增加或降低的信号)。他还假定,当某种状态为真时,分析师很可能接收到高(低)盈余将发生的信号,所以条件概率将严格位于0.5~1之间。

他接着提出了两个命题。第一,随着股价的上涨从一个固定的信息系统[①]中接收将出现高盈余公告的概率比随着股价的下跌对应的概率要大,如果出现低盈余公告,上述命题正好相反。直观地,当价格变动与分析师采用的信息系统都具有信息含量时,它们更倾向于相互印证而不是相互矛盾。Abarbanell的模型假定分析师完整真实地报告信息。

第二,股价水平越高,较低盈余信号不准确的概率越大,较高盈余信号不准确的概率越小。分析师预测的正(负)向修订是期望的较高(较低)盈余公告的经验对应物。这样,第一个命题的含义为,证券价格变动和分析师预测修订的符号将相同,第二个命题则意味着,如果分析师忽视了价格变动的信息,那么随着价格上涨,他的预测将比较悲观,随着价格下跌,其预测将比较乐观。

Abarbanell的数据包括 Value Line 公司发布的 1981—1984 年的 1 370 个预测值。这些预测主要针对大公司。2/3 的预测修订为负值,显示当年早些时候所做的预测后来被认为太乐观了。每一年平均预测误差为负值,而且高估比低估发生更频繁(727 比 590),显示分析师的预测仍然存在正向偏差。Abarbanell认识到分析师有他们自己的动机,并且注意到,随着时间的推移他们会发现并减少乐观主义倾向。他也认可 O'Brien(1988)的观点:在过去,经济状况方面的坏消息往往随着分析师的预测而发生,这就使得现在的证券分析师的预测往往过于乐观[②]。

---

① 固定的信息系统是指接收信号的概率取决于真实状态,不取决于先前的股票价格的系统。
② O'Brien认为,横截面预测误差不是相互独立的,因为预测期间的盈余反映了宏观经济事件,后者偶然地被坏消息影响。对分析师预测偏差的统计检验可能会导致研究者得出分析师过于乐观的错误结论。(关于分析师动机的讨论,见第 6 章。)

他还研究了个股报酬率和非正常报酬率（通过市场预测误差模型）。个股报酬率包括了市场范围事件（market-wide events），但是市场模型残差通过建模把它们排除在外。由于市场范围事件已被分析师纳入预测，因此反映了上述市场范围事件的个股报酬率是否为首选报酬率衡量指标尚有争议。非正常报酬率也被包括在内以供对比。

Abarbanell 指出 Value Line 公司分析师一般在周五公开发表之前先于周一提交其预测。周一到周五之间修订的情况很少。为了确保证券价格变动发生在预测之前，他对报酬率从前次发表日到此次预测日之前的 10 天进行了累积计算。然后通过用累积报酬率除以累积计算期的天数得出按天平均的报酬率。

他发现在预测修订和先前股票报酬率之间存在显著的正相关关系，支持了第一个命题。例如，1 067 个个股报酬率中，56%[1]与分析师预测修订具有相同的符号。第二个发现是，分析师既没有在其预测中完整地反映股价变动，也没有在其预测修订中简单地再次表达股价的变动。Abarbanell 第二个命题被以下证据所支持：因为先前的股价没有完整地反映在分析师的预测中，所以较低盈余预测不准确的概率随着正向股价变动而增加，随着负向股价变动而降低。对于较高盈余预测而言，其结论与上文类似。

他断定，分析师在收集和解释公开可得的信息方面并不是充分有效的。正因如此，对两个相同的预测也可能需要不同的解释，这取决于先前的股价变动[2]。由于预测误差的分布是不对称的，因此投资者可以通过消除不对称因素来改善分析师的预测。

小结

先前的研究发现时间序列预测没有分析师的预测精确；但是，根据

---

[1] 对非正常报酬率来说，这个数字为 58%。
[2] Abarbanell 假定股价在反应信息方面是有效率的。

第 9 章 股票价格的信息含量

以上假定价格有效地反映信息的研究,我们发现分析师的预测也并非理想的基准,因为它们既不是有效的也不是无偏的。很多人可能也认为市场价格既非有效也非无偏。

很显然,对于实验结果的敏感性以及出现的其他问题还需要深入研究。同时,绝大多数寻求价格变动与市场信息流量关系的研究人员将仍然把市场效率作为其研究假设,并且将使用他们可得到的最有效的预测。

第三篇

应 用

第 10 章　物价水平会计

到目前为止，我们考虑的都是资本市场研究的方法论层面。我们已经回顾了财务理论中的主要观点、报酬-盈余关系、盈余反应系数以及其他评价会计信息在资产定价中作用的基于资本市场的研究方法。在本书第二部分，我们考虑了以下问题：预测盈余的替代方法，信息传递（即一家公司产生的信息对其他公司的价值有影响），使会计信息与证券价格的研究复杂化的会计数据相关异常现象，可以从当前证券价格中反映出来的关于未来盈余信息的反馈机制等。在接下来的四章的每一章，我们主要集中于某一个特殊会计问题，如此安排并不是因为每个问题本身重要（虽然它们可能确实很重要），而是因为通过对这些问题的讨论，可以为我们利用资本市场研究解决财务报告问题提供新的思路。

四个问题分别为：物价水平或通货膨胀会计、现金流量、国际比较财务会计和衍生证券。之所以选择通货膨胀会计问题进行讨论，是因为它表明报酬-盈余研究也可以针对某些特殊的会计问题；选择现金流量报告是因为在当时它是一个相对较新的研究领域，而且也是当时会计监管的主题；选择国际比较财务会计是因为它解释了在不同国家应用资本市场会计研究时面对的挑战；选择衍生证券是因为当时此领域的知识爆炸。

作为本章主题的物价水平会计很长时间以来一直受到会计文献的关注。在美国，与此相关的准则及其他规定包括：SEC 的第 190 号会计系列公告（ASR 190）以及 FASB 的第 33 号财务会计准则公告（FAS 33）。在澳大利亚，曾经有过重置成本会计的提议。上述两国的所得税立法使得物价水平会计的发展历史变得复杂，例如，美国要求，如果为了纳税目的而采用后进先出会计，那么它就应该作为制度采用，澳大利亚政府在 20 世纪 70 年代也有关于交易股票价格调整的短期政策。但是本章不考虑上述所得税问题。

虽然美国和澳大利亚当时的通货膨胀率与以前相比相对较低，但是通货膨胀会计争论很可能在未来的某个时间重新浮出水面[①]。我们将用物价水平会计解释下列问题：针对报告问题和实验设计的研究结果的敏感性，以及备选方法是如何应用于资本市场会计研究的。如前所述，本章所讲的内容也是有趣的，因为它解释了有关论点的演变过程。

我们将要讨论五篇文章。Noreen and Sepe（1981），探讨了不同公司股价对 11 个特殊日期的公告的反应的差别。这些公告与 SEC 和 FASB 关于强制通货膨胀会计披露的考虑有关。之所以选择上述日期，是因为它们暗示了最终要求披露通货膨胀因素的可能性变动。Beaver，Christie and Griffin（1980），探讨了三个独立事件日的股价变动行为，每一日都与 SEC 的 ASR 190 提议（即某些公司应该提供附加的重置成本信息）有关。Beaver，Griffin and Landsman（1982），继续进行他们关于 ASR 190 市场效应问题的早期研究，试图对以前的结论进行进一步分析。Bublitz et al.（1985），在后续研究中探讨了 ASR 190 和 FAS 33，他们发现，FAS 33 数据与股价变动有关，ASR 190 数据与股价变动无关。Lobo and Song（1989），也是针对 FAS 33 的披露问题，结果发现现行成本和不变币值披露仅在某些行业与股价决定因素相关。

---

① 令人不解的是，按照国际标准衡量通货膨胀水平严重的国家，为什么尚未开展基于资本市场的通货膨胀会计研究。

第 10 章　物价水平会计

报酬逆转

在 Noreen and Sepe 看来，FASB 关于通货膨胀会计的思考开始于 1973 年 12 月财务会计准则顾问委员会（Financial Accounting Standards Advisory Council）的一次会议。在这次会议上，它要求 FASB "考虑强制披露通货膨胀对财务报表的影响"（Noreen and Sepe，1981，p.253）。从 1974 年关于强制通货膨胀披露要求已提到 FASB 议事日程开始，到 1979 年 1 月关于 FASB 的新征求意见稿报道为止的五年时间里，他们挑选出 11 个刊登于《华尔街日报》的事件，其中，有 3 个是关于 SEC 的审议和决定发表 ASR 190 的报道，另外 8 个与 FASB 有关。

Noreen and Sepe 假设，11 个事件中的第 1 个将会增加未来采取强制披露的概率。后续事件将会改变此概率，某些事件比其他事件具有更大的影响。在某些情况下，上述概率会增加，在某些情况下，上述概率会降低。

知道哪些事件具有最大的影响以及它们是增加还是降低上述概率需要具备某种判断能力。他们选出三个事件日进行仔细的研究：最初决定把附加通货膨胀披露纳入 FASB 议事日程的日期（1974 年 1 月 18 日）、1975 年 11 月 26 日关于 FASB 把是否强制实施通货膨胀会计的任意决定推迟一年的报道日期和 1979 年 1 月 11 日关于新的 FASB 征求意见稿的公告日期。虽然他们确实考虑了其他的 8 个事件日期，但是上述 3 个是他们研究的核心。Noreen and Sepe 推测，1975 年 11 月关于推迟任意决定的公告降低了最终采用强制通货膨胀会计的可能性，但是 1979 年 1 月新的征求意见稿的公告增加了先前的可能性。

为什么我们会认为强制附加披露财务报表会影响股价？Noreen and Sepe 认为会出现价格效应，因为强制要求会对公司产生经济后果。例如，这将会引起附加的记录和审计成本，虽然他们感觉这些成本可能不具有重要性。假设通货膨胀会计一般会减少报告收益，至少对某些公司而言，政治成本可能会降低。管理人员薪酬计划也可能影响股价，而不是通过通货膨胀调整的方式对基于利润的方案加以影响，因为薪酬方案将以主要报表为基础。然而，高管人员持有的以股价为基础的薪酬计划的股票或者期权将会受到来自其他通货膨胀相关来源的影响。如果在未来某个阶段，针对基本报表的会计准则变成以通货膨胀会计准则为基础，借款协议也可能引起股价的变动。同样地，将来税法可能被修改以适应通货膨胀问题，任何修改都很可能对公司产生不同程度的影响。

令 Noreen and Sepe 感到困惑的是，他们不了解一家公司的股价是如何受到上述要求的强制披露先验概率变动的影响的。他们相信某些公司所受的影响要大于其他公司。他们的实验设计就是要利用这一观念。当改变先验概率的事件被公告时，这种改变对公司平均股价的影响将被市场指数的变动捕捉到。他们把非正常报酬率定义为个股报酬率减去市场报酬率的期望值，它反映公司偏离平均值的程度。也就是说，事件期间公司的非正常报酬率反映了强制披露对公司的差量影响。

不幸的是，非正常报酬率也可能受当天披露的其他非市场（行业或公司特有）信息的影响。这意味着用非正常报酬率计量事件的影响是有误差的，因为无法假设在 11 个事件期内，向市场发布的唯一信息是《华尔街日报》的一份报告，该报告改变了即将发布的会计准则的先验概率。研究设计的另一个误差来源是每家公司对强制披露引入的反应不是静止不变的。每家公司股票的敏感性在五年期间内不发生某种方式改变的可能性极小。

总之，他们的基本方法是计量样本公司在三个事件日的非正常报酬率。Noreen and Sepe 假设，对于两个增加强制披露的概率事件，各公司非正常报酬率之间的关系将为正相关；对于降低概率的两个事件，上述关系将为正相关；对于一个事件增加了概率而另一个事件降低了概率，上述关系将为负相关。他们希望通过这种方法解决无法精确预测每一个事件如何个别地影响每家公司报酬率的难题。

他们无法回避的问题是选择正确的事件日期。一般来说，如果报酬率时间窗口太宽，噪声事件很可能会影响到报酬率[①]；如果报酬率时间窗口太窄，又会消除与事件相关的股价波动，这是事件研究的通病。他们的解决方法是考察修订先验概率报道的当月与前一个月的非正常报酬率。

他们从 COMPUSTAT 数据库中找出 578 家受到提议影响的公司和 693 家不受 1978 年 12 月征求意见稿的影响但受到较早提议影响的公司。选择受影响公司的标准为存货加固定资产的总额超过 1.25 亿美元，或者总资产超过 10 亿美元。他们接着把样本公司（578 家和 693 家公司）分成几个小组，每个小组包括 100 家残差最小的公司，其分组依据是上述公司的异质风险（idiosyncratic risk）最小，因此更可能会揭示时间窗口内的重要效应。他们采用了不同的报酬率模型计算非正常报酬率，包括市场模型和 CAPM 的实证模型。

结果正如他们先前所预测的。与第一个事件和第二个事件、第二个事件和第三个事件相关的非正常报酬率之间呈负相关关系；与第一个事件和第三个事件相关的非正常报酬率之间呈正相关关系。分小组后产生的结果强化了全体样本公司的结果。针对各小组公司，Noreen and Sepe 也检验了第一个事件和其他 8 个事件产生的非正常报酬率之间的关系。只有两个相关系数与预期不同，它们都不显著且不为零。与最可能受到影响的公司相比，未受影响的公司的实证结果不是很明显。

Noreen and Sepe 得出结论，股价受到了 FASB 审议报告（考虑通货膨胀会计问题）的影响，尽管问题依然存在："是什么原因导致了显而易见的市场反应？"

公司间的差别

Noreen and Sepe 的研究主要集中于 FASB 关于通货膨胀的想法，

[①] 时间窗口越宽，公司时间窗口内非正常报酬率就越可能反映正态协方差，包括由信息转移驱动的部分。Noreen and Sepe 认为时间窗口内非正常报酬率之间的关系与正常水平相比是十分异常的。

而 Beaver，Christie and Griffin（1980）主要研究 SEC 对强制披露通货膨胀报告的参与。他们挑选出三个特殊的日期：1975 年 8 月，SEC 首次提出 ASR 190 的实质内容；1976 年 3 月，ASR 190 发布；1977 年 3 月，是以日历年度为财务报告年度的公司报告 10-K 文件的最后一个月。

前两个事件属于 Noreen and Sepe 所提出的 11 个事件之中的两个，但是他们没有把这两个事件进行特殊处理。正如前面所述，Noreen and Sepe 确实考虑了这两个日期的 100 家受影响公司和 100 家不受影响公司的非正常报酬率，通过上述子样本最有可能探测到价格效应的存在。根据 Noreen and Sepe 的观点，上述两个事件增加了将实行强制披露的先验概率，所以他们预测这两个日期的非正常报酬率与首次提议强制披露日期的非正常报酬率之间存在正相关关系。正如他们预测的那样，他们发现两个小组都存在正相关关系，但是只有第二个日期和由 100 家不受影响公司所在小组的相关关系是显著的。Noreen and Sepe 据此发现了微弱的证据：SEC 的初步思路与差量非正常报酬率之间有联系。Beaver et al. 采用与他们不同的实验设计，结果没有发现显著的价格效应。

Beaver et al. 指出，几乎没有把重置成本会计数字（SEC 所提议）与最终决定股价的未来现金流量预测相联系的理论。他们采用了信息观（informational perspective）的观点，即假设监管将直接或间接地引起公司的成本和收益。监管具有改变冲击股东财富的一系列事件的潜能：如管理人员行为、美国国会关于所得税政策的行为、代理成本以及私下搜寻替代信息的动机等（其中的大部分 Noreen and Sepe 都已经提到了）。

为了预测强制披露对个别公司的影响，他们根据重置成本信息对公司财务状况可能的影响把样本公司分为 8 个子样本。最可能受到通货膨胀调整影响的三个会计变量分别为：折旧、销售成本和货币性项目。他们假设投资者可以预测披露的数据，然后根据后来所报告的上述三个变量是相对"高"还是"低"把样本分成四个配对投资组合。

例如，第一个配对组合是对三个变量为高的公司看多，对三个变量为低的公司看空[1]。研究的原假设为：公告期内每对配对投资组合的平均报酬率都相同。他们还假定，同一组公司所受影响的方式相同，不同组公司所受影响的方式也不相同。

共有 465 个以 12 月 31 日作为会计年末的公司，这些公司都根据 10-K 规则的规定披露了附加重置成本数据。历史成本收益与重置成本收益之间的差额为历史成本（GAAP）数额的 23%，其中的 20% 产生于折旧，3% 产生于销售成本（扣除折旧后）。他们分别计量了以下期间的报酬率：每一特殊事件日的前 15 日、后 15 日以及涵盖 1975 年 6 月 2 日到 1977 年 4 月 22 日的总期间。

Beaver et al. 发现四对配对投资组合所有期间的风险调整报酬率之间都没有显著的差别[2]。他们分小组进行了基于盈余预测误差的稳健性检验（robustness check）。Value Line 从 1976 年 10 月开始提供基于 GAAP 和 ASR 190 的盈余预测。为了计量 GAAP 和 ASR 190 盈余信号的差额，他们把 1976 年 GAAP 和 ASR 190 的盈余预测之差除以 GAAP 盈余预测作为第四个分组变量。由于此变量与折旧变量以及销售成本变量之间有相关关系，因此他们根据 Value Line 盈余变量（即第四个变量）和净货币性项目把公司分配到各投资组合[3]。结果再一次发现，投资组合的非正常报酬率之间没有显著的差别。基于 Beaver（1968）的波动性计量的检验也没有产生显著的结果。

总而言之，Beaver et al. 的研究没有显示重置成本会计披露提供了

---

[1] 他们把第一对投资组合表示为：HHH-LLL，其中 HHH 表示折旧、销售成本和净货币性项目的值为高水平。另外三对投资组合分别被表示为：HHL-LLH，HLL-LHH 和 HLH-LHL。

[2] 他们采用 Hotelling T^2 对市场模型预测误差计量的非正常报酬率进行检验，并用检验前期间（pre-test period）证明他们的投资组合分类方法没有导致误拒原假设（各投资组合具有相同的非正常报酬平均值）。

[3] 首先根据两个分组变量（Value Line 盈余变量和净货币性项目）的高/低值建立了四个投资组合，然后又把这四个投资组合合并成两个：第一个，对两个变量都为"高"的公司股票看多，对两个变量都为"低"的公司股票看空；第二个，对 Value Line 变量为高（低）而且净货币性项目为低（高）的公司看多（空）。

与股价相关的信息。

重置成本盈余的信息含量

我们已经讨论的 Beaver, Christie and Griffin 的研究和未涉及的 Gheyara and Boatsman (1980) 以及 Ro (1980) 的研究,都没有发现在 ASR 190 披露日证券价格具有显著的效应。另一方面,Noreen and Sepe 在几个特殊日期观察到的微弱的价格效应,显示通货膨胀会计披露对股东具有信息含量。这种不明确的发现可能来自某些研究中不恰当的实验设计,包括证券价格可能在时间窗口开启前就已经反映了信息。或者 ASR 190 数据可能确实没有提供信息,而只是引起了 GAAP 信息的错乱;或者 ASR 190 数据可能具有价值相关性,但是投资者还没有学会如何解读它。

Beaver, Griffin and Landsman (1982) 试图通过在报酬-GAAP 盈余关系研究中加入一个通货膨胀调整盈余变量的方法以解决这一问题。简言之,他们发现 ASR 190 重置成本没有增加 GAAP 数据的信息含量,倒是 GAAP 数据增加了重置成本数据的信息含量。他们得出结论,重置成本盈余只是 GAAP 盈余的噪声形式。他们指出"在完美和完全的市场上,综合市场价值会计 (comprehensive market value accounting) 实际上是无懈可击的,它排除了计量误差"。然而,"对完美和完全市场假设的保守以及对计量误差出现的担忧,意味着无法再应用严格的收益计量观,从而导致应用其他的替代方法,即信息法 (informational approach)[①]" (p. 17)。

Beaver et al. 研究了持有利得前净收益 (pre-holding gain net in-

[①] Beaver, Lambert and Morse (1980) 讨论了信息观的含义。可参见本书第 3 章 Ball and Brown (1968) 的评论。

come）和持有利得后净收益（post-holding gain net income）[①]。较早一些，Easman，Falkenstein and Weil（1979）把持有利得前净收益称为持续收益（sustainable income），并且发现它与股票计价相关。假定 Easman et al. 的想法是正确的，那么在信息观下，持有利得前净收益提供了有关永久的或持续的盈余以及公司支付未来股利能力的信息。因而，报酬率与持有利得前净收益的相关程度应该比与根据 GAAP 计算得出的净收益的相关程度要高。

Beaver et al. 采用了 COMPUSTAT 重置成本数据库，数据库包括 1976—1978 年的 1 069 家公司的 ASR 190 数据。他们的样本只限于其中的 313 家满足不同数据需求的公司。第二个样本是由 Easman 提供的一个专有数据库，它是由 William Easman 主持的通货膨胀会计研究中心（Inflation Accounting Research Service）建立的（Beaver et al.，1982，p.19）。证券报酬的计算时间窗口对应一个财务年度。最初，报酬率没有按照市场波动调整，但是稳健性检验（使用其他持有期间和使用非正常报酬率替代个股报酬率）显示他们的结果对上述变更不敏感。

他们定义了四个盈余变量：非经常项目前 GAAP 盈余；持有利得前净收益；现金流量的原始形式（定义为折旧、递耗和摊销前 GAAP 净收益）和持有利得后净收益除以股东权益（以重置成本数据计量）。前三个盈余变量以其与上年的相对变化量形式表示。第四个变量没有采取这种方式，理由是在完美和完全市场中（极端情况），包括股利在内的股票报酬率与股东权益持有利得后净收益率（the post-holding gain return on equity）是相同的。

他们采用了两阶段回归方法，首先对 1977 年和 1978 年的数据分别

[①] 持有利得前净收益被定义为 GAAP 净收益加上 GAAP 和 ASR 190 的折旧之差；持有利得后净收益被定义为 GAAP 净收益加上未实现的存货、财产、厂房和设备的持有利得（Beaver et al.，1982，pp.20-22）。GAAP 和 ASR 190 的销售成本之差没有用于计算持有利得前净收益是因为数据不易获得。Beaver，Christie and Griffin（1980）发现 GAAP 和 ASR 190 的销售成本之差几乎全部来源于销售成本中折旧部分，他们在计算持有利得前净收益时已经考虑了折旧的影响。

回归，然后对 1977 年和 1978 年混合数据进行回归①。在第一阶段，用 GAAP 收益（非经常项目前）对某一通货膨胀会计计量进行回归，该阶段回归残差作为 GAAP 收益没有捕捉到的通货膨胀计量的潜在分布的估计值。在第二阶段，用 GAAP 收益和第一阶段通货膨胀计量的残差对股票报酬率进行回归。分别对上述三个通货膨胀会计计量应用以上过程②。然后通过以下过程重复他们的方法：仿照第一阶段，用通货膨胀计量对 GAAP 收益进行回归；在第二阶段，用通货膨胀计量和第一阶段 GAAP 收益的残差对股票报酬率进行回归。从形式上看，两阶段方法的解释能力与用历史成本（GAAP）收益和通货膨胀调整计量对股票报酬率进行的单一多元回归相同。

Beaver et al. 将支持重置成本会计的观点解释为，预测股票报酬率与重置成本数据和 GAAP 收益之间的较高横截面关联，而不仅仅是股票收益和 GAAP 收益之间的关联。换言之，如果上述观点是正确的，那么第二阶段回归中通货膨胀调整计量的相关系数应该具有统计显著性。

GAAP 收益与持有利得前收益两年的相关系数都为 0.84。1977 年，股票报酬率与 GAAP 收益、持有利得前收益、现金流量以及持有利得后收益等各变量的相关系数分别为 0.37，0.30，0.29 和 0.10。在进行第二阶段回归时，持有利得前收益不显著，对 1977 年和 1978 年汇总数据现金流量勉强显著，对 1978 年和两年汇总数据持有利得后收益都是勉强显著。相比之下，GAAP 收益在每次回归（1977 年单独回归、1978 年单独回归以及两年汇总的联合回归）都显著。结果看起来与重置成本数据仅仅是 GAAP 数据的错乱变量的假设相符。

那么为什么 Easman et al. 发现了不同的结果？这是因为他们使用了时间序列方法，即以个别公司为基础，用五年的盈余对其报酬率进行回归。当 Beaver et al. 用 Easman et al. 的样本重复他们的研究过程时，

---

① 他们的方法内含一个假设：每年回归方程的系数在公司之间保持不变，对联合回归该假设为，在 1977 年和 1978 年系数在公司之间保持不变。
② 他们认为其原始现金流量计量已经进行了通货膨胀调整。

得到的 1973—1978 年的结果与用 ASR 190 样本得到的 1977 年和 1978 年的结果相同。另一方面，当他们使用自己的数据和 Easman et al. 的时间序列方法时，证实了 Easman et al. 的结果。看起来，结论的不同源于他们各自方法的不同。

从根本上说，问题是，横截面方法与单独对每家公司进行时间序列分析哪一个是更合适的研究设计。Beaver et al. 的结论是，由于时间序列方法计量了盈余变化和证券报酬率的共同运动（co-movement），包括与整个市场相关的报酬率，这两种方法可能计量了不同的现象。他们相信持有利得前变量可能代表了通货膨胀率，Fama and Schwert (1977) 表明后者与报酬率负相关。Beaver，Griffin and Landsman 相信 ASR 190 数据增加了 GAAP 收益的噪声，或者还需要深入认识此问题。

重新探讨

Bublitz，Frecka and McKeown (1985) 认为，通货膨胀会计问题十分重要，因而不能一直处于没有结论的状态。他们指出，Beaver and Landsman (1983) 对 FASB 的研究以及其他研究，仅发现了很弱的或者根本没有发现证据表明通货膨胀会计提高了 GAAP 数字对证券报酬率的解释能力，与 Easman et al. (1979) 和 Noreen and Sepe (1981) 形成了对比。Bublitz et al. 重新探讨了强制的现行成本披露（以 FAS 33 和 ASR 190 数据为表现形式）是否提高了 GAAP 数字预测证券报酬率的能力。

他们设定四个研究目标：(1) 重新探究 Beaver and Landsman 发现的敏感度（sensitivity）；(2) 观察证券报酬率与 GAAP 会计和通货膨胀调整变量；(3) 采用新的形式和定义探究 FAS 33 变量增量的信息含量；(4) 比较 FAS 33 数据和 ASR 190 数据的结果。他们强调了方法论和实验问题，没有试图加入有关通货膨胀会计优劣的争论。

他们定义了两个报酬率量度：非正常或未预期报酬率（他们指出该

指标可控制风险而且可通过消除市场对所有公司的影响减少残值中的横截面相关关系）和个股或未调整报酬率。从当年 4 月到 10-K 报告发布的次年 2 月或 3 月累积计算报酬率量度。由于几乎没有什么理论支持，通货膨胀调整变量在本性上必然是特殊的。他们定义了四个变量：已实现现行成本持有利得（REHG），用 GAAP 营业收益减去持续经营中的现行成本收益；历史成本净收益的不变币值调整（CDADJ）；购买力利得或损失（PPGL）；当前期间的持有利得（HG）。Bublitz et al. 无法确定解释变量如何影响报酬率。例如，REHG 包含了上一年或更早时候发生但于当年实现的持有利得。

特别期望模型（Ad hoc expectations model）被用来识别每个变量具有潜在信息价值的部分。由于时间序列数据有限，因此假定 FAS 33 变量遵循随机游走分布。每个变量都定义了三种形式：变动百分比（一个检验组中高于 300% 的数值和另一个组中高于 100% 的数值被剔除，以减少异常值的影响）、变量与期初所有者权益市场价值的比率以及该比率当年到下一年的变动。

FAS 33 数据来源于 FASB 1981—1983 年的计算机数据库。FAS 33 样本公司必须以 12 月 31 日作为会计年末，并且排除了受管制的行业，为保持与 Beaver and Landsman 研究的可比性而不得不包括在内的公司除外。ASR 190 数据来源于以 12 月 31 日作为会计年末的制造业公司披露的 10-K 报告。

ASR 190 变量几乎没有对报酬-GAAP 盈余关系增加解释力，而 FAS 33 变量却在所有年份都提供了显著的解释力[1]。自变量之间存在显著的相关性，导致每年的回归系数都不稳定。然而，一个消除通货膨胀因素的持有利得（net-of-inflation holding gain）变量[2]却具有稳定的负的相关系数。把该变量的分母和报酬率量度换成其他变量，不影响结果的有效性。他们得出结论，尽管采用的市场期望的代理变量比较粗糙，

---

[1] 当分行业进行回归时，上述结果有所减弱，可能是样本量变小的缘故。
[2] 该变量定义为总的持有利得减去通货膨胀再除以普通股的市场价值（发行在外普通股平均股数乘以收盘价）。

但是大体上说，通货膨胀数字是报酬-盈余关系中的显著变量。Bublitz et al. 把他们的发现（FAS 33 变量的解释力比 GAAP 盈余的解释力显著）归功于拥有更多数据以及使用了更精确的通货膨胀调整计量方法。

此类研究的政策含义只限于展示在控制 GAAP 盈余之后通货膨胀会计数字与报酬率之间的关系。更完整的政策分析可能需要考虑竞争性数据来源以及准备和处理成本。在此环境下，一个基本的问题是，评价通货膨胀调整数字的增量解释力的适当基准是 GAAP 会计数字的解释力，还是其他信息所增加的 GAAP 会计数字的解释力，上述其他信息包括可以广泛得到且可用来预测通货膨胀调整数字[1]的其他资产负债表和利润表信息。

一种新手法

Beaver，Griffin and Landsman（1982）以及 Bublitz, Frecka and McKeown（1985）考察了时间窗口为一年的证券价格表现。这类研究（有时称作关联研究）由于时间窗口太宽，容易受到很多与实验有关问题的影响。与解释变量无关的报酬率的横截面相关性是一个特殊的问题，因为它会对回归系数标准差的估计产生严重的偏差。Bernard（1987）认为，当使用 OLS 和特定公司未预期盈余计量估计报酬-盈余关系时，偏差问题尤为严重[2]。缩短报酬率的计算期间或者把每一样本公司报酬率与不同的期间相联系可能会使偏差减小。

正是因为上述原因，为了重新探讨通货膨胀调整会计数字与公司价值之间的关系，Lobo and Song（1989）选择了较窄的研究时间窗口。他们指出，以报告预案形式公布的 GAAP 盈余数字，通常会比公布全

---

[1] 例如，参见本章以后部分对 Falkenstein and Weil（1977a，1977b）提出的算法的评论。
[2] 为了调整此类横截面相关性，可用一般最小二乘法（Generalised Least Squares）作为替代估计方法。但由于已公开通货膨胀调整会计数字的时间序列较短，这意味着在 Beaver et al. 和 Bublitz et al. 的研究中，一般最小二乘法不是可行的替代方法。

部会计数字的时间早一些[①]。在既有的市场效率假设下,股票价格应该反映了包含于物价水平调整财务报表中的任意附加信息发布之前的 GAAP 盈余数字。因此,Lobo and Song 利用了 GAAP 数字和通货膨胀调整数字之间的时间选择差异[②]。对于 GAAP 盈余,他们假定其公告日为《华尔街日报》公布报告预案的日期;对于通货膨胀数据,他们假定其公告日为年度报告公布日,或者 10-K 报告公布日,二者取其早者。

正如我们将在下章看到的,现金流量信息比 GAAP 信息更具有价值相关性。因此,Lobo and Song 检验了通货膨胀调整盈余超过 GAAP 盈余的现金组成部分和应计组成部分的增量信息。通过只控制历史盈余的现金组成部分和应计组成部分,他们假定通货膨胀的任何增量解释力都与利润表和资产负债表其他项目的解释力无关[③]。

SEC 的自动化数据库被用来确定 10-K 和年度报告日。通货膨胀调整数字来源于 FASB 的 FAS 33 数据库。样本包括 409 个以 12 月 31 日作为会计年末的公司,涵盖期间为 1980 年、1981 年和 1982 年,并把金融中介公司、公用事业公司以及某年内观察值少于六个行业的公司排除在外。

他们定义了八个变量:GAAP 营业收益、通货膨胀调整收益的六个变型和经营活动现金流量[④]。通货膨胀调整收益的六个变型包括:现行成本营业收益和不变币值营业收益,以及考虑购买力利得和损失、持有利得的其他变型。变量的表现形式为当年到下一年的变动除以期初所有者权益市场价值。通货膨胀调整盈余的未预期形式被定义为上述变量观察值的变动与同期历史成本(GAAP)营业收益的变动之差。未预期现金流量的定义与此相似。他们通过观察到的以下现象证明了上述过程的合理性:GAAP 数字在通货膨胀调整数字和现金流量数字发布之前

---

① 在他们的样本中,97%的公司在预案公布日后至少两周才公布其全部会计数字。
② 他们仿照了 Wilson(1987)的做法,参见第 11 章的讨论。
③ 在一篇由两部分组成的文章中,Falkenstein and Weil(1977a,1977b)提出了一个算法,指出分析师可能会运用所有可得到的数据来估计公司的重置成本,并提供了对 1975 年道琼斯 30 工业指数结果的估计。
④ 经营活动现金流量定义为经营所得营运资金加上当期应计项目。

就已被市场捕捉到。因此，朴素预测过程（随机游走）就与对市场已经知道的 GAAP 盈余信息的简单控制结合起来了。

Davidson and Weil（1975）以及 Falkenstein and Weil（1977）指出，历史成本盈余与通货膨胀调整盈余间的差异有行业密集现象。差异的关键因素包括存货实物流、存货周转率、折旧方法和固定资产周转率。由于差异有行业密集特性，Lobo and Song 在他们的报酬-盈余回归模型中加入了每个行业的虚拟变量，允许回归截距和斜率系数因行业而异。把数据代入回归模型后，行业斜率系数是显著的，但截距不显著。Lobo and Song 随后使用了只有一个截距的简化模型，结果发现，通货膨胀调整盈余和现金流量变量一起具有显著的解释力。不同行业现金流量盈余的系数以及 FAS 33 盈余计量的系数是显著不同的。FAS 33 报告的六个通货膨胀调整盈余计量中的四个变量传递了显著的增量（对营业现金流量计量）信息，现金流量也包含了比各 FAS 33 盈余计量更多的增量信息。然而他们发现，FAS 33 盈余传递的信息仅限于他们研究的行业中的某些行业。

小结

通货膨胀调整盈余的各组成部分与股票市场报酬率具有统计学意义上的联系，这一点现在看起来至少在美国是明确的。虽然展现这个联系还远不能证明强制披露的合理性，它却是准则制定过程中一个潜在重要的信息。

下一章我们将开始考虑与强制报告现金流量相关的问题。

第 11 章　现金流量

美国报告现金流量的准则比澳大利亚会计准则第 1026 号（AASB 1026，即现金流量报表）要早几年①。1987 年 11 月，FASB 发布了第 95 号财务会计准则公告（FAS 95）《现金流量表》，自 1988 年 7 月 15 日起生效。FAS 95 将现金流量表作为营利性企业的三张财务报表之一。现金流量表取代了财务状况变动表，后者在澳大利亚被称为资金来源与用途表。

新的现金流量表要求把现金收支分为经营活动产生的现金流量、投资活动产生的现金流量和筹资活动产生的现金流量。不引起现金收支的筹资活动和投资活动信息被要求单独提供。鼓励企业采用直接法报告经营活动产生的现金流量②。如果企业使用了间接法，需要提供与直接法

---

① 美国现金流量表准则有关的征求意见稿《企业报告收益、现金流量和财务状况》，最早由 FASB 发布于 1981 年 11 月。征求意见稿提议资金流动报告应该以现金而不是营运资金为基础。稍后的另一份征求意见稿决定延迟报告详细的现金流量。1985 年 4 月，FASB 又把有限范围的现金流量报告项目列入其议事日程。1985 年 5 月，FASB 组织了一个关于现金流量报告的工作组。1986 年 7 月，发布了一份征求意见稿《现金流量表》。16 个月以后，发布了 FAS 95。

② FAS 95（第 106 段）对直接法和间接法做了以下区分：*直接法* 直接列示企业来自经营活动的现金收支的各组成部分，如从顾客处收取的现金和向供应商和雇员支付的现金，其合计为*来自经营活动的净现金流量*。*间接法* 从净收益开始，调整不是当期经营活动现金交易结果的收入和费用项目，以与*来自经营活动的净现金流量* 相一致。（斜体字部分为原文。）

第11章 现金流量

相同的经营活动产生的净现金流量的数额；如果企业使用了直接法，则需要单独提供将净收益调整为经营活动产生的净现金流量的报表。

根据 FAS 95，"现金流量表的基本目标是提供企业某期间与现金收入和现金支付有关的信息"（第 4 段）。准则接着指出（第 5 段），现金流量信息，应该与其他财务报表一同帮助使用者做到以下几点：评估一家公司的未来净现金流量、未来股利、信贷风险和未来的资金需求；确定净收益和营业收支之间存在差异的原因；评估公司的财务状况是如何被现金以及筹资和投资交易所影响的。财务报表不报告每股现金流量，其原因在于"现金流量和它的任何部分都无法取代净收益作为企业业绩的指示器作用，报告每股现金流量可能也意味着如此"（第 33 段）。

1991 年 5 月，澳大利亚会计研究基金会（Australian Accounting Research Foundation）发布了第 52 号征求意见稿《现金流量表》。澳大利亚会计准则第 1026 号（AASB 1026）《现金流量表》于 1991 年 12 月发布，从 1992 年 6 月 30 日开始执行，它取代了 AASB 1007《资金来源和运用财务报告》。AASB 1026 规定，应该根据现金流量来源是经营活动、筹资活动还是投资活动对其进行分类。该准则采纳了直接法，并要求对经营活动产生的现金流量和利润表所报告的税后经营成果进行调整，将调整过程作为现金流量表的注释。

根据澳大利亚准则的解释，现金流量和财务报告中包含的其他信息在评估报告实体下列几个方面的能力时是有用的：产生未来净现金流量的能力；偿债能力及履行利率和股利承诺的能力；资金未来变动大小以及活动本质的能力；获取必需的外部资金的能力。它提出了几个以经营现金流量为计算基础的有用的比率。

本章中，我们将回顾基于资本市场的会计研究已经探讨的现金流量对投资者可能具有相关性的几个方面[1]。我们考虑的第一个方面是预测未来现金流量，接着把关注点转向现金流量在报酬-盈余关系中的角色，最后我们将讨论现金流量在预测投资风险方面的相关性。

---

[1] Neill，Schaefer，Bahnson and Bradury（1991）提供了一个关于此问题的文献回顾。

预测未来现金流量

对资金表的一个经常的批评是,它在确切定义"资金"时缺乏统一性。虽然对现金的定义模糊性可能少了一些,但也并没有达到完全统一。

为了能够涵盖现金的不同含义,Bowen,Burgstahler and Daley (1986) 考察了现金流量的不同计量与它们预测未来现金流量的能力的关系。他们提出了三个问题:现金流量的传统计量与其他计量高度相关吗?应计会计盈余与现金流量计量高度相关吗?在预测未来现金流量时,盈余是否如 FASB 所建议的比现金流量变量本身表现更佳?除了回答上述三个问题之外,他们的文章还与其他对现金流量信息的增量信息的研究相关,因为他们评估了现金流量和应计信息之间相关的程度。

他们研究了六个变量:应计会计收益和五个现金流量变量。这些变量之间的联系在间接法下表现得很清晰。其定义如下[①]:

- NIBEI(非经常项目和非持续性营业活动前净收益)
- NIDPR＝NIBEI＋折旧和摊销
- WCFO(来自经营活动的营运资金)＝NIDPR＋对不影响营运资金的 NIBEI 其他项目的调整
- CFO(经营活动产生的现金流量)＝WCFO－应收账款、存货以及其他流动资产的变动＋应付账款、应交税费以及其他流动负债的变动(不含现金、应付票据以及长期负债的流动部分等账户的变动)
- CFAI(投资活动后现金流量)＝CFO＋不动产、厂房与设备和投资等项目的变现收入－资本性支出和新的投资
- CC(现金变动量)＝CFAI＋该期间内筹资活动净值

第一个变量是应计收益,其余的五个为现金流量变量。变量定义过程应该视作从应计收益开始,通过连续的应计调整,最后以现金变动量

[①] 各变量与从 COMPUSTAT 数据库中选择的项目的数字相一致。

第 11 章 现金流量

结束。

在美国，资金表（财务状况变动表）直到 1971 年才需要强制披露。Bowen et al. 选择了 324 家 1971—1981 年连续以营运资金为基础编制资金表的公司，每个公司得到 10 个以年为基础的变动值。五个现金流动变量通过各公司的利润表、资产负债表和资金表数据自行计算得出。计算这些变量是为了回答他们先前提出的三个问题。

NIDPR 和 WCFO 被认为是传统变量。结果发现，这两个变量之间以及对应计项目进行了更具有实质性调整的"替代"现金流量变量之间的相关性都比较低。而且，相对于盈余与传统现金流量变量间较高的相关性，盈余与替代现金流量变量间的相关性更低。从统计学观点看，此结果意味着通过附加调整而得的替代现金流量变量实质上独立于应计收益。

他们的第三个问题是，盈余是否提供了比现金流量变量本身更佳的对未来现金流量的预测值。为了回答这个问题，Bowen et al. 首先把现金流量变量本身应用到简单随机游走模型中，产生一个预测值，然后从 NIBEI 到 CC 中依次调整较少的变量，把它们分别应用到该模型中，产生一组预测值。通过对比两种变量产生的预测结果，他们发现，现金流量变量本身的预测能力与其他现金流量变量的预测能力相同，只是在预测经营活动产生的现金流量时，净收益加折旧与经营活动产生的营运资金的表现都是最佳。他们得出结论，与 FASB 的主张相反，（应计）盈余并没有提供更佳的未来现金流量预测。

Percy and Stokes（1992）使用澳大利亚的数据重复了 Bowen et al. 的研究，把它延伸到检查针对特定行业的一般性。他们研究了两个传统变量：净收益加折旧和摊销以及经营活动产生的营运资金。还有一个更精确的变量，定义为经营活动产生的营运资金对非现金流动资产和流动负债的附加调整[①]。他们的净收益变量不含非经常项目但包含异常项目。

数据来源于澳大利亚管理研究生院的年度报告档案库。取样期间为

---

① 包括应收账款、应付账款、存货和其他流动资产、应交税费和其他流动负债。

1974—1985 年，以与 Bowen et al. 研究具有可比性。样本共有 99 家没有变更财务年度和行业归属的公司，共计 12 年完整数据。这 99 家公司来自 23 个行业。7 个行业只有 1 家公司，最多的行业（重工业）有 14 家公司。变量的表现形式是年变动值和对前一年的变动百分比。

Bowen et al. 的结果被成功地复制，更精确的现金流量变量与应计收益的相关性低于传统现金流量变量与应计收益的相关性。而且，传统现金流量变量与更精确的现金流量变量之间的相关性相对较低。这些结果在行业横截面上具有普遍性。

他们评估了现金流量预测一年或两年后未来现金流量的能力。传统的现金流量变量在产生更精确的未来现金流量预测值方面优于盈余和更精确的现金流量变量。预测精度随着变量从净收益到净收益加上折旧，再到营运资金的变化而提高。无论是预测一年后还是两年后的现金流量，上述关于预测精确度的结果都一样。与相关性结果不同，相对预测精确度结果在行业横截面上不具有一般性。

报酬-盈余关系中的现金流量

年度时间窗口

尽管 FASB 指出，不应该认为盈余和现金流量可以互相替代，但在很多会计文献中，二者一直被视为具有相互替代性。

最早的相关研究可以追溯到 Ball and Brown（1968）以及 Beaver and Dukes（1972），他们发现报酬率和应计收益变量间的相关性高于报酬率与营运资金的原始定义间的相关性。在这些研究中，资金被简单定义为净收益加折旧和摊销。

Patell and Kaplan（1977）以及 Beaver，Griffin and Landsman（1982）考虑了对应计盈余预测报酬率进行补充的现金流量变量的潜力。Patell and Kaplan 考察了来自经营活动的营运资金的增量解释力，没有发现任何结果。Beaver et al. 把现金流量定义为应计盈余加折旧。他们发现了

第 11 章 现金流量

某些证据,证明他们的变量可能具有增量解释力,但是也指出,这仍然是一个"悬而未决的问题"(p.34)。这些早期的研究主要聚焦于应计过程的一部分,即与应计盈余高度相关的那部分。后来的研究使用了更精确的现金流量变量,而且引入了精确的方法论,以改善他们的实验。

Schaefer and Kennelley(1986)考察了三个年度现金流量变量的增量解释力。第一个变量只是应计盈余加上折旧,第二个和第三个变量(更精确的)则对流动和非流动应计项目进行了调整。他们使用多元回归评估增量信息含量。横截面回归中的因变量是使用市场模型累积计算12个月的非正常报酬率。他们进行了三次回归估计,每次回归的变量分别是应计盈余和现金流量变量。结果发现,应计盈余具有比三个现金流量变量更多的增量信息含量,但不能得出相反的结论,那两个精确的现金流量变量并不比应计盈余变量表现更佳。

Rayburn(1986)从另外一个角度研究了同一个问题。研究指出,现金流量应该是更原始的数据。这样上述问题就变成了对现金流量进行应计调整是否增加了信息含量。应计方法诟病甚多,原因在于它以历史成本为基础而且允许盈余管理。

样本数据包括除银行和公用事业等受监管的公司以外的175家公司,每家公司在1957—1982年的会计年末都为12月31日,并可获得1962—1982年的完整数据。Rayburn定义了三个应计变量:折旧、递耗和摊销;递延所得税款准备的变动;现金、短期投资和长期负债的流动部分除外的营运资金的变动。之所以只研究这三个变量,是因为它们可以从资产负债表数据中计算得到。她决定不采用资金表数据,因为研究使用的COMPUSTAT数据库没有包含1971年以前的资金表数据。而且,并不是所有公司对资金的定义前后一致。她也担心如果使用1971年以后的资金表数据,将会导致当年"经营现金流量时间序列的不连续"(p.117)。

Rayburn采用了多元回归方法,其中因变量是以一年为时间窗口累积计算的非正常报酬率[①]。她选取了两个时间窗口:第一个是从当年3

---

① 非正常报酬率是通过累积计算市场模型的预测误差得来的。

月 31 日到次年 3 月 31 日，第二个与样本公司的财务年度相对应。她用现金流量和各应计变量对非正常报酬率进行回归。用随机游走模型或更复杂的时间序列预测模型得出回归模型中各变量的预测值，然后把它们实际值偏离预测值的偏差作为模型中各变量的表现形式。

Rayburn 发现经营现金流量和全部应计变量都与非正常报酬率相关。对不同的预测模型和两个时间窗口而言，她的结果保持不变。关于应计项目组成部分的结果说服力稍弱。当回归变量是时间序列预测误差时，只有现金流量和营运资本应计变量是显著的，与 Wilson（1986）关于短期而非长期应计项目具有价值相关性的发现相一致。当回归变量是随机游走期望的偏差时，三个应计项目变量都是显著的。这两组结果的冲突对 Rayburn 对异常值的处理是敏感的。当舍掉异常值时，折旧和递延税款的时间序列误差在 5% 的水平上显著。

Bowen，Burgstahler and Daley（1987）指出，可以用两种观点看待现金流量与应计数据的角色。以会计制度的观点来看，应计盈余是原生概念，要研究的问题是：现金流量增加价值相关信息了吗？另一个观点，即 Rayburn 所采取的观点，认为现金流量是原生概念，上述问题为：应计项目增加相关信息了吗？

他们首先检验了会计制度的观点，也就是说，未预期现金流量数据是否具有比应计盈余以及应计盈余和来自经营活动的营运资金更多的增量信息含量（或者说解释力）。然后，他们又采取了 Rayburn 的观点，即探究代价昂贵的应计调整过程是否增加了现金流量数字的信息含量。

较早一些的研究没有探测出现金流量的角色可能是因为研究者没有设计出足够精确的计量方法。尤其需要指出的是，他们使用了与应计盈余高度相关的现金流量变量。正如我们已经看到的，Bowen et al.（1986）已经确认了某些与应计盈余相关性较低的"精确"变量。

Rayburn 与其他研究的一个区别是，她使用了自行计算的变量，而其他研究者直接采用了公司报告的变量。他们还使用了另一个变量：投资活动后现金流量，该变量是 FASB 所推荐的而且在实务中应用的。Rayburn 没有考虑除来自经营活动的营运资金之外的现金流量的增量信

第 11 章 现金流量

息含量。

由于 Bowen et al. 使用了公司报告的数据,他们的样本局限于对营运资金定义前后一致的公司。他们选择年度时间窗口是因为他们相信可在年度内得到现金流量信息,而且把应计变量转换为更精确的现金流量变量在较窄的时间窗口内是不可行的。他们收集了 1972—1981 年与两个应计变量和两个现金流量变量对应的数据。

两个应计变量分别是 NIBEI(非经常项目和非持续性营业活动前净收益)和 WCFO(来自经营活动的营运资金)[1]。两个现金流量变量分别是 CFO(经营活动产生的现金流量)和 CFAI(投资活动后现金流量)。未预期应计变量和未预期现金流量变量被定义为 NIBEI,WCFO 和 CFAI 等变量的变动百分比。至于 CFO,其未预期形式为前一年 CFO 和 WCFO 的差除以前一年 WCFO 的绝对值[2]。

因变量为标准化未预期报酬率[3],其计算期间为以会计年末后四个月为结尾的 12 个月。他们的数据包括 98 家公司,是其 1986 年样本的一个子集。与所有在 COMPUSTAT 数据库中的其他公司相比,这些公司的平均规模更大,资本更密集而且具有更大的速动比率和利息保障比率。正因如此,他们认为,现金流量信息对样本公司的重要性可能比对偿债能力一般的公司更不重要,因为一般公司的流动性较差。在绝大多数年份,应计变量之间都具有高度相关性。他们按年进行了横截面多元回归,也把所有年份数据汇总进行了回归。在汇总回归中,报酬率与 NIBEI 高度相关,但没有证据可以表明 WCFO 具有比盈余(NIBEI)更多的增量信息含量。在汇总回归中,两个现金流量变量,特别是 CFO,具有比两个应计变量更多的增量信息含量。然而,在汇总回归中,只有 NIBEI 具有比两个现金流量变量更多的增量信息含量。单个年度回归的结果是混杂的。

---

[1] 参见本章前面部分对这些变量的详细定义。
[2] 如欲获知这些定义的合理性,请参考本章先前讨论的 Bowen et al. (1986)。
[3] 未预期报酬率是市场模型所得的误差。首先标准化月度报酬率(即除以其标准差),然后以 12 个月为窗口进行累积计算。

发布时间差异研究

Wilson（1987）从与 Patell and Kaplan（1977）相似的一个假设开始入手：在知道盈余信息的情况下，当投资者观察到营运资金时，不会改变他们对股票价值的评价。就像其后的 Lobo and Song（1989）一样，Wilson 研究的新奇之处在于，他注意到了应计盈余和现金流量数字在不同时点发布这一事实。也就是说，应计盈余以盈余报表预案（preliminary earnings statement）形式发布，而计算现金流量所需的信息披露在稍后发布的年度报告中。

Wilson 把盈余划分为两部分：现金流量和应计部分。划分采取了两种方法：第一种方法是划分为来自经营活动的营运资金和非流动应计项目；第二种方法是划分为来自经营活动的现金和总应计项目（流动和非流动）。他在论述这两种资金计量方法的理由时指出，营运资金与长期盈利能力有关，而经营活动产生的现金流量与短期偿债能力有关。他指出，采用盈余还是现金流量是长期以来争论的焦点，而且投资者对这两种计量方法的需求体现在突出强调二者的会计报告格式上。他同时指出，与早期所用的变量盈余加折旧相比，这两个变量与盈余的相关性很低。

应计盈余公告日从《华尔街日报》获取。现金流量公告日被认为是年度报告到达 SEC 的日期，但是他指出，如果使用 10-K 归档日期代替，他的结论不受影响。为了避免混淆这两个日期，Wilson 排除了 10% 的样本公司，这些公司的《华尔街日报》预案发布日与 SEC 到达日在同一周内。非正常报酬率是通过市场模型预测误差计算的，时间窗口为以 SEC 到达日为中心的 3～9 天。

为了检查现金流量信息泄露情况，他调查了 300 家公司，调查结果证实了他关于发布日的假设。63% 的公司回应了他的调查，其中 75% 以上的公司指出，在公布审计报告之前他们没有发布与营运资金有关的信息。他发现，当先前没有发布营运资金信息的公司把它们的年度报告归档时，其股价对此有所反应。有趣的是，先前没有发布类似信息的公司，不存在类似的股价反应。

Wilson 采取了一个常规的方法估计营运资金的未预期部分[①]。他假设，可以通过对盈余公告日可得到的"向量"信息变换为营运资金组成部分的"线性投影"（linear projection）捕捉投资者的预期。这些信息包括：当年第四季度的盈余和收入；加上如收入、非流动应计项目、总应计项目、经营活动产生的现金流量等各变量的延迟数据（分别从本年第三季度、本年的前半年以及上年的第四季度开始）；年度资本性支出（假设在年度报告发布前市场就已经知道此变量的大小）。他通过两种方式检查了报酬率与营运资金组成部分之间的关系。第一种方式是用营运资金的未预期组成部分对个股报酬率进行回归。第二种方法是根据营运资金变量把样本公司分配到投资组合中，然后比较投资组合报酬率的平均值。他根据样本公司营运资金未预期部分值的大小建立了三个投资组合。

样本数据为 1981 年第四季度和 1982 年第四季度共 462 个观察值。他在《华尔街日报》报道日、年度报告和 10-K 归档日检验了 379 个样本公司的报酬率。共有 57 个公司在盈余发布预案中报告了某些营运资金相关信息。

经营活动产生的现金流量是解释非正常报酬率的显著贡献因子，来自经营活动的营运资金却不是。投资组合报酬率的均值和横截面回归都得出了相同的结论。Wilson 发现研究结果对是否排除异常值不敏感，他把异常值定义为离差超过四个标准差的观察值。虽然 Wilson 的显著结果可能是遗漏相关的变量造成的，但他指出该结果对试图要控制的一个变量不敏感，具体来讲这个变量就是资本性支出。

Wilson 对其结果提供的一个解释是，这是投资者因公司及时调整产品而对公司的奖励。如果投资者预测需求上升，他们将奖励那些预测到需求上升且扩大其存货和应收账款，从而降低经营活动产生的现金流量的公司。同样地，如果投资者预期需求将下降，他们将奖励预测到需求将下降且收缩其存货和应收账款，从而经营活动产生的现金流量将上

[①] 作为对比，参见第 10 章关于通货膨胀调整报表的增量解释力的讨论。

升的公司。Wilson 指出，在 1981 年和 1982 年，美国经济处于严重的低迷时期。

Wilson 研究的外部有效性

Bernard and Stober（1989）指出，Wilson 的结果仅从两个季度得出，即 1981 年第四季度和 1982 年第四季度。他们对其结果在这两个季度以外的期间的有效性提出了质疑。为了评估外部有效性（the external validity），他们把数据库延伸到了 1977—1984 年的 32 个季度。

很显然，Wilson（1987）、Bowen et al.（1987）以及 Rayburn（1986）的结果之间存在某些不一致。前两个研究发现，与未预期流动性应计项目相比，市场更欢迎未预期现金流量。Bernard and Stober 指出，与应计项目相比市场更偏爱现金流量的说法根本站不住脚，正如 Wilson 所建议的，这种现象可能取决于特定的宏观经济状况。

他们发现了现金流量与应计项目对证券报酬率具有不同影响的很多原因。应计项目可能具有较低的质量，或者因为它们易于被管理层操纵，或者因为存货增加或应收账款增加可能会向外界传递出它们已经失控的信号。然而，流动性应计项目直接与未来现金流量相关，很难让人相信可以对它们进行系统、持续且广泛的操纵。

检验他们推测（即现金流量和应计项目可能对证券报酬率具有不同的影响）的直接方法是检查报酬-盈余关系中现金流量变量的系数是否超过流动性应计项目的系数。他们也指出，Wilson 所提出的宏观经济状况可能导致如下预测：在经济紧缩时期，现金流量的系数将超过应计项目的系数；在经济扩张期，现金流量的系数将低于应计项目的系数。其他的原因包括应计项目的组成部分可能对证券报酬率具有不同的影响。例如，存货变动对证券报酬率的影响就可能不同于应收或应付账款变动对它的影响。

Bernard and Stober 使用了一个多成分法（components approach）。他们指出，由于盈余数字已经在预案中披露，因此未预期盈余成分（经营活动产生的现金流量、流动性和非流动性应计项目）之和肯定为零。

他们以三个流动性应计项目组成部分（存货、应收账款和应付账款的变动）和非流动性应计项目为自变量，以132家公司股票报酬率为因变量，使用1977—1984年的数据进行了回归分析。

他们发现Wilson的结果不具有普遍性。除1981年第四季度和1982年第四季度外，没有系统证据表明，未预期现金流量或未预期应计项目可以在财务报表发布日附近较窄的时间窗口内解释股价的行为。把样本分成大公司和小公司，或者删去异常值，或者使用市场调整报酬率来代替市场模型预测误差，或者把年度报告日和10-K归档日较早者作为时间窗口定义日，他们的结论都保持不变。当在每一经济期间内（收缩或扩张）把所有季度数据汇总时，他们没有发现经济期间与营运资金流变量系数的符号具有对应关系。

Bernard and Stober认为，有两个原因可以解释他们关于Wilson的结果不具有外部有效性的发现：或者是财务报表发布日对证券定价不重要，因为市场已经提前知道；或者是现金流量和应计项目估价内涵的差异比实验设计中已经考虑的更复杂。

把现金流量分解为经营部分、筹资部分和投资部分

我们讨论的绝大多数研究都是以现金流量对盈余或应计项目的增量信息含量为中心。Livnat and Zarowin（1990）选择了一个更好的视角，他把现金流量分解为经营部分、筹资部分和投资部分。每一个部分被进一步地分解，经营活动被分为五个部分，筹资活动被分为四个部分，投资活动被分为五个部分。研究的目标仍然是预测证券报酬率。该论文之所以有趣，是因为它把对报酬率的预测与财务学理论与经验证据联系起来了。他们的预测大体上得到了支持。

未预期经营现金流量应该通过对当期和期望未来现金流量的影响来影响证券报酬率。Barnea, Ronen and Sadan（1976）提供的证据表明，市场对盈余的持续性部分的反应比对暂时性部分的反应强烈。Lipe

（1986）的研究显示，盈余的某部分是否能持续到未来是它对证券价格影响的重要决定因素。Livnat and Zarowin 相信，包括诸如清算收入、保险索赔收入之类的其他收入再次发生的可能性很小。

筹资活动被分成了影响债务部分、影响普通股部分、影响优先股部分和影响股利部分。根据 MM 理论，预测股票报酬率与筹资活动无关。而信号传递理论却做出相反的预测。例如，Ross（1977）以及 Leland and Pyle（1977）认为，举债对股东而言是好消息，因为这向他们传递了一个信号：所有者正在保护他们当前的权益。与此相反，Miller and Rock（1985）指出，举债是坏消息，因为这向外界传递公司需要外部资金的信号，暗示其经营现金流量较低。Mikkelson and Partch（1986）以及 Eckbo（1986）证明了在举债公告日股价做出了较小而且在统计学上不显著的消极反应。普通股发行的信号传递效应也被预测。管理人员通常被假设拥有私有信息，而且在他们认为股价相对较高（低）时，会发行（回购）股票。Mikkelson and Partch（1986），Masulis and Korwai（1986）以及 Asquith and Mullins（1986）发现了股价对股票发行的消极反应，而 Dann（1981）和 Vermaelen（1981）发现了股价对股票回购的积极反应。Smith（1986）优先股也有可能具有信号传递效应，当一种证券的价格对公司的潜在价值的变动较不敏感时，公告发行该种证券就比发行相等的普通股的影响要小。Smith 的证据（参见他的表1）证明了，发行的证券的优先权越高，消极的市场反应就越弱。正如本书前文中所指出的那样，股利也可能具有信号传递作用。

由于投资项目评估标准要求只能接受具有正的净现值的项目，因此投资活动通常被认为在其公告期增加了公司的价值。然而，就投资者已经预测到的公司的获利机会来说，公司的股价已于新投资项目公告日之前反映了那些获利机会。当从代理理论来看时，某些投资可能对股东报酬率具有消极而非积极的影响。例如，为了减少与公司的未来密切相关的管理人员本身的人力资本风险，某管理人员可能决定接受并实施一项净现值为负的投资（Amihud and Lev，1981）。一项相当于购买少数权益的投资与股票回购相类似，因而应该对证券报酬率具有积极影响。一

第 11 章 现金流量

项新的对子公司投资对股东而言可能是好消息,或者是因为它在减去资本成本后可以产生正的现金流量,或者是因为它传递了如下信号:股东兼管理层(manager-shareholders)的持股比例上升了。

Livnat and Zarowin 研究了 434 家工业公司,这些公司在 1973—1986 年均以 12 月 31 日作为会计年末。每年至少有 345 家公司的数据是可得到的,而且有 281 家公司的数据在所有年份均可得到。他们采用简单随机游走模型得出每个变量的期望值,未预期变量都除以期初所有者权益的市场价值。非正常报酬率的累积期间为本年 3 月 31 日到次年 3 月 31 日[①]。

累积非正常报酬率与每一个现金流量组成部分之间的单变量相关系数都比较低(低于 0.10)。经营活动现金流量的组成部分的相关系数最高。在多变量回归中,经营活动现金流量组成部分与累积非正常报酬率显著相关,表明其中经营活动产生的现金流量增加的部分都具有正的系数。除所得税的系数外,其他系数都是显著的。他们认为,有关税收的信息可能与其他变量不相关,可从其他变量预测得到,也可从其他变量推导得出。

多变量回归中,筹资组成部分的系数符合信息不对称理论观点:举债与非正常报酬率正相关;发行普通股与非正常报酬率微弱正相关;发行优先股与非正常报酬率微弱负相关;股利与非正常报酬率正相关。投资活动产生的现金流量的各组成部分的系数绝大多数不显著。

总而言之,Livnat and Zarowin 发现,与 Bernard and Stober 的研究一致,把净收益分解成现金流量和应计部分并没有加强盈余与报酬率的联系。但是,当他们进一步把总的经营活动现金流量和总的筹资活动现金流量分成单独的部分时,可以增加解释力[②]。他们的研究结果在发生下列情况时均保持不变:用财务年度作为报酬率时间窗口;用个股报酬率代替非正常报酬率;排除偏离均值四个标准差的异常值;使用替代

---

① 非正常报酬率是通过市场模型预测误差计算的。当报酬率时间窗口与财务年度一致时,研究结果几乎没有变化。

② 当仅用净收益作为自变量时,13 年(1974—1986 年)的横截面回归的(未调整)R^2 平均为 0.08,当用 14 个现金流量组成部分与应计项目作为自变量时,相应的 R^2 为 0.25。

的预测模型。

现金流量和系统风险

在第 5 章，我们讨论了评估备选会计概念（accounting constructs）预测能力的其他两个基于资本市场方法。其中一个是预测股票的系统或 β 风险。Ismail and Kim（1989）的研究就属于这一类型，他们研究了"在解释市场 β 的横截面变异方面，基于现金流量的风险计量是否比基于盈余的风险计量表现更佳"（p.125）。他们的研究设计是基于四个会计 β 变量：盈余，营运资金流量（包括两个变量）和现金流量对市场权益 β 进行的多元回归。

数据来源于 COMPUSTAT 数据库，取样期间为 1966—1985 年。样本包括 272 家以 12 月 31 日为会计年末的公司。市场 β 通过市场模型估计得到。盈余被定义为普通股收益。两个营运资金流量变量是：普通股收益加折旧、摊销和递耗；普通股收益加折旧和本年递延所得税部分。现金流量变量是指持续经营活动产生的现金流量，定义为普通股净收益加折旧和非现金营运资本的变动。四个会计变量都除以期初普通股的市场价值。每个会计变量每年的市场指数被认为是当年样本公司市场价值的简单平均。最初是通过 OLS 回归估计得出 β，接着对结果进行运算得出未调整 β，然后通过应用 Vasicek（1973）的贝叶斯程序调整 β 的已知的均值反转趋势。

营运资金流量 β 和现金流量 β 与市场 β 的相关性几乎相同，但与盈余 β 的单变量相关系数是最低的。他们按照单个证券的市场 β 把它们分成 10 个投资组合。在投资组合水平上，市场 β 与现金流量 β 的相关性最高，与盈余 β 的相关性最低。

尽管四个会计 β 之间存在显著的相关关系[①]，Ismail and Kim 发现，基于现金流量或者资金力量的 β 比盈余 β 具有更多的增量解释力，但应

---

① 单个证券间的相关系数为 0.57～0.97；投资组合间的相关系数为 0.75～0.99。

计盈余 β 并没有增加营运资金流量 β 或现金流量 β 的解释力。他们也发现，营运资金流量 β 和现金流量 β 联合起来对市场 β 的解释程度要高于单个变量。

小结

准则制定者要求报告现金流量的一个主要原因是现金流量能够预测公司未来的现金流量。时间序列预测已经提供了关于用现金流量变量预测现金流量的效率的混合结果。由于各项研究没有使用财务报表中包含的其他信息，因此它们的适用性受到了某些限制。一项 Ou and Penman 类型的分析可能会导致十分不同的结果。

尽管 FASB 认为不应把现金净流量和盈余看作可以相互替代的变量，但在会计研究文献中它们被看作可以相互替代。现金流量信息被用来把应计盈余分解成不同的组成部分，研究人员考察了这些组成部分对解释股票市场报酬率的贡献。对经营活动产生的现金流量和筹资活动产生的现金流量的分解对报酬率的解释进行了与财务文献相一致的预测。但是，对投资活动产生的现金流量的分解却收效甚微。

Ismail and Kim（1989）发现，用现金流量 β 和营运资金流量 β 联合预测市场权益 β 风险可以得出比单个变量预测更佳的结果。但是，他们没有发现应计盈余 β 的相应角色，这可能意味着，对于预测风险来说，会计应计项目仅对更相关的现金流量和营运资金流量添加了"错乱"。假设其结果是正确的，他们提供了一个明显的例子："有用性"取决于已经建立的预测标准。

第 12 章　国际比较财务会计

世界资本市场间的相互依赖性越来越强。多样化国际投资所带来的高额收益使投资组合经理们不断提高海外投资的比重。高效、多样化投资的推动及有效管理外汇变动风险成本方法的发展已将国际资本市场的资本供给方高度联系在一起。同样，资本需求方之间的联系也非常紧密，如威派克银行集团（Westpac Banking Corporation）[①]已在海外股票市场成功上市。跨国公司在东道主国家筹集债务与权益性资金，而国内公司也不断通过海外市场借贷资金。基于这些原因，证券分析师、公司管理人员及其会计顾问们必须了解并掌握不同国家间不同会计处理方法的差异及其对资本市场产生的影响。然而，正如 Wallace and Gernon (1991) 指出的，国际比较财务会计的研究较少，虽然有迹象表明这一状况正在逐步改变。

Wallace and Gernon 对"国际会计"和"国际比较财务会计"两个概念进行了区分，认为前者是处理跨国公司会计问题，而后者是研究不同国家或经济体制的会计实务问题，其目的是发展并验证通用会计理论，并合理解释这些会计理论的相似或相异之处。目前，国际比较财务会计的研究仍停留在描述性的状态，通常只是大量列举各国会计方法差

[①]　澳大利亚最大的银行之一。——译者

异的实例，缺乏解释，并且往往只是将造成会计差异的主要因素简单地归咎于非特定的"经济""文化""制度"等方面，这对我们正确理解会计差异的原因与后果没有太大意义。为了遵循本书的主要目的，第12章的主要研究对象是会计和资本市场行为问题。我们首先讨论比较市盈率，然后讨论一下关于不同国家在报酬-盈余关系以及账面价值与市场价值差异方面的研究。

市盈率（股价-盈余比率）

市盈率（P/E）是证券分析的核心概念，证券分析师可以用它弥补每股盈余数据的不足。证券承销分析师主要依赖公司提供的有关信息，但有时来自承销机构的压力会使他们对每股盈余的预测出现偏差，这时证券分析师还可以根据市盈率相关数据对公司进行评价。

那些必须为国际多元化投资组合选择股票的证券分析师十分不易。我们仅知道日本企业的市盈率水平与澳大利亚或英国企业相比存在很大的差异，但对为什么会有如此差异却知之甚少。

例如，《福布斯》杂志1988年7月27日发表的文章《不可理解的市盈率》，列举了九个国家公司的市盈率及相关的市场比率数据（见下表）。文章的作者Fuhrman高度关注会计及其他一些重要差异，认为这有助于解释这些比率差异。

九个国家的市盈率

国别	市盈率（P/E）	收益率（%）	市场价值/账面价值
日本	57.7	0.5	4.64
美国	13.1	3.9	1.71
德国	12.4	4.3	1.57
瑞士	12.4	2.7	1.27
意大利	11.9	3.3	1.44

续表

国别	市盈率（P/E）	收益率（%）	市场价值/账面价值
英国	11.8	4.7	1.75
法国	10.3	3.6	1.61
荷兰	9.4	5.2	1.14
新西兰	6.2	6.3	1.15

资料来源：*Forbes*，27 June 1988.

日本公司的市盈率在 Fuhrman 的排行中居于榜首，日本会计实务可以部分地解释这一差异。例如，日本公司用加速折旧法计算固定资产折旧，用成本法对关联公司投资进行会计处理。Fuhrman 认为，在日本，70%左右公司的股票被大银行集团、保险公司或其他上市公司所持有，使用成本法而不是权益法核算投资收益从总体上看会歪曲每股盈余数据（p.276）。另外，由于日本公司的不动产及投资的账面价值远低于现行市价，因此公司的整体市场价值与账面价值比也受到严重影响。

Fuhrman 同时认为，美国的文化倾向于高估公司收益和股票价值，这也间接保护了资本市场投机者。德国和瑞士的会计方法则倾向于通过价值准备、隐含账户及养老金等方式来平滑会计收益。他还发现，瑞士公司通过成本法核算投资，这两个国家的跨国投资很多，同时，1988年它们的经济增长速度都较为缓慢。

法国的会计实务较类似于美国的做法，但法国公司较低的市盈率可能主要是由于"允许内部交易及市场操纵"的影响（p.227）。意大利的资本市场"最富歌剧情节"（同上），这是对资本市场实务的敏感评论，在美国是难以让人接受的。荷兰提供了"最好的市盈率"，当然，问题是什么是最好的标准。新西兰公司相对较低的市盈率水平主要是由于受"疲软的货币及相对低迷的经济形势"的影响（同上）。

Fuhrman 实际上给出了包括宏观经济、会计及资本市场等多种影响因素的解释，却缺乏严密性。他警示性地总结道，"在收购外国公司之前，至少应对所收购公司国家市场的市盈率有所了解"（同上）。一些投资组合经理已经在世界范围内配置资源，考虑到"同城游戏"（only game in town）规则，他的提醒是正确的。但分析家和投资组合经理有必要回问一下，"为什么在国内市场公司间的市盈率也存在显著差别呢？"这是一个非常有趣的问题。

我们可以把这一问题转化为："市盈率的差异在多大程度上是由于预期经济增长率、真实利率、预期通货膨胀率、杠杆比率、税收体制、真实投资报酬率、相关风险或会计实务等因素造成的？"我们可以列出一长串的理由，其中一些解释源于财务金融学有关理论，而大部分源于会计的基础特性。

一个常见的例子是由于在投资核算上采用成本法而引起市盈率出现偏差。这一偏差是 Bierman（1991）为回应《财务分析月刊》的记者而使用的。该记者认为，"如果利用日经平均指数公司的真实股票市场价值而不是被高估的价值计算，那么该指数应该是最低的"[①]。这是一个非常奇怪的观点，即使我们现在回过头来看也是如此。

Bierman 提出了两种方法来消除这一偏差：利用市场价值并考虑净收益的价值增减；利用权益法对投资进行会计处理，并对相互持股进行合理调整等。

Bierman 举了一个简明的例子来说明相互持股对市盈率的扭曲作用。比如有 A，B 两个公司，分别有基础盈余（不含投资收益）300 万美元和 200 万美元。两个公司的差别仅在于经营规模不同，它们的市场价值分别为 5 400 万美元和 3 600 万美元。两个公司的基础盈余之和为 500 万美元，市场价值之和为 9 000 万美元，其个别市盈率与合并市盈率均为 18。假定两个公司分别向对方发行 36 亿美元的股份（此处论述稍微不同于 Bierman 所举的例子），股权交换后 A 公司持有 B 公司 50% 的股份而 B 公司持有 A 公司 40% 的股份[②]。在其他条件相同的情况下，两公司的未合并市场价值将达 1.62 亿美元。若两个公司发放的股利忽略不计，并且均以成本法核算投资，则合并的市盈率将达 32.4（1.62 亿美元除以 500 万美元）。若用权益法核算，通过计算可以得到每个公

---

① 见 May-June 1989 issue, p. 80。
② 在此我们假定 A 公司发行的股份全部给 B 公司，B 公司也同样处理（反之亦然）。

司盈余的正确数据：合并盈余仍为900万美元，合并市盈率为18，未合并的两公司市场价值之和为1.62亿美元[①]。Bierman发现，若将A，B两个公司股份以外部公众持股的9000万美元（A公司60%的股份价值5400万美元，B公司50%的股份价值3600万美元）与基础盈余500万美元进行计算，则可得到相似的结果（市盈率为18）。

Bierman的实例是基于日本国内各公司间联合的实际情况，这些公司通过相互持股构成了一个复杂的网络体系。日本股市的股利收益按美国的会计准则计算较低，因为在日本是以成本法核算而在美国是以权益法核算，这至少可部分地解释日本公司市盈率比美国公司高的原因。但正如后面将要论述的一样，这尚不足以解释所有的差异。

报酬与盈余、股票账面价值与市场价值的相互关系

虽然除美国外还有很多国家（如澳大利亚、加拿大、芬兰、日本、新西兰、英国等）研究了报酬-盈余的相互关系，但是只有为数不多的文献研究由于各国会计准则的不同而对报酬与盈余、权益账面价值与市场价值关系的影响。这些研究有Darrough and Harris（1991）及Hall, Hamao and Harris（1992）对日本与美国公司的比较，Harris and Lang（1992）对德国和美国公司的比较，以及Barth and Clinch（1993）对美国公司与澳大利亚、加拿大和英国公司的比较。下面，我们将分别讨论这些内容。

美国与日本

最近有两篇论文对日本与美国公司的报酬-盈余关系及账面价值与

[①] 两个同时成立的等式为：
$E_A = 300 + 0.5 E_B$
$E_B = 200 + 0.4 E_A$
此处 E_A 和 E_B 分别代表收益核算方程中A公司和B公司的收益值。从而 E_A =500万美元，E_B =400万美元。

市场价值间的关系进行了比较。Darrough and Harris（1991）通过分析日本管理盈余预测对股价的影响，比较了日本与美国的股票市场。Hall，Hamao and Harris（1992）则直接比较了两国会计计量、股票价格及报酬率之间的关系。

虽然从技术层面而言，预测是自愿发布的，但几乎所有的日本上市公司都提供对销售、盈余及股利发放情况的预测。它们是根据证券交易所的要求而提供的，并且与最近财务年度的实际数据一同提供。直到1991年，由于在合并结果出来之前要公布母公司的经营结果，因此大多数日本公司还在提供两套数据[1]。Darrough and Harris 提出了以下的两个问题，"管理盈余预测的精确程度有多高？"及"投资者使用这些预测数据吗？"因为据说在日本，投资者主要依赖母公司的报告[2]，所以他们进一步分析这些报告是否会提高合并报告的相关性。

他们的样本由 1979—1987 年九年的 1 300 家的观察数据所组成，其中 1 066 家观察样本是最近三年内的数据。合并盈余比非合并盈余平均高出 15%。样本中有 28 个行业，其中电力行业公司数量最多。

他们对管理盈余预测的精确程度与简单随机游走预测进行了比较。母公司每年的管理预测数以及合并盈余数较为精确。从盈余的绝对额看，简单随机游走预测与管理预测间的差距平均在 5%左右[3]。

报酬-盈余关系通过使用非预期盈余的三种计量方法得以检验：随机游走模型的预测误差、管理预测误差及日经证券分析师预测误差。报酬通过未调整（原始）报酬形式加以计量，市场预测误差则以未调整的及标准化的形式进行计量。其结果于公告日三天前后报告。他们发现，在这么窄的时间窗口内，报酬与母公司盈余间的相关性非常低（按美国的准则），即使把各个证券分为 10 个投资组合也是这样[4]。

---

[1] Hall，Hamao and Harris（1992，p. 2）.
[2] 他们解释说，日本证券分析师很少提供对合并盈余的预测（p. 124）。
[3] 误差被 100%舍弃以降低局外人对结果的敏感性。
[4] 分组的基础是盈余变量。对于母公司而言，标准非正常报酬率与盈余预测之间的等级相关系数分别为 0.06（分析师预测）、0.04（管理预测）和 0.02（随机游走预测）。后两者预测不佳是由于它们的相关性较低。对"合并盈余"来说，相关性"更低"（p. 146）。

就管理预测来看，母公司下一年度盈余变化的管理预测与股价的相关性较强。这里，盈余变化值被定义为下一年度管理预测值与最近发布盈余之间的差额。为得到这一结果，他们首先根据最近一年分析师预测误差的大小，把1 300个观测样本分成10组。在10个组合中，每一组的管理预测被分成两组，依据是下一年的管理预测在最近一年中是上升还是下降。同时，在这10个组合中，假定下一年度管理盈余预测将增加，则应采用多头，反之则为空头。组合数量和合并后标准报酬率及市场调整非正常报酬率间的等级相关系数为0.14[①]。但他们没有找到合并盈余与股价之间存在相似关系的令人信服的证据。

Darrough and Harris提供了日本和美国公司的报酬-盈余关系差异的间接证据。而Hall，Hamao and Harris（1992）则提供了更加直接的证据。他们研究了日本会计数据、股价和报酬之间的相互关系，并将其与根据美国公司的匹配样本所得出的结论进行对比。他们所使用的方法与Easton，Harris and Ohlson（1992）使用的方法大致相同。

根据Hall et al.的研究，日本的会计体系是债权人保护型，税收法规要求所得税抵扣费用与账面费用一致。他们认为，这两大因素导致日本公司的账面权益及盈余数较其美国对手更加保守。其他的因素包括母公司单独财务报告与合并财务报告的公布及加速折旧问题。在他们的研究样本中，合并盈余比母公司的单独盈余要高出8%～12%，而账面权益数仅高出2%～3%。如果合并会计数据较母公司单独的会计数据提供的信息更相关，他们预期这些数据将与公司的股票市场变量有更高的相关性。他们认为加速折旧问题不太重要，因为加速折旧产生的时间性差异可以通过利用较宽的时间窗口予以消除。

他们选择的日本样本公司最少时达935家（1971年），最多时达1 277家（1986年），这些公司在1970—1991年均在东京股票交易所上市。在日本，1983年才开始强制性地要求公司提供合并会计报表。他们的子样本中有一个包含从1984年开始提供全部合并报表的由364家公司组成的小规模样本。美国公司的数据则取自COMPUSTAT数据库

---

① 标准化的市场调整收益的相关性稍微高一些。

中自 1983—1990 年的全部股票市场收益与盈余数据，这些数据与日本的样本相匹配，共有 66 个代表性的行业。日本货币（日元）被折算为等值的美国货币（美元）[①]。在他们的样本中，日本公司按母公司单独盈余计算的平均市盈率 1971—1982 年在 11～24 之间变动，而后不断攀升，在 1988—1990 年最高达到 59。而美国公司基于合并盈余的平均市盈率在 1984—1990 年则在 11～16 之间变动。国别间的这些相似变动趋势也体现在普通股的账面价值与市场价值的比率变化上。

在他们的第一套方案中，Hall et al. 检验了净资产收益率（ROE）与市净率（P/B）（如权益的账面价值与市场价值），及市盈率之间的相关性[②]。日本母公司的单独财务数据显示，21 年与前两年（1971 年和 1972 年）有所不同，权益收益率和账面价值与市场价值比率的等级相关系数小于 0.4。在 1973—1989 年甚至小于 0.3。对合并数据，1984—1991 年的等级相关系数在 0.03（1986 年）～0.34（1989 年）之间变动。相反，美国公司合并数据的相关性在 1984—1990 年却超过了 0.5，只有 1985 年例外，当年的相关性是 0.46。类似地，日本公司权益收益率与市盈率间的相关性表现为负值，而美国公司的两个变量相关性在 −0.15（1988 年）～0.21（1986 年和 1990 年）之间变动。他们归纳后认为，与美国公司的投资者相比，日本公司的投资者高度关注所有者权益的账面价值，对公司的盈余则不够重视。而且，日本公司合并的权益收益率会计数据和账面价值与市场价值的比率及市盈率并不明显相关，表明合并财务报表并不能比母公司的单独财务报表传达更多的信息。

第二套方案是通过检验报酬-盈余关系，其中报酬通过不同的窗口

[①] 日本公司价值按 1990 年平均汇率进行折算（Hall et al., 1992, p.11）。

[②] Ohlson（1989，1991）模型提供了相关证据。在这一模型中，价格是盈余、所有者权益、股利及"其他信息因素"的加权平均值：

$$P_{it} = kqx_{it} + (1-k)y_{it} - kd_{it} + v_{it}$$

式中，P_{it} 为股票 i 在时间 t 的价格；x_{it} 为公司 i 在 $t-1$ 到 t 期间的盈余；k 为市场资本化后的盈余的权重；q 为盈余资本化利率（在 Ohlson 模型中，$q = r_f/(1-r_f)$，其中 r_f 为无风险利率）；y_{it} 为公司 i 的所有者权益在时间 t 的每股账面价值；d_{it} 为时间 t 公司支付的每股股利（因而 P_{it} 为不含股利的价格）；v_{it} 代表独立于 q、x_{it}、y_{it} 及 d_{it} 的其他信息因素。见 Harris and Lang（1992）的有关论述。

宽度进行计量①。对于年度窗口来说，日本母公司的单独盈余及合并盈余的解释能力很低，相比之下，美国的有关数据说服力更强②。

如果日本公司的报酬与盈余关系不显著是由确认收入和费用时的时间差异导致的错乱效应引起的，那么，当时间窗口扩大后报酬与盈余的相关性应该增强。然而他们发现，即使将这一期间延长到20年，合并盈余与股票市场报酬间的相关性仍非常弱。

他们得出结论，即会计准则并不足以解释美国和日本会计与股票市场有关变量间相关性的差异，真正的原因可能存在于其他的因素中。

美国与德国

欧洲经济一体化为研究各国会计准则协调问题的学者带来了许多有趣的问题。关于会计协调，一种解决的方式是相互认可，即各个国家的管理当局对公司提供的财务报表加以认可，而不管该公司归属于哪个国家，只要其提供的报表符合东道国相关要求即可。如果把它作为一种长期的战略方针，那么我们可以预期会出现一种所谓的"欧洲的特拉华"现象：只要至少两个国家管制成本存在差异，就会有公司因受到利益驱动而落户最理想的国家。

美国的公司一直在抱怨过分严格的会计及报告限制使其在世界经济竞争中处于十分不利的地位，如美国要求对外购商誉进行资本化，并在随后的一定期限内进行摊销。随着世界证券市场竞争的进一步加剧，NYSE以前的主导地位受到持续的侵蚀，美国资本市场管理当局就欧洲极力提倡的相互认可政策是否可以进一步延伸到美国争论不休。Harris and Lang（1992，p.1）曾指出，SEC不允许外国公司在没有按美国会

---

① 这一检验基于Easton and Harris（1991）模型（见第4章）。他们研究股票市场报酬与盈余水平以及盈余变动之间的关系。随着研究窗口的扩大，盈余变动变量的相关性显著降低：因为这一变量是年度盈余的期初与期末差额，或介于窗口期间的总体盈利与窗口期间之前相同期间的盈利合计数之间的差额。他们认为，随着期间的延长这一变化量并没有增加什么解释能力，因此，他们在进行扩大事项窗口的分析中，没有将盈余变动这一变量纳入。

② 1985—1990年，相应日本公司的R^2修正值（年度收益及盈余变化的回归值）大多在0.025左右，而同期美国公司的数值在0.015～0.56之间。

计准则对其收益与股东权益报表进行调整的情况下在美国的股票交易所上市。SEC 主席对德国会计程序极不符合美国的会计准则提出了批评。虽然事实上"每 50 家世界大公司中有 7 家是德国公司,……但在 NYSE 或 AMEX 上市的外国公司中没有一家德国公司"可能是 SEC 这一立场的直接后果(Harris and Lang,1992,p.3)。

对 SEC 采取这一立场的一种评价办法,是比较在这种报告制度下会计报告的信息含量是否比在另一种制度下少。Harris and Lang 问道,德国公司的会计数据与股票价格及报酬间的相关性与美国公司的这种相关性完全不同,是否反映了不同国家会计制度框架的系统性差异?

Harris and Lang 对德国会计与报告实务的部分关键特点进行评价。他们发现基于谨慎性原则,与美国的会计实务[1]相反,德国要求对资产价值及收益的报告趋于保守,对负债则尽可能多计,隐含的准备为盈余管理提供了可能[2]。Harris and Lang 指出,谨慎性的做法得到了德国税法的支持,因为大部分的税收抵免只有在财务报告中反映出来时才能被扣除。这种谨慎性可用两个事例来说明。大部分德国公司均采用加速折旧法,对收入与费用则采用全部完工法(completed contract method)予以确认。

德国会计实务与外部的一个结合点是 1985 年的会计指令法案,这一法案体现了欧洲经济共同体第 4 号及第 7 号指令的要求,并于 1986 年正式生效。Harris and Lang 预计这一法案正式颁布后,德国的会计数据的信息含量将会增加[3]。

面对会计的不确定性,德国财务分析师委员会(DVFA)已经采用

---

[1] 根据 Harris and Lang 的说法,有关会计实务的法案主要是商事法典第三部分,其对会计的影响在法典的第 252 章第 4 条做了说明,其中提到"价值应按谨慎性要求确定……所有可预见的风险……均应进行相应会计处理,即使这一事项在资产负债表日后才获知"。同样地,第 253 章第 5 条提到,"账面价值的降低应当保留,即使上述理由不再存在"(Harris and Lang,1992,p.8)。

[2] 激励公司进行会计盈余管理的主要因素可能是,法案要求公司支付股利,而且关系到公司收入有关数据(Harris and Lang,1992,p.12)。

[3] 例如,1985 年法案对合并外国子公司及联营公司投资权益的会计处理进行了修订,这一特殊条款直到 1990 年 1 月 1 日才生效。

了一套运用一些"特殊影响因素"来调整报告收益的标准化方法,以得到收益的相对可比结果。部分调整项目要求公司自身进行调整。Harris and Lang 注意到,如果 DVFA 的目标得以实现,那么采用调整后的盈余数据在计算报酬-盈余关系时,将会比使用常规年度报告中盈余的相关性更高。

为检验其设想,Harris and Lang 采用了两种方法。第一种方法是检验股票报酬水平与每股盈余水平及其变化的相关性,如同 Easton and Harris(1991)所做的:

$$[(\delta P_{jt}+d_{jt})/P_{j,t-1}]=\alpha_{0t}+\alpha_{1t}[\delta A_{jt}/P_{j,t-1}]+\alpha_{2t}[A_{jt}/P_{j,t-1}]+\eta_{it}$$

式中,P 表示股票价格;d 表示当年的每股股利;A 表示当年每股盈余;η 为期间误差;j 表示特定公司;t 为某一期间。他们预计,如果这一公式适用于德国公司的会计数据,那么其回归系数的平方(R^2)应比美国公司的相应值小,而对于将外国子公司进行合并报告的公司而言,这一数据就较大,而且当以分析师的盈余预测代替报告盈余时这一数据将会增大。他们同时预计,如果扩大时间窗口,报酬与盈利的相关程度也将提高,美国公司也是如此[①]。

第二种检验方法是 Ohlson(1989,1991)的经验模型:

$$P_{jt}=\phi_{0t}+\phi_{1t}A_{jt}+\phi_{2t2}B_{jt}+\phi_{3t}3td_{jt}+\varepsilon_{jt}$$

式中,B 表示股东权益的每股面值;ε 表示误差。他们根据这一模型进行了一些预测:B 变量在德国比美国更重要;对外国子公司进行合并的德国公司 B 变量的相对重要性更高;ϕ_{1t} 和 ϕ_{2t} 间的相关系数是正值;在全球合并的情况下,回归系数的平均(R^2)值更大,同时股利变量的影响会减弱(因为股利发放的限制仅限于源自国内的盈余),当分析师预测盈余代替报告盈余时,盈余在所有者权益中的比重将会增加。

Harris and Lang 收集了 230 家德国公司的数据,并根据基于全球范围内的合并、国内合并及母公司本身等三种情况进行分类。每个德国

---

① 他们假定更长的收益和盈利计算窗口为一个完整的经营周期,而且使用了净盈余(即在一个经营周期内的各会计期间,盈余管理由于收入与费用确认时间的改变而得到限制)。

公司都有一个行业及资本总额相对应的美国公司。报酬按到财务年度结束后 6 个月为止的 18 个月计算。由于德国财务报告中没有每股盈余指标，因此还要计算这一数据。他们发现：

● 尽管有所谓的不足之处，但德国公司的股价、报酬和会计资料相关性更强。

● 盈利水平而不是盈利的变化程度，更能解释美国与德国公司的收益。

● 德国公司的盈余数字并不像人们想象的那样不好理解，因为两个国家公司的报酬与盈利的相关性的重要程度是相同的，但德国公司的股票价格与会计变量间的相关性要弱。

● 对德国公司而言，母公司单独报告的会计资料解释能力比合并报告的会计资料解释能力差，合并所有子公司的公司的报告解释能力最强。

● 德国公司盈余数据的谨慎性反映在比美国更高的盈利（及权益账面价值）回归系数中。

● 1986 年的会计指令法案对提高会计数据的解释说明能力作用不大，尽管其引导了会计的发展方向。

● 分析师根据公开的会计报告或直接向报告公司联系取得的资料编制的盈利数据比公司发布的盈利数据在短期内与股票价格，特别是报酬更相关。

Harris and Lang 没有研究宏观经济环境（如真实利率或预期通货膨胀率）、国家间的行业差别或信用政策的不同等问题，这些因素都会影响德国与美国公司的盈余反应系数。但这篇文章提供了一个良好的开端。

美国与澳大利亚、加拿大及英国

到目前为止，我们已经讨论了对报酬与盈利、权益的账面价值与市场价值关系国际比较等有关问题，不同国家之间这种关系的比较所依据的是回归系数大小与解释能力的高低。Barth and Clinch（1993）及早期 Pope and Rees（1991）的研究[①]发现，一些公司在美国的证券交易所公开上市，但在它们的本国内有固定生产经营场所。由于 SEC 要求这些公司根据美国的 GAAP 调整盈利与所有者权益以得到符合美国 GAAP 的相应数据[②]，因此，Barth and Clinch 把本国的会计数据分解成相应的组成部分，以找出符合美国 GAAP 的数据，以及偏离美国 GAAP 的非经常项目及"其他"项目。

Barth and Clinch 研究了三个问题：美国及相关国家的会计数据解释股票市场价格及报酬的能力；明显偏离美国 GAAP 的一系列会计项目的信息含量；与美国的 GAAP 相比，本国会计准则相对信息含量是否反映在美国证券交易所中交易的证券数量与公司所在国证券交易市场上交易的证券中[③]。

他们的研究样本包括澳大利亚、加拿大和英国的公司[④]。按照所在国 GAAP 计算的有关会计指标比率平均数与按美国 GAAP 的计算结果如下表所示。

三国间的会计指标差异

项目	澳大利亚	加拿大	英国
净收益	1.13	1.08	1.07
所有者权益	1.42	N/A	0.94

导致这些差异的会计政策包括商誉会计处理、递延税款会计处理、资产价值重估会计处理、养老金处理、在建工程的利息资本化会计处理、国外经营及研究与开发成本等。例如，按照澳大利亚会计准则，澳大利亚样本公司的净收益平均为 3.73 亿美元，按照美国 GAAP 则为

---

① Pope and Rees 发现，"在解释英国公司的股票报酬时，按英国 GAAP 计算的盈余变动值比按美国 GAAP 计算的盈余变动值具有更多的信息含量，但按美国 GAAP 计算的盈余水平比按英国 GAAP 计算的盈利水平更具说服力。……［然而］对小样本研究结果……却影响了这一结论的参考价值"（Barth and Clinch，1993，p.3）。
② 我们将统一用美国的提法，以 "GAAP" 表示公认会计原则（或公认会计准则）。
③ 他们关于第三个问题的证据是混合的，因此对这一问题不展开深入讨论。
④ 三大部分分别是 16 家澳大利亚公司、242 家加拿大公司和 55 家英国公司，数据来自 1985—1991 年。

3.3亿美元。相对于美国GAAP，按照澳大利亚会计准则规定的商誉摊销将导致净收益增加4 600万美元，资产价值重估导致净收益减少2 140万美元，养老金会计方法则虚增净收益2 440万美元。澳大利亚公司的所有者权益增加的最大来源为资产价值的重估，而美国不允许这样做。

为了确定根据美国及东道国会计准则计算的会计数据对股票市场报酬的解释能力，Barth and Clinch对特定国家的公司的混合数据进行了回归分析[①]：

$$R_{it} = \alpha_0 + \alpha_1 \pi_{it}^{US} + \alpha_2 \pi_{it}^{\delta} + \alpha_3 R_{mt} + e_{it}$$

式中，R_{it}表示到公司财务年度后三个月为止的15个月的报酬率；π_{it}^{US}表示按美国GAAP计算的净收益；π_{it}^{δ}表示按东道国GAAP计算的净收益与按美国GAAP计算的净收益的差额；R_m表示市场报酬率；e表示回归误差；i和t分别代表特定公司与年份。两种净收益变量均以每股盈余表示，并以年初股票价格作为平减因子。为方便对比，所有变量均以美元计价[②]。

他们首先将本国和美国股票报酬率代入回归模型，然后将混合数据代入回归模型，并根据似然不相关回归（Seemingly Unrelated Regression，SUR）进行分析。他们发现，对于澳大利亚、加拿大及英国公司，按照美国GAAP计算的盈余值以及按照本国GAAP和美国GAAP计算的盈余差额这两个指标与股票报酬率显著相关。然而，盈余差额系数是负值，这与投资者对本国收益超过按美国GAAP计算的盈余值要进行折算的做法相一致。深入的研究发现，由于会计处理的灵活性，按本国GAAP计算的盈余值超过按美国GAAP计算的盈余值是系数为负的主要原因。他们推断，上面提到的折算是投资者对公司选择会计方法使盈余值超过按美国GAAP计算的盈余值的"惩罚"。对于加拿大公司来说，美国GAAP并没有增加其本国GAAP的解释能力。

对于股票价格与所有者权益的每股账面价值比率，他们用上述同样

---

① 即对不同公司及时间的数据进行合并处理。
② 本国的股价及股利按现行汇率折算成等值美元计价的资产。

的方法进行了研究：以股票价格作为因变量，相应的解释变量是按美国 GAAP 确定的权益的账面价值，以及分别按本国 GAAP 与美国 GAAP 计算的盈余差额。首先分别使用按照美国及本国准则计算的数据，然后按照混合数采用似然不相关回归法进行估计。对澳大利亚及英国的公司而言，按美国 GAAP 计算的权益账面价值与股票价格的相关性有所增加。而按照不同 GAAP 计算的权益账面差额与股价的相关性，对英国公司显著，对澳大利亚公司却不显著[①]。

为了进一步解释各国与美国 GAAP 的差异，他们将影响差异的指标再进行分解。具体来讲，澳大利亚有五个主要因素（商誉及其他无形资产、资产价值重估、递延税款、养老金及"其他"）；加拿大有三个主要因素（外币折算、特定行业经营及"其他"），英国则有七个主要因素（商誉及其他无形资产、递延税款、资产价值重估、养老金、利息资本化、外币折算及"其他"）。他们发现，由于商誉与价值重估差异造成在计算盈余时高于按美国 GAAP 计算的盈余额，导致了对股票市场报酬的折算。Barth and Clinch 得出结论，即投资者并不将商誉视为一项资产，而长期资产的重估价并不比历史成本包括更多的信息。他们的最终结论似乎使会计实务工作者感到困惑。

小结

国际比较财务会计是一个存在很多研究机会的领域，同时也面临许多挑战，因为更多的理论将被引进以回答一些可能出现的新问题。

目前的研究仅限于国际差异的比较方面，研究内容尚待进一步拓展。例如，为何要对通货膨胀率非常低的国家（如美国、澳大利亚等）的资本市场价格水平的相关性进行会计研究，为何不从如保守程度、税收与"账面"数字的相关性等其他角度来探索国家间会计政策中的差异问题等。

---

① 加拿大公司并不对按照加拿大 GAAP 计算的所有者权益重新按美国的 GAAP 进行调整，因而权益的账面价值与市场价值的回归方法并不适用于加拿大公司。

第 13 章　期权和衍生金融工具

第 2 章中，我们已经回顾了 Black and Scholes（1973）提出的对期权进行定价的方法。他们给出了对无红利股票的欧式期权进行定价的公式。为了推导该公式，他们假定：期权及其相对应的股票是在无摩擦的、连续存在的市场中交易；允许小额交易；投资者在期权有效期内可以以稳定的无风险利率进行投资，而且投资报酬率服从均值与方差不变的正态分布等。在这些假设的条件下，BS 建立了股票现价、期权有效期、股票报酬方差（波动性）、期权执行价格、无风险利率和买方期权价格等六个变量间关系式。根据这一公式，股票市价越高，期权的有效期越长，股价的变动性越大，买方期权的执行价格越低，无风险利率越低，买方期权的价值越大。

BS 通过这种对总体风险进行估价的机制给金融市场带来了一场革命。任何交易活跃的风险资产均可成为衍生证券的交易对象，如大公司股票的买权和卖权等。近年来，期货市场飞速发展，范围涵盖股票交易指数、外汇、利率和商品等，同时新的金融工具在不断涌现。

会计实务工作者、准则制定者及监管当局也越来越难以适应这种新的金融秩序，对金融创新的研究也在持续地进行。本章主要介绍其中的一些研究工作，通过事例的介绍指出本领域的研究是无止境的。我们将讨论期权思想的部分应用，包括分析会计计价与报告有关的问题，以及会计信息披露与股票和期权价格之间的相互关系等。

会计估价与财务报告问题

1986年5月，FASB将金融工具和表外融资两大项目加入当年的议程中，第一份征求意见稿于1987年11月发布，随后经修订的征求意见稿于1989年7月再次发布。规范表外金融工具引起会计损失风险相关信息披露的财务会计准则意见书第105号（FAS 105）于1990年3月公布。该意见书要求面向单方或多方信用风险的重要信息也予以披露。然而，确认与计量的有关问题因需要进一步研究而被延迟。有关这一问题的会计确认与计量问题在许多会计文献中被提及或研究，包括员工股票期权、混合证券、有限合伙、买入期权或卖出期权对应的资产销售等会计问题。

员工股票期权

Jensen and Meckling（1976）引起人们对现代公司的代理成本问题的重视。股东任命公司管理人员，却在某种程度上无法监控管理人员的行为。管理人员大量占有超额消费或股东承担过量风险收益均可能会引起代理成本。对管理人员发行股票期权，可以减少代理成本，协调管理人员和股东的利益，激励管理人员追求更高的报酬。管理人员股票期权计划通常需得到股东大会的批准。

长期以来，美国会计实务要求，在行政人员股票认购（executive stock option，ESO）计划得到批准时即予以确认[①]，但前提是期权在价内。换言之，每单位高级职员薪酬费用（executive compensation expense）为 $(S-X)$ 与 0 中较大者，其中 S 为期权批准时的股票价格，X 为执行价格。这种会计处理方法不可避免地导致了对期权价值和薪酬费用的低估。例如，如果发行时执行价格等于股票市价，那么传统会

---

① 会计原则委员会意见书第25号（APB 25）。

计实务确认的期权价格为 0。而从理论上讲,期权的货币价值不可能为 0,因为这种期权设计起不到激励作用,所以也不可能存在。

　　FASB 曾一度考虑一种建议,作为对金融工具会计改革的一部分,对行政人员股票认购权的会计处理加以修改[①]。具体建议为,把行政人员股票认购权按照公允价值以预付薪酬费用的名义作为一项资产予以确认。因此,这项预付薪酬费用在与期权相关的、管理人员为企业服务的合理期限内摊销,必然对收益产生影响。FASB 的第一个建议认为这种预付薪酬费用应在批准日(grant date)确认,而第二个建议认为应将这一费用递延到发行日(vesting date)确认。

　　FASB 认为,期权的公允价值的计算结果应有一个下限。这个下限由期权定价理论中的两个边界条件决定,即买入期权不会有负值,买入期权的价值不能低于股票市价(减去期权有效期内股票股利的现值)与期权执行价格的差额。具体来讲,FASB 确认的期权价值下限为:

$$\max[S-V(D)-V(X),0]$$

式中,S 为股票现行价格;$V(D)$ 为期权有效期内股票股利的现值;$V(X)$ 为股票执行价格的现值。

　　在 FASB 出台这一规定之前,Noreen and Wolfson(1981)曾就 BS 模型和其他相关模型在计算行政人员股票认购权公允价值中的适用性进行研究。他们的研究是通过验证利用期权估价模型预测 52 种交易活跃的认股权证(warrants)的价格的精确程度来进行的[②]。这 52 种认股权证期权的现价超过或低于执行价格约 20%,有效期为 2~5 年[③]。

　　[①] 相反,澳大利亚会计准则制定机构至今也未采取任何行动。征求意见稿第 53 号员工权利的会计处理,并没有讨论行政人员期权问题,也不包括在第 10 段关于员工权利的定义中。1991 年 4 月召开的 AASB 与 PSASB 成员大会上曾收到一篇名为《基于员工报酬计划的所有者权益》的论文,但大会并没有对该文进行讨论。这篇文章中提到的问题包括在这一计划下授予的利益是否引发收入、费用、资产或负债等项目的会计确认问题。

　　[②] 认股权证是公司发行的一种期权。如果认股权被执行,现存股东的权益将会被稀释。当公司外部投资者卖出而另一投资者买入的交易中的买方期权被执行时,对公司并不产生稀释效应,已发行的股票仅在投资者间不断转手。因而,一份行政人员股票期权相对于交易的买方期权而言,更类似于认股权证。

　　[③] 期权在股票价格大于(小于)执行价格时是在价内(在价外)。

Noreen and Wolfson 发现，模型的预测结果与交易价格存在 15% 左右的偏差[①]。

与 Noreen and Wolfson 的研究相似，Foster, koogler and Vickrey (1991) 对一部分发行员工股票期权的公司运用 BS 模型进行了研究。Foster et al. 在 Noreen and Wolfson 的研究结果的基础上，首先对期权进行估值，评价期权费用摊销对营业利润的影响程度。当 Foster et al. 对期权在批准日进行估值，并将递延薪酬费用在期权有效期内进行摊销时，他们发现约有 1/3 的未发放股利公司收益显著降低（运用 3% 的重要性标准），对于发放股利公司来讲则有 8%。

他们运用（员工）保留退休金的权利日期而不是 FASB 要求的批准日期，重新评估了对薪酬费用变化影响的重要程度。通过对样本公司进行问卷调查，他们发现从批准到保留退休金的权利日期为止，平均约两年时间，而员工服务期限约为七年。他们的结论并没有受到七年服务期限摊销（而不是期权的有效期）的重要影响。然而，他们在保留退休金的权利日而不是在批准日对期权进行估价时，却发现公司收益受到显著影响。假定由批准日到保留截止日为两年期间，并且摊销期为七年，根据 FASB 推荐的处理方法，约有超过 1/5 的支付股利公司及多于 2/5 的未付股利公司的收益受到十分严重的影响。由此，Foster et al. 得出结论，在批准日进行会计处理的方法较好，操作成本较低，符合期权的特点，也没有遗漏信息。

虽然 BS 模型的实用性不容置疑[②]，但由于认股权证和行政人员股票认购权间仍存在一定差异，这一差异削弱了按 BS 模型对行政人员股票认购权估价的准确性。例如，当管理人员或其他职员离开公司时，行政人员股票认购权通常既不能转让，也不能立即执行。同时，认股权证

---

① Galai（1989）指出，虽然 Noreen and Wolfson 的处理方法对结果没有严重的影响，却低估了认股权证的价格。因为他们仅观测了已发行认股权证公司股票的变动幅度，所以变化程度也被低估。由于认股权证比股票更易变，他们同时低估了整体（认股权证与股票）变动性，因而也低估了认股权证的价值。Noreen and Wolfson 在做多余的稀释调整时也低估了认股权证的价值。已发行并在流通认股权证的公司股票价格中包括了执行认股权证的潜在稀释效应。

② 见第 2 章的论述。

的稀释效应也较典型的行政人员股票认购权显著[1]。

对分析师来讲，在对行政人员股票认购权进行估价中有用的应披露信息主要有：批准、保留期限与截止日期；执行价格；期权份数；影响可转让的其他条件等。除这些重要变量外，预期波动性、未来股利、当前股票价格、无风险利率等因素也需要考虑。考虑到预期的不确定性，是否对行政人员股票认购权进行资本化及确认，主要依赖于期权估值模型的可靠程度。如对大公司发行的交投活跃的认股权证期权而言，资本化及会计确认在通常情况下是可行的。如果准则的制定过程受到估价模型的指导，我们需要对此进行更深入的研究，更多的澳大利亚学者应该进行类似于 Foster et al. 的研究。

混合证券

混合证券是多种诸如负债或权益的原生证券的混合体。例如，可转换债券的市场价格可分成纯负债和纯权益期权（严格地讲，是认股权证）两部分。如果该债券在市场上交投活跃，成交量也会相应地不断上涨。具有对等风险程度的纯债权性金融工具的当前市场收益可用来模拟可转换债券的利息支付和本金额，从而计算出纯负债部分的现值。而期权部分的价值为该项工具的市场交易价格与纯债务部分的现值间的差额[2]。在金融工具初始发行时，其价格通常是已知的。如果发行时相关证券是公允定价的，则发行时的会计分录可直接记录。

债券发行时，人们通常对无担保可转换债券与债券相比价格明显偏低感到困惑。他们被可转换债券息票利率的错误计算基础所误导。当可转换债券被分类定价，息票利率只与纯债务部分有关，此时债券成本和可转换债券的纯负债部分成本间的差异反映了担保与无担保借款之间的差异。

---

[1] 未上市交易的认股权证或其他的实务困难在 Hathaway（1992）的著作中有所论述。
[2] 另外，估计的认股权证的价格可从票据的市价中扣除，剩余部分就是纯负债部分的价格。一种可行的办法是计算一个不太可靠的价值估计下降值，因为估算认股权证的价格时存在较大的误差区间。

如果将混合证券按照上述方法分开，并且其负债部分和权益部分分别在账面上予以确认，我们会明显地发现杠杆比率会下降：因为有一部分原来确认为负债，现在在资产负债表被确认为所有者权益。King（1984）对这一问题进行研究，估计出 50 种可赎回可转换债券的权益价值，与市场价值进行比较。因为可赎回可转换债券过于复杂，难以使用 BS 公式求解，King（1984）使用了 Brenna and Schwartz（1977）的研究方法。对 90% 的样本而言，估算价值与其市场价值间的差异小于 10%。权益部分的估算价值较市场价值平均相差 18%，最大的相差 53%。负债部分账面价值与权益部分的市场价值的比率平均下降 18%，最高可达 41%。

混合债券也可以计算每股收益。美国对每股收益的研究与报告已有很长的历史，对每股收益的规范主要是会计原则委员会意见书第 15 号（APB 15）。会计原则委员会认为（APB 14）可转换债券的负债部分与所有者权益部分是难以分离的，这一意见导致了在 APB 15 中使用"全部与全不"（All or Nothing）的归类法，将可转换债券作为准普通股（common stock equivalents，CSE）进行处理。FASB 1982 年发布的 FAS 55[1] 对 APB 15 进行了修订，认为如果发行时可转换债券的利率低于 Aa 级长期债券利率[2]的 2/3，则应作为权益性证券予以确认。在发行准普通股时，应计算初始每股收益和稀释后的每股收益，后者是假定所有的准普通股被转换，此时不考虑准普通股转换后可能带来的更高的每股收益。[3]

另外还有一种可能较好的方法是：将可转换债券分解为纯负债部分和纯权益部分，权益部分用于计算认股权证或期权相类似的方法在每股收益中予以反映。认股权证或期权从某种意义上讲是公司发行的权益性

---

[1] 财务会计准则第 55 号规定可转换债券是否可作为普通股相似证券。
[2] Aa 债券利率是一种长期债券利率。APB 15 最初的检验是基于银行的优惠利率及具有较大变动性的现金率。由于长期存在的转换收益曲线的影响，必然导致比预期更高的转化数量，因而这一证券可看作一种普通股等价证券。
[3] 如果可转换债券的税后收益除以折合普通股所得结果比没有可转换债券时的每股收益值大，则每股收益将会上升。

资本工具，如果公司收到的现金小于该金融工具的价值，这种发行方式将导致现有股权持有人的权益稀释，毕竟在竞争的资本市场上是没有免费的午餐。若不存在少数股权，也没有优先股，所发行的可转换债券在年初时全部转换，此时每股收益可用年度收益金额除以普通股数与已经发行的认股权证可以转换的普通股数的总和，在此已考虑了认股权证和股票的年末价值。

King（1984）运用本书前几节所述的方法替代修订的 APB 15 的方法，计算两种完全稀释每股收益的差异。对于 29 家发布初始每股收益与完全稀释每股收益的公司，按 APB 15 要求的方法计算的完全稀释每股收益明显低于其他方法的计算结果。

澳大利亚 1991 年发布的第 54 号会计准则征求意见稿《每股收益的计算与披露》建议，在澳大利亚股票交易所上市的所有公司必须报告基本每股收益和完全稀释每股收益。影响完全稀释每股收益的主要因素包括资产负债表中的潜在普通股，因为可转换债券的转换可降低每股收益账面数，这与前面检验的美国公司的情况完全一样。此时可以估计第 54 号征求意见稿中关于稀释每股收益的解释所隐含的前提条件，即股票的价格相对于与其他市场因素决定的准普通股而言，与按照第 54 号征求意见稿方法计算的每股收益更相关。可能我们还需要选择大样本，以使得对两种每股收益的差异具有统计显著性。

有限合伙

作为一种组织形式，有限合伙最初是出于纳税方面的考虑。但 1992 年联邦预算法案通过后，这种税收方面的利益被消除，有限合伙也因此成为一种日渐减少的组织形式，至少在澳大利亚是这样。

从普通合伙人的角度看，有限合伙是或有资产，有助于采用期权估价方法。美国会计学会优秀论文获奖作品 Shevlin（1991）对有限合伙权益的估价问题进行了探讨。通过研究，Shevlin 发现美国研究与开发费用（R&D）的会计处理尚待进一步探讨。该文是 Shevlin 在斯坦福大学的博士学位论文基础上完成的。

在美国典型的R&D合伙企业中，R&D公司通过组织合伙关系成为普通合伙人，负有无限责任。R&D公司对其拥有的基础技术设定合伙关系的权利，并对以后的开发设计一定的买入期权。有限合伙人对合伙企业进行融资，通过分担权益风险，可以对其承担的相应税收损失予以抵免。有限合伙人还可以分享合伙企业技术开发带来的部分收益。合伙企业的合约一般规定相应的R&D公司或附属公司进行研究与开发工作。根据可行的开发规划，R&D公司的买入期权价格应根据开发研究成果的商业化程度确定的使用费为基础进行估计。这样，普通合伙人买入期权价值应包括两大部分：一部分是由合伙人在融资时提供的有关物品的现值，为一项资产；另一部分是有限合伙人可能执行期权而导致的R&D公司支付给有限合伙人的现金流的现值，为一项负债。然后对两个独立部分分别予以估价。

Shevlin检验了73家有限合伙企业。这些企业是由53家上市的R&D公司于20世纪80年代中期发起设立的，主要分布于医药（包括生物技术）、电力、计算机及医疗器械等行业。期权的估价采用的是Matgrabe（1978）随机执行价格的期权模型，因为支付给有限合伙人的研究与开发技术使用费是随机的。开发项目前景的变动性、预期收益率、或有使用费现金流及实际税率是根据R&D公司的历史数据进行估算的。根据R&D公司披露的信息，Shevlin预先假定，期权的有效期为R&D项目的持续期再加上两年。附加的两年是根据可得到的有限合伙说明中解释的临时执照平均年限。在这些假定条件下，Shevlin计算出由有限合伙企业提供的R&D项目的平均现值为3 600万美元（资产），而或有负债平均为2 200万美元。到目前为止，这些资产或负债均在表外核算。Shevlin进一步提出，"难道股东们对待这些资产与负债，真像对待R&D公司列支在资产负债表上的其他资产与负债一样吗？"

首先，Shevlin使用了Bowman（见第5章）的β值预期法。当用会计β和财务杠杆比率（公布的或未公布的）进行回归分析计算市场β时，Shevlin发现，有限合伙负债的相关性并不显著，而会计β的相关系数是负值。Shevlin 将这些结果归因于估算会计 β 时的重大计量误差。许多 R&D 公司成立时间并不长，获得可靠的估算值是很困难的。由于会计 β 是倍增因素，因此这一问题更为严重（Dhaliwal，1986）。Shevlin 继而采用了资产负债表回归分析法（见第 4 章），其中因变量是权益的市场价值，回归因子为表内资产及负债，以及对 R&D 公司股东权益市场价值产生影响的表外资产及负债。

按照美国会计准则[①]，所有的 R&D 成本应于发生时确认为费用。由于发起成立有限合伙关系的 R&D 公司可能从事的是另外一种 R&D 行为，Shevlin 必须了解这些"内部的"R&D 行为是否会导致产生 FAS 2 规定的表外资产。如果没有这些了解，Shevlin 可能会将价值简单归为有限合伙的 R&D 公司的资产或负债，因为它们与公司的资产相关，而没有在公司的资产负债表内确认为资产。

很有意思的是，Shevlin 已经说明市场认同的 R&D 支出会创造有价值的资产，虽然这项资产不能满足现有会计准则的确认标准。根据对非有限合伙企业的研究，这些资产的价值最小值为 1985 年的每 1 美元的 R&D 支出 3 美元，最大值为 1980 年的每 1 美元的 R&D 支出 7 美元。

Shevlin 的估价公式对以下五种 R&D 公司权益的市场价值进行了回归：(1) 报告资产总额；(2) 报告负债总额；(3) 内部 R&D 支出的资本化价值；(4) 有限合伙 R&D 项目的预计价值；(5) R&D 公司执行其买入期权成本的税后现值。这里的期权是指 R&D 有限合伙公司开发技术形成的期权。

进行回归分析时，Shevlin 发现在有限合伙中，投资者将 R&D 公司权益相关的资产与负债予以资本化，并将内部的 R&D 支出予以资本化。但是，由于 R&D 公司信息披露不充分，其价值估计对设定的假设条件非常敏感。Shevlin 认为，他的研究结果不支持 FASB 或 SEC 有关

[①] FAS 2《研究与开发成本会计》。

R&D公司的信息披露要求①。他得出的结论是，鉴于他研究时面临的种种困难，准则制定当局应该注重信息披露的质量，而不是有限合伙企业的活动应该在会计报表中予以确认，还是在会计报表附注中予以说明。Shevlin坚持认为市场是有效的假定预测，如果允许投资者在资产负债表内确认资产或负债，那么会计报表附注披露是充分的。此处提到的假定表明，确认标准并不说明信息"质量"差异，市场并非十分敏感，并提出了有待进一步研究的问题。

卖权、买权和资产销售

或有（或未生效的）合约对会计准则制定者来讲一直是一个难题②。在20世纪80年代，许多复杂、有争议的交易被认为可以产生收入。这些交易涉及一项资产的销售，并且作为卖方授予买方在特定条件下将资产回售给卖方的一项权利。这项买卖合约不是买卖一件产品，而是买卖两件产品的混合交易，一件是资产，另一件是期权。从原则上讲，它们应该分类定价，首先对期权进行估价，并将其从全部合约价格中扣除，剩余部分属于资产销售部分。

有意思的是，我们可以利用期权思想来估计买方持有的所有权的概率。在对资产销售处理时，我们会假定某一销售是否实现，需要达到一个最低的概率水平，而买方持有所有权的概率也就是卖权不执行的概率。

在其他一些情况下，由于缺乏清晰的报告要求，复杂的期权协议通过远期销售得以安排，公司的真实财务状况得以粉饰。阿德莱德轮船公司（Adelaide Steamship）和贝尔（Bell）集团的BHP期权安排正是这种类型（Brown and Dunlop，1991）。这些包括于1985年4月签订的两套回购-再回售（back-to-back）买权与卖权合约的协议是澳大利亚迄今

---

① SEC要求R&D公司应将通过R&D有限合伙关系筹集的资金作为负债予以确认。FASB支持SEC的意见，但R&D公司在不承担向有限合伙人回付报酬的义务时，允许在报告附注中进行披露。Shevlin估计超过90%的案例是在报表附注中进行披露的（p.2）。

② SAC 4也许反映了这一新的阶段，但其"全都或全无"的处理方法，却对金融和商品风险问题的极为复杂的交易情况不太适用。

为止单笔交易额最大的期权交易。阿德莱德轮船公司有权卖出 1 亿股 BHP 股票,而贝尔集团有权买入这些股票。授予每项期权的收益仅为 1 000 美元,阿德莱德轮船公司向贝尔集团支付 2 000 美元,而 2 000 美元是反向支付。这样,净收益为零。

由于每对回购-再回售期权的执行价格是相同的,因此一方或另一方不想执行期权的可能性很小。这项协议安排的经济学意义仅仅为,阿德莱德轮船公司向贝尔集团卖出 1 亿股 BHP 股票的远期售出期权(forward sale),其中 0.292 5 亿股于 1985 年 7 月以每股 6.22 美元的价格卖出,0.7 亿股于 1986 年 9 月以每股 7.41 美元的价格卖出。Brown and Dunlop 提出,合约签订时,阿德莱德轮船公司被认为是一个不错的公司,贝尔集团签订合约可能是出于将来购买 BHP 股票的目的。这样做的结果使得贝尔集团的资产负债率受到显著影响,并且可能会提高它们的负债成本。另外,就阿德莱德轮船公司而言,很有可能卖出而不是持有更多 BHP 的股票,从而极可能导致向尚未得到信息(至少在开始时)的资本市场转移一部分利益。

期权市场与会计信息发布

Beaver(1968)使我们认识到,在发布盈余公告时股票价格变动剧增。Patell and Wolfson(1979,1981)感兴趣的问题是,在报告日前的一段时间,投资者是否会预期到这一波动性而在买入期权的价格中反映出来?如果盈余报告对波动性有这样的作用,而且对报告何时公布可以预测,那么先期变动应能通过股票期权合约的隐含方差(implied variance)观测到。

最初的 BS 模型在期权有效期内设定了不变的方差。然而,Merton(1973)认为,对给定的时间函数,随着方差的变化,BS 公式并没有发生实质变化。在这种情况下,期权的隐含方差应为,在有效期内与期权相对应资产(underlying asset)方差估计值的平均数。

Patell and Wolfson 推导了一种模型，在该模型中，股票价格的波动性在盈余报告前保持稳定，随着盈余报告的公布而立即变动，几天后又回复至原来的水平。假定买入期权在股票盈余报告公布后一周到期，随着期权到期日（预期的盈余报告公布日）临近，在期权的剩余一段时间内，波动性迅速增长，这样隐含方差将会上升。在盈余报告之后，价格的波动性恢复到正常水平时，隐含方差又将保持稳定。

根据这一模型，Patell and Wolfson 通过期权价格数据计算出，隐含方差随着公告日的临近应以某一比率不断增加，而后随着股票的波动转为正常时逐渐下降，回复到正常水平。Patell and Wolfson 根据芝加哥期权交易委员会有关数据研究证实，期权价格确实能反映这种预先变动（exante volatility），而且发现盈余信息公布时有着较大变动性的股票价格在信息公布后的变动程度更大。从研究的观点看，Patell and Wolfson 认为，假定信息的发布时间可以预期到，那么信息发布后的相应效果应能计量，即使事后证明是无关紧要的。

期权交易也能对证券市场产生和处理信息的方式产生影响。Manaster and Rendleman（1982）提出期权交易可提高市场效率，因为获得信息的投资者将期权市场作为交换信息的平台。交易成本通常很低，期权能起到很大的杠杆作用，市场流动性很强，可以对相关资产进行卖空操作。如果获得信息的期权炒作者将期权或股票的价格哄抬到很高，那么投机者就会对这种情况进行调整，并重新生成均衡的市场价格。

Jennings and Starks（1986）通过检验股票价格对季度盈余报告的调整过程，运用拥有上市或非上市期权的相应样本公司的资料证实了上述观点。为了计量这种调节的速度，他们运用 Patell and Wolfson（1984）的检验结果，比较检验期间价格变动与其他期间价格变动经验分布间的差异。第一种检验（随机过程检验）是基于盈余公告导致价格变动过程中的连续或反转的相关概率及对该变动过程恢复到正常状态所经历时间的预测。第二种检验（方差检验）是基于价格瞬时剧烈变化的时间序列[①]。所选样本与市场的资本化程度、持有公司股票的机构投资

---

① "剧烈"是指在正常时期价格的瞬时变化幅度超过 5%。

者的数量和各种股票交易的频率是相匹配的。他们发现，附带期权的股票交易时的典型调整过程在 3 次交易内或 3 个小时的日历时间内完成，而不附带期权的股票的调整过程在 20 次交易以上。

Skinner（1990）在相关的研究中发现，当相关股票的期权在期权交易所正式上市后，会计盈余的信息含量明显减少。Skinner 研究后认为，这一现象可能有以下解释，即投资者所拥有的可以买卖期权的能力，可以使他们更有效地交换信息；公司的期权上市交易后可以产生更多的私有信息；当期权上市后，盈余信息公告被大幅度提前占有等。但很难从以上证据轻易推断出，期权上市是这些信息含量发生变化的原因。

Anthony（1987），Whalely and Cheung（1982）是另外两个关于相关证券的期权上市交易后，对有关的市场信息处理过程的研究。后者研究主要围绕期权市场展开，但并没有发现有关盈余公告后股票价格漂移，而造成期权市场存在更大盈利策略的可能性（见第 8 章）。Anthony（1987）针对期权市场重新验证了 Morse and Ushman（1983）所做的关于季度盈利公告对股票买卖价差（bid-ask spread）影响的实验。Anthony 将情报性事件（informative event）定义为价格发生重大变动的事项，并证实这类事项与期权买卖价差的扩大及期权合约成交量的急剧上升密切相关。

收益不确定性和股票价格波动性

Chrias and Manaster（1978）发现反映股票与期权价格中的隐含标准差，比按历史报酬数据计算的标准差更能反映期权报酬率的未来波动。不过 Ajinkya and Gift（1985）怀疑，在分析师预测盈利过程中隐含标准差是否稳定。为了支持这一观点，他们引用了 Malkiel 的结论，认为"最好的单一风险指标是……分析师盈利预测的离差"（p.1354）。他们解释说，由于股票的价格与公司的现金及股利流密切相关，因而其与公司的历史盈利高度相关。他们进一步认为，每股收益的预先估计方差应反映股票报酬的预先波动。

每股收益事前差异（ex ante variance）可用分析师对每股收益估计差异来表示，股票报酬的预先波动用交易所中股票或期权价格计算出的隐含标准差来计量[①]。Ajinkya and Gift 发现用分析师盈利预测离差有助于估计隐含标准差，并且比基于历史数据计算的标准差更准确。他们还发现，随着每股收益公告日期的临近，分析师盈利预测的离差与股票价格预先波动之间的相关性逐渐减小。

Daley et al.（1988）在以下几个方面进一步拓展了 Ajinkya and Gift 的观点。首先，他们详细论述了分析师盈利预测不一致应该反映在股票价格预先波动中。

"假定每个公司的盈余是信息参数向量的条件分布。每一个分析师的预测可看作源于信息参数的分布函数，特定的信息参数向量会产生相应的盈余价值预期。不同分析师的预测结果可相应看作分析师对潜在信息不同解释而做出的盈余价值预期。在无其他因素影响的情况下，如果分析师的预测抓住了盈余分布方面的信息，那么随着无条件盈余分布方差的增加，分析师盈余预测期望价值的方差也会相应增加"（p.566）。

Daley et al. 则认为，如果预测离差抓住了未来盈余信号的信息，那么该离差与预期预先报酬的波动性应该正相关。同样，该离差应该与事后未预期盈余的数量，及事后报酬的波动性存在正相关关系。

为了验证他们的估计结果，Daley et al. 分别研究了盈余报告公布前及公布后到期的期权。在对 1977 年 57 个样本及 1978 年 43 个样本的研究中，证据显示，分析师盈利预测的不一致是市场对即将到来的盈余信号所造成的不确定性的预先计量（征兆）。分析师对未来盈利预测不一致与下列二者之间存在正相关关系：（1）实际盈余公告后的非预期盈余数；（2）分析师预测时正在交易，并将于盈余公告日后（而不是之前）到期的期权的预先波动性。然而，分析师预测的不一致与事后波动性（如盈余公告后股票报酬率波动性）之间的相关性并不十分显著。这一结果并不奇怪，因为 Daley et al. 在他们所选取的样本中并没有发现

[①] 正如 Lynch，Jones and Ryan 组成的 IBES 所报告的，对某一特定股票的预测用每股收益的标准差计量。

非预期收益与非预期报酬率之间有显著的相关性。

小结

衍生工具市场自20世纪70年代中期后飞速发展，为投资者识别买进或卖出风险提供了便利。然而，会计准则制定者在处理这些风险时却遇到了极大的困难。这一困难在采用"全都或全不"方法时更加严重，因为会计师在对资产与负债的确认时面临很多问题。这一点也许可以解释金融衍生工具会计准则制定进展极其缓慢的原因。

尽管我们在制定相关会计准则时较为缓慢，衍生证券的创新速度却大大加快，即使不是爆炸性的，也是戏剧性地在发生变化。因而我们可以确信，在新的金融秩序面前，会计准则制定者将会面临更多的问题[①]。这些问题将会因得到对或有要求权估价原理有深入理解并将其纳入会计报告问题研究范围的专家们的帮助而得以缓解。

对于具有这种技能的人而言，研究机会也许是永无止境的。

---

① 第59号征求意见稿《金融工具的个案研究》。

附录　思考题

第2章　财务学基础理论

Fama, Fisher, Jensen and Roller (1969)

1. Fama, Fisher, Jensen and Roller (1969) 的研究能够支持有效市场假说的哪一种形式?

（a）半强式有效；

（b）强式有效。

2. 利用本书提出的高质量经验研究论文的标准，对 Fama, Fisher, Jensen and Roller (1969) 进行评价。

3. （a）Fama, Fisher, Jensen and Roller (1969) 最显著的特点是什么?

（b）该文献能够支持有效市场假说的哪一种形式?

---

* 这里所选的思考题是菲利普·布朗教授留给学生的作业，要求在阅读外文文献的基础上予以回答。

（c）根据你已经掌握的有关金融市场的知识，对本文献支持有效市场假说的程度进行评价（注意：并不要求你了解所有有关有效市场假说的文献，这里主要希望了解你的推理思路）。

Lintner（1956）

Lintner（1956）认为，从某种意义上说股利通常具有稳定性，除非在可预见的未来的盈余水平足够多，并能够长期保持较高的股利水平，否则管理者一般不会提高股利。

（a）请解释为什么澳大利亚实行新的股利计算方法会导致管理者频繁变动股利政策，而以前往往比较稳定？

（b）请解释公司股利政策的改变如何对股利作为信号产生影响？

（c）你如何认定澳大利亚公司管理层是否在实行新的股利计算方法后改变其股利政策？

MM（1966）

1.（a）在 MM 推导出的公司价值公式中"盈余"处于中心地位，"盈余"的含义是什么？

（b）MM 区分了公司所得税申报表中的利息收益和股利收益所得税，但是没有对在缴纳个人所得税时只对利息收益征收而对股利不征收的情况进行讨论。如果考虑到这一情况，结论会发生改变吗？

2. 请解释假设中税后 EBIT（息税前利润）是 $X(1-t)$ 的无偏估计的意思。

3. 为什么假设条件对他们的研究十分重要？

4. 在他们的模型中，什么因素将使同一行业中规模、负债水平相似的"成长型"企业的价值高于"非成长型"企业的价值？

5.（a）MM 的文献表明，在无摩擦的市场上，对于理性投资者来讲，公司是否支付股利无关紧要，请解释其原因。

（b）Lintner（1956）认为，股利是一个信号，对现实世界的投资者来讲，他们并非不关心公司的股利政策。请解释：（i）对投资者来讲，股利怎样才能成为一个"可靠的信号"？（ⅱ）为什么 MM 与 Lintner 的观点有所不同？

6. MM 在该文献中（p.347）提到，以前的公司价值研究都假定大公司预期盈余的资本化率不同于同一行业内的小公司。

（a）为什么要做这一假定？

（b）在 MM 的这篇经验研究文献中是如何处理公司规模与市场资本化率的关系的？

（c）他们发现了什么？

7. MM 将盈余的资本化率作为公司的"资本成本"。

（a）他们是如何从概念上（原理上）定义"盈余"的？

（b）他们是如何计量盈余的（即他们的可操作性定义是什么）？

（c）他们如何解释盈余变量计量相对于概念定义出现的偏差？

（d）他们为了证明盈余计量是否有偏差收集了哪些证据？

8. MM 在该文献中提出"当前的股利水平很大程度上取决于管理者对未来长期盈余水平的预期"。

（a）在当时（1966 年）有什么证据支持他们的这一论断？

（b）他们是如何将股利所传达的信息纳入研究的？

（c）在对用股利来解释公司价值方面，MM 有哪些新的贡献？

Ohlson（1995）

1. 比较 Ohlson（1989）与 MM（1966）的定价模型，找出他们对待下列因素的特点：（a）股利；（b）负债；（c）成长性；（d）风险的态度。（即比较两者相同点和不同点。）

2. （a）在什么情况下，股票价格决定于股票的资本化盈余而不是每股账面价值？

（b）为什么股票账面价值和资本化盈余的权数随着时间的变化而发生变动？

其他问题

1. Sharpe 认为，对一个理论的检验，重点并不在于其假设是否符合实际，而在于其结论能否被接受。请对这一观点发表你的看法。

2. 你对"有效"市场如何理解？

3. 你是否认为肯定存在一个有效的市场？

4. 对一个买卖买入期权的人来讲，他们需要哪些类型的会计信息？（从不同角度思考，在学完第 13 章前思考这一问题，你会受益更多。）

5. 在评价会计文献的重要程度时有很多标准。

（a）从第 1 章所列的标准中找出两条，解释一下为什么这些标准是重要的，必要时运用例子予以说明。

（b）除了本书所列出的标准之外，找出其他两条或更多的标准，并说明为什么这些标准是重要的。

第 3 章　报酬-盈余关系的早期研究

Ball and Brown（1968）

1. Ball and Brown（1968）研究了已公布年度净收益数据的内容和时间，简要总结一下他们是如何对这两个问题进行研究的（列出主要步骤）。

2. 在 Ball and Brown 的研究中，他们不得不对很多备选思路进行判断，例如，如何对报酬率和盈余进行合适的计量等。找出三个他们所做出的判断，对于每一个判断，先列出做出判断之前的各种备选项目，然后解释一下这些判断对他们的研究结论的影响。

Beaver（1968）

1. Beaver（1968）提出两种年度盈余的信息含量的计量方法。（a）这两种计量方法是什么？（b）作者是如何证明自己的选择的？

2. 请说明作者是如何验证自己观点的（即在发布盈余公告时股价波动性提高和交易量增加并非偶然）。

3. Beaver 在研究价格变动的波动性时所采用的研究程序有一个好处是，他没有必要进行盈余预测，以便将盈余公告分为"好消息"和"坏消息"的投资组合。

（a）缺乏盈余预测对其研究结论的解释能力有何影响？

（b）他是如何防止其他事项因素（即也可能会得出他的结论的其他事项）对其研究结果的影响的？

（c）既然收获应该和付出相匹配，那么进行这一研究所付出的代价是什么？

4. 列出 Beaver（1968）和 Ball and Brown（1968）研究的五个重要差别。

Beaver，Kenneley and Voss（1968）

1. 澳大利亚会计准则重新修订，要求公司在进行对外投资核算时采用权益法，而以前采用成本法。这一变动与国际会计准则一致。目前，还没有人对"哪一种核算方法更好"这一问题进行正式研究。Beaver，Kenneley and Voss（1968）认为可以用判断预测能力的方法来解决这一问题，但是，在具体运用这一方法时也发现不少问题。试列出在证明权益法优于成本法时面临的困难。（请回忆一下，在成本法下，投资者的收益仅仅包含分到的股利；而按照权益法，投资者的收益包含被投资企业的净收益，即当年的股利加上留存收益。除此之外，还会对资产负债表的资产、投资以及相应的所有者权益产生影响。）

2. Beaver，Kenneley and Voss（1968）发现在运用预测能力方法时可能面临的一些问题。试列出作者举出的在报告融资租赁对拖欠贷款的预测能力方面的例子。

Lev（1989）

1. 请解释"低质量"盈余是如何降低盈余对股票市场报酬率的解释能力的。

2. （a）Lev（1989）是如何界定"盈余质量"的？

（b）试举出两个"低质量"盈余的实例（澳大利亚公司或海外公司均可），并解释为什么这些属于"低质量"？

（c）请根据自己的理解解释：（ⅰ）为什么"低质量"的盈余会削弱公司盈余与其股票市场收益率的相关关系？（ⅱ）股价对于盈余"创新"的反应程度如何？（也称盈余震动）。

第 4 章　盈余反应系数

Ahmed（1994）

Ahmed（1994）采用资产收益率作为计量垄断租金（monopoly rents）的手段。

（a）为什么垄断租金会影响盈余反应系数？

（b）Ahmed（1994）是如何计量资产收益率的？为什么这一指标比股东基金净收益好？

（c）除了会计收益率之外，作者还考虑采用哪些指标来表示垄断租金？为什么作者没有采纳这些指标？

Easton and Harris（1991）

1.（a）Ali & Zarowin（1992）对"盈余水平及其变动"的讨论与 Easton and Harris（1991）有何异同？

（b）Easton and Harris（1991）对"盈余水平及其变动"的讨论与 Kothari and Zimmerman（1995）有何联系？Easton and Harris（1991）给出的理由是什么？

2.（a）Easton and Harris（1991）调查的问题是什么？

（b）他们的研究基于何种股票估价理论？

（c）Ali and Zarowin（1992）运用"盈余水平及其变动"估计报酬-盈余关系与 Easton and Harris（1991）有何区别？

（d）Easton and Harris（1991）与 Ball and Brown（1968）的研究成果有何联系？

Kothari and Zimmerman（1995）

Kothari and Zimmerman（1995）对盈余与股票价格之间关系的各

种论点进行对比，请总结他们的研究方法和主要结论。

其他问题

1. 请指出三个影响公司盈余反应系数估计值的因素，并解释每一个因素的变动是如何影响估计值的。

2. Cho and Jung（1991）指出，会计师之所以对盈余反应系数研究感兴趣，主要是因为此研究可能会对会计政策问题提供一些有益的帮助。请问，盈余反应系数研究会对哪些会计政策有帮助？（请对你的选择做出解释。）

3. Pincus（1991）发现，采用谨慎会计政策公司的盈余反应系数，比采用"自由"会计政策的公司的盈余反应系数大。

（a）对这些结果应该如何解释？

（b）找出 Hawkins（1978）所指出的影响盈余质量的三个其他因素，并解释每一个因素是如何影响盈余反应系数的。（参考第3章Hawkins提出的有关盈余质量的观点。）

4. Collins and DeAngelo（1990）估计，在经过虚拟变量的选择之后，盈余反应系数会提高。

（a）他们为什么认为盈余反应系数增加？

（b）在公司控制权变更后会发生什么变化？这些变化对盈余反应系数影响如何？（参考 Cho and Jung，1991，p.101-107）

5.（a）你是否希望盈余反应系数有行业集聚效应（即同一行业各公司相似）？

（b）如何对盈余反应系数是否具有行业集聚效应进行检验？

6. 一些研究报酬-盈余关系的文献采用非预期盈余作为盈余信息变量，另外一些则使用盈余水平指标。

（a）在报酬-盈余关系的回归分析中，使用非正常报酬而非原始报酬数据有什么优点和缺点？

（b）请解释在报酬计量中采用长（宽）的时间窗口和采用短（窄）的时间窗口对盈余反应系数有何影响。

7. 找出 David Hawkins 所提出的四个影响盈余质量的因素，并解释每一个因素对盈余反应系数的影响（参见本专著中 Hawkins 对盈余质量的讨论）。

8. Tosh and Rue 研究了合并金融子公司对会计比率预测母公司系统风险能力的影响。假定你准备研究同样的问题（即在合并报表中包含金融子公司是否会对评价母公司产生很大差异），但是采用 Landsman 的资产负债表法。

（a）指出你要检验的假设。

（b）解释你提出的假设的理论依据。

（c）指出你要收集的数据。

（d）指出你将如何分析数据（即需要对哪些数据进行分析，采用何种统计检验方法）。

（e）你预期会发现什么？

9. （a）Barth（1994）采用下列公式对证券收益和损失的公允价值进行估计：

$$FSGL_{it} = (1-\tau)[(FINV_{it} - BINV_{it}) - (FINV_{it-1} - BINV_{it-1})] + RSGL_{it}$$

请解释等式右边的项目如何得出可接受的估计值。

（b）就长期投资最好的会计核算和报告方法而言，你从 Barth 的研究中得出什么结论？

第5章 资本市场的其他研究方法

Barth，Beaver and Landsman（1991）

1. Barth，Beaver and Landsman（1991）的研究问题是什么？

2. 现时市场价值可以提供除了包含在资产历史成本信息以外的价值相关信息。他们发现了哪些证据支持这样的说法？

3. 你认为他们的结论的普遍适用性如何？

Bowman（1980）

1. Bowman（1980，p.243）指出他的经验研究包含了一个联合假设（joint hypothesis）。

（a）他的这段论述是什么意思？

（b）因为Bowman预计的证券交易价格是在证券交易委员会要求对融资租赁的资本化价值进行披露之前，那么Bowman假定股票市场是属于哪一种有效形式？

（c）Bowman（1980）在何时相信他的假设是合理的：（ⅰ）在他进行研究之前？（ⅱ）在他完成研究之后？

2.（a）Bowman（1980）所进行检验的联合假设是市场交易参与者拥有最少的信息以及他们将租赁作为一种负债看待吗？（p.243）

（b）无论市场是强式有效还是半强式有效，每个人都可以根据公开披露的信息估计租赁的影响。这一说法是否正确？

（c）作者在脚注16中列举了一个例子，"财务报表通常给出有关租赁事项影响程度的综合信息。公司存放在证券交易委员会的年度报告要求提供租赁费用的信息。主要租赁事项，如飞机租赁，往往要向公众披露。土地和建筑物（如零售商店）的所有权也是一个公开的记录"（p.251）。你对以上表述有何看法？

3. Bowman（1980）对融资租赁资本化是否可以利用财务报表数据提高公司权益系统风险的预测能力进行调查。假定你打算对 R&D 是否可以在一定情况下予以资本化（AASB 1011）或者直接作为费用处理（FAS 2）问题进行相似的研究。

（a）请指出需要检验的假设；

（b）解释每一个假设的理论基础；

（c）说明如何收集数据，收集哪些数据；

（d）说明如何分析这些数据（即需要对哪些数据进行分析，采用何种统计检验方法）；

（e）你预期会发现什么？

4. Bowman（1980）要求研究者在调查的基础上对资产和负债的市场价值进行估计。假定你按照 Bowman（1980）的研究方法对澳大利亚租赁资本化问题进行研究。在下列这些资产负债表典型项目中，哪些项目是相关的，哪些是不相关的？如果相关，如何对它们进行估计？这里假定公司的普通股和优先股在澳大利亚证券交易所交易活跃，有关资产负债表项目为：普通股股本、优先股、股本溢价、应付股利、应付债券、未来所得税收益、固定资产、投资、存货等。（请注意，这是到目前为止最难回答的问题，你需要认真思考以后再回答。回答要点是采用何种理论模型、何种类型的数据以及如何去收集并检验数据。）

5. 利用本专著第 1 章中所提出的"优秀经验研究论文"的质量特点对本文进行评价。

Collins，Maydew and Weiss（1997）

1.（a）为什么预期盈余的价值相关性在过去 40 年里有所下降？

（b）他们对这一问题的结论是什么？

（c）传统历史成本会计模型失去价值相关性的结论是否太超前？他们是如何得出结论的？

2. Collins，Maydew and Weiss（1997）发现，在过去的 40 年里，权益的每股账面价值变得比资本化每股收益更重要，可能是由四个因素造成的。指出这些因素，并解释为什么 Collins et al. 认为这些因素影响盈余能力对股票价格的解释力。

Dhaliwal（1986）

1. Dhaliwal（1986）发现，在评价市场（系统）风险时，不注资既有养老基金负债与其他类型负债发挥着同样的作用。因此，他得出结论，即从政策制定者的角度看，市场将为不注资既有养老基金负债纳入资产负债表做出评判。请对这段论述发表你的看法。

2. 假定你准备在澳大利亚进行 Dhaliwal（1986）式的研究。

（a）你选择的因素中应该包括哪些典型的澳大利亚公司资产负债表项目？

（b）你如何计量每一个项目的市场价值？

注意，在本文中，权益只包括普通股权益，债务包含优先股和负债，如果可能，优先股应该按照市场价格计价，否则就只能采用估计值。在对长期负债估价时应该采用现时利率而不是发行时的利率。流动负债可以按照账面价值计价（见 Bowman（1980b））。

Landsman（1986）

（a）Landsman（1986）与 Barth，Beaver and Landsman（1991）运用的资产负债表法模型有何差别？

（b）为什么 Barth et al. 要对模型进行修正？

Ohlson（1995）

请解释 MM（1966）和 Ohlson（1995）在公司市场价值理论中对"成长性"处理的差别。

第 6 章 盈余预测

Ball and Watts（1972）

1. Ball and Watts（1972）指出，如果盈余遵循随机游走规律，那么公司管理当局进行盈余管理就没有任何意义。请对他们的说法进行解释。

2. 请解释为什么 Brook and Buckmaster（1976）的证据，与 Ball and Watts（1972）所说的公司将最终清算的结论不同？

3. Brook and Buckmaster（1976）的研究中收益变量为扣除所得税和所有其他特殊项目损益之后的净收益。如果采用税后净收益，但不扣除特殊项目损益，其结论是否会有所不同？请解释原因。

Brown（1993）

Brown（1993）提出一个问题："预测准确性和股价相关性是一个问题的两个方面"。

1. 我们有什么证据可以证明这一命题是正确的？
2. 我们有什么证据可以证明这一命题是不正确的？
3. 为什么一个预测机构预测的盈余数据，要比从二手数据做出的预测准确，虽然我们发现由二手数据得出的盈余预测误差与公司的非正常报酬率高度相关？

Brown，Foster and Noreen（1985）

1. Brown，Foster and Noreen（1985）发现，1976—1980 年，分析师们高估盈余预测的次数大大多于低估的次数，但其他学者却提出相反的看法。对他们的这些矛盾的结论应该如何解释？（可参见 Abarbanell，1991，p.155。）

2. 一些学者发现分析师综合预测的变化呈正自相关，怎样解释这一结论？

Freeman（1987）

Freeman（1987）发现，对于给定的非预期盈余水平，在盈余发布前后 12 个月内计算出的小公司非正常报酬率超过了大公司。请至少指出会导致这一结果的两个因素（线索：见 Collins et al. 1987，p. 136；除此之外，不要忘记盈余反应系数文献）。

小公司→更大的不确定性→更大的盈余反应系数；然后是 Collins et al. 所研究的问题，即小公司在以前年度的信息少一些。而对于大公司来讲，研究窗口应该更宽一些。

Lang and Lundholm（1996）

1. Lang and Lundholm（1996）研究的问题是什么？
2. 为什么公司愿意增加其自愿披露的财务信息的内容？
3. 强制性的额外披露也会影响分析师预测的准确性以及分析师预测的不一致性吗？（强制性的额外披露是指法律或者有关规定、新发布的会计准则或会计准则的变更引起的披露。）

Lys and Sohn（1990）

1.（a）Lys and Sohn（1990）发现的证据表明，分析师的盈余预测往往比较乐观，他们的证据是什么？

（b）分析师往往采取乐观的盈余预测动机是什么？（线索：p.344-345。）

2.（a）Lys and Sohn（1990）发现盈余预测的价值相关性，并不受在三天前做出的其他预测的影响，对这一结果应做何解释？

（b）Lys and Sohn（1990）还认为，分析师预测的"新信息"效应对小公司来讲更大，为什么是这样？确认效应在小公司和大公司之间的差别是否也很大？

3. (a) Lys and Sohn（1990）提出的观点补充了确认效应可以弥补由于其他分析师行动过早而造成的信息不足（p.356），也就是说，确认效应提高了信息的信号作用，从而增大了盈余反应系数。你是否同意这一观点？

(b) 对于大公司，分析师的预测误差较小，因为大公司的盈余变动幅度较小，而且有关的信息较多，这会对盈余反应系数产生影响。事实上，公司规模这一变量的回归系数为负数，说明公司越大，盈余反应系数越小，信息效应越小。由于信息效应和确认效应被认为是互为平衡的，如果我们假定每一部分所包含的关联信息在所有规模公司中是一样的，那么小公司应该具有较高的确认效应。然而，我们并不能对小公司的这种确认效应给予太高期望，因为追踪它们的股票的分析师往往很少。你的看法如何？

McNichols and O'Brien（1997）

1. (a) McNichols and O'Brien（1997）给出什么理由让我们相信，分析师的预测并不像根据 IBES 或 Barcep 数据库计算出来的预测误差那样乐观？

(b) 一旦考虑到这一原因，分析师的预测仍然会保持乐观吗？

2. (a) 请解释 McNichols and O'Brien（1997）在预测偏差（forecast bias）和选择偏差（selection bias）之间的区别。

(b) 他们是如何对预测偏差进行检验的？

(c) 他们发现了什么？

3. (a) McNichols and O'Brien（1997）的主要研究问题是什么？

(b) 对于强制要求上市公司向公众披露财务报告将会使社会受益这一观点，这篇文章有什么暗示性的看法？

4. Jennifer Francis 对 McNichols and O'Brien（1997）进行评价时指出，他们的文章对如分析师的决策、分析师的决策如何影响（或者受到影响）他们的预测以及有关证券买卖建议等问题提出了很多有意义的探索，你是否同意这些看法？如果是，请问为什么？

其他问题

1. (a) 分析师的预测比时间序列预测更准确,能够更精确反映市场的期望。简要介绍这一研究结论。

(b) 分析师的时间优势(timing advantage)和分析师的信息优势(information advantage)是什么意思?

2. 解释一下为什么分析师可能不得不发布一些不真实的预测(这里,"不真实"是指分析师实际发布的预测结果与他们自己认为的真实预测值不同)?分析师的这些动机会对预测报告产生什么样的扭曲(偏差)?

3. 针对两个分析师对两家公司(Woolworths 公司和 Coles Myer 公司)在 1998 年和 1999 年的盈余预测得出不同的结论,你的看法如何?

4. (a) 会计研究人员为什么对分析师的盈余预测很感兴趣?(有几个相当明显的原因。)

(b) 为什么分析师的盈余预测具有一些统计特征(如反映统计预测中相对准确程度的偏差等)很重要?

5. 假定你希望对澳大利亚证券分析师的预测准确性进行评价,请分别就以下步骤做出解释。

(a) 你要研究的问题是什么?

(b) 你要检验的假设是什么?

(c) 数据如何收集?

(d) 你打算对哪些数据进行分析?

(e) 评价预测准确程度的标准是什么?

(f) 你期望的结果是什么?

6. 从总体上看,盈余水平基本符合随机游走模型,每年极端的盈余变动在本质上并不呈现明显的随机特征。

(a) 设计一项研究,用澳大利亚上市公司的数据来证明这段论述是否正确(指出你需要检验哪些假设,数据如何收集以及采用什么检验方法)。

(b) 请解释为什么采用扣除非经常项目之前的税后利润来检验这一论断时，更可能得出支持或反对意见。

7. (a) 请解释为什么你希望证券分析师在预测以下盈余时要或多或少地准确一些：（i）大公司或小公司；（ii）零售业与房地产业公司。

(b) 证券分析师在何种情况下倾向于高估公司的盈余：一种是 3~4 个分析师紧密跟随其走势；另一种是 20 个分析师跟随研究这一公司。解释你的理由。

第 7 章 信息传递

Firth（1976）

1. Firth（1976）按照发布公司的股票报酬残差是正数还是负数，将未发布盈余公司分为"好消息"和"坏消息"两类。

（a）你对盈余报告的分类方法有什么新的建议？为什么？

（b）在增强他们的研究结论上，你的方法预计会有什么帮助？

2. 采用本书的高质量论文的标准对 Firth（1976）进行评价。

3. 有关信息传递的文献倾向于关注两个极端问题：价格变动（或者说报酬）以及盈余数据的底线。

（a）请解释这一说法。

（b）我们应该怎样寻找有关信息传递的证据（发挥你的想象力）？

Foster（1981）

Foster（1981）预测，发布公司的股票价格对盈余报告的反应程度与公司发布报告的时间有关，而该报告的发布时间与同一行业其他公司盈余报告的披露有关。

1. 请对预测的这种关系给予解释。

2. 与这一预测相关，Foster 发现了什么？

3. 对这一结果应该如何解释？

4. 总结一下支持和反对 Foster 预测的证据。

5. 你得出什么结论？这一关系是否存在？

Freeman and Tse（1992）

Freeman and Tse（1992）的研究问题是什么？该文对信息传递文献的贡献是什么？

Pyo and Lustgarten（1991）

1. Pyo and Lustgarten（1991）对 Han，Wild and Ramesh（1989）的结论提出了挑战，认为对行业传递效应的观察可以通过根据市场模型计算出的残差来判断。如果按照市场模型和行业模型计算残差，这种关系则不存在。

（a）简要介绍 Pyo and Lustgarten（1991）的研究。

（b）解释他们所采用的信息传递研究方法的优点。

2.（a）Pyo and Lustgarten（1991）的研究问题是什么？

（b）该文对信息传递文献的贡献是什么？

其他问题

1. 公司资产负债表中的哪些其他"会计数据"可以用来作为寻找信息传递的证据？

2. 就会计准则制定程序而言，信息传递文献有什么作用？

3. Pownall and Waymire（1989）研究了自愿披露选择与盈余信息传递问题。

（a）他们的研究问题是什么？他们的研究动机是什么？

（b）介绍本文的研究设计。你能对这一设计做出改进吗？（在考虑这一问题时，注意文章中介绍的检验能力、研究结论以及作者是如何解释其结论的。）

第8章 与会计数据相关的异常现象

Freeman（1987）

Freeman（1987）发现，对于给定水平的未预期盈余，在［－12；＋12］时间窗口内计算的小公司的累积非正常报酬率超过大公司的累积非正常报酬率。

1. 什么因素可以解释这个结果？
2. 此结果如何影响小公司与大公司的盈余反应系数的估计值？
3. 还有什么因素可能导致小公司的盈余反应系数与同行业大公司的盈余反应系数产生差异？

Abarbanell and Bushees（1998）

1.（a）解释 Abarbanell and Bushees（1998，p.21）基于财务报表比率在股票市场获得非正常股票报酬率的条件。
（b）他们发现了什么？
2. Abarbanell and Bushees（1998）对其研究结论给出了哪些可能的解释？他们又是如何一一进行排除的？
3. 为什么 Abarbanell and Bushees（1998，p.44）能够得出如下结论：有耐心的投资者（可能）从市场对（基本）信号捕获的未来盈余信息反应不足中获得利润？

Ball（1978）

1. Ball（1978）认定了一系列的实验误差作为解释盈余公告后非正常报酬异常的可能因素。解释下列误差如何引起异常现象，而且为什么每一个误差都不可能解释上述异常现象：
（a）发布公告公司股票交易不活跃；

（b）假定盈余报告都在财务年度结束后三个月内公布；

（c）使用了初始的盈余公告日期，但是盈余数字报告在计算机数据库内；

（d）在税前计算股票市场报酬率。

2.（a）Ball（1978）为市场效率异常现象的证据进行了哪些解释？

（b）说明他所建议的步骤是如何避免与市场效率有关的会计事项研究得出错误结论的。

Bernard and Thomas（1989，1990）

1. Bernard and Thomas（1990）声称他们的论文为普遍存在的PEAD是由于研究设计误差抑或市场无效的争论增加了新的解释。

（a）他们最关键的发现是什么？

（b）解释他们新的观点。

2. Bernard and Thomas（1989）认为，由于市场摩擦的存在（如交易成本或者对卖空的限制），PEAD可能产生于延迟的市场反应。

（a）他们发现了什么？

（b）为什么他们较难接受市场无效率的证据？

3.（a）什么潜在因素可以解释对好消息看多和对坏消息看空的套期投资组合中异常的PEAD？

（b）你认为这种现象被观察到的最可能的原因是什么？

Bernard，Thomas and Whalen（1997）

20多年来，财务学家一直认为，非正常报酬与公司规模存在某种系统性的关系。

1. 简要总结与规模有关的异常现象（不要深入，一段足够）。

2. 解释为什么规模可能是预期报酬（即正常报酬）而不是非正常报酬的代理变量？

3. Bernard，Thomas and Whalen（1997）的结论是什么？

Ou and Penman（1989）

1.（a）Ou and Penman（1989）的研究问题是什么？

（b）他们发现了什么？

（c）从何种意义上看他们的结果是异常的？

2. Ou and Penman（1989）的研究能成为股票市场无效率的证据吗？

3. Ou and Penman（1989）指出，他们选择远离数据，让数据自己说明问题。

（a）他们为什么采取这种方法？

（b）他们是如何选择其初始的 68 个会计比率集的？

（c）他们是如何把这个数目（68）减少到更少的？

（d）他们观点的实用性如何？

4. Ou and Penman（1989）在估计财务比率和非正常报酬之间关系时，采用了一个两步骤程序：首先，使用比率预测与当年有关的下一年盈余（加上漂移）；其次，在与当年有关的下一年盈余的预测值的基础上，构建当年的投资组合（在数据被公开的时候）以及计量投资组合的非正常报酬率。

（a）为什么他们使用这个两步骤程序，而不直接预测未来非正常盈余（即不经过预测盈余变动的中间步骤，根据预测的变动构建投资组合）？

（b）你认为如果他们建立模型以直接预测非正常报酬率，其结果会显著不同吗？请解释原因。

5. 有什么证据能说明 Ou and Penman（1989）的异常现象只是规模异常现象的一种形式？

第 9 章　股票价格的信息含量

Abarbanell（1991）

1. Abarbanell（1991）的主要研究问题是什么？

2. 对他的模型给出直观的总结。

3. 他发现了什么？

Beaver，Lambert and Morse（1980）

1.（a）Beaver，Lambert and Morse（1980）所用的错乱盈余是什么意思？

（b）请举一个例子。

（c）请解释错乱盈余是如何使下列变量的 OLS 回归估计值有偏的：（ⅰ）盈余反应系数；（ⅱ）Levs 关于盈余质量的计量。

2.（a）请指出错乱盈余、暂时盈余和永久盈余的区别。

（b）每种盈余类别请各举一例。

（c）解释它们与下列变量的 OLS 回归估计值的相关性：（ⅰ）盈余反应系数；（ⅱ）Levs 关于盈余质量的概念。

Beaver，McAnally and Stinson（1997）

1. Beaver，McAnally and Stinson（1997）提出了一种估计盈余反应系数的新方法。请描述把该方法运用到对比大公司与小公司盈余反应系数研究中的程序。

2.（a）Beaver，McAnally and Stinson（1997）的研究问题是什么？

（b）为什么他们相信报酬-盈余关系的传统单一方程估计值会成为盈余反应系数的有偏估计？

（c）他们考虑的各种模型中的哪个能够保证产生最可靠的盈余反应

系数估计值？

Collins，Kothari and Rayburn（1987）

使用澳大利亚公司的样本，设计复制 Collins，Kothari and Rayburn（1987）的一项研究。研究的创新之处在于，你将用几个不同的变量表示可得到的公司信息数量。规模将是一个变量，但是你的贡献将包括复制他们的研究，以及运用可得到的其他变量验证本研究的坚实性。你可以就以下方面进行研究：

1. 研究问题；
2. 特定的假设（或多个假设）；
3. 适合的方程；
4. 数据与数据来源；
5. 统计检验；
6. 预期结果。

Morton（1998）

1. 请解释 Morton（1998）所提出的两个假设背后的推理过程。

2. 为什么 Morton（1998）相信矢量自回归模型（VAR）适合盈余和报酬之间关系的模型。

3. 在样本外预测盈余时，Morton（1998）是如何调和 VAR 模型表现不如他的 Box-Jenkins 时间序列预测模型的？

其他问题

1. 假定你希望对澳大利亚三个工业企业（BHP，CSR 和 Woolworths）下一年度盈余做出最精确的预测，解释你将如何去做和你为什么使用该策略。

2.（a）解释为什么价格对证券分析师具有信息含量。

（b）有什么证据可以说明证券分析师忽视了可从先前股价变动中得到的信息？

第10章　物价水平会计

Aboody，Barth and Kasznik（1999）

Aboody，Barth and Kasznik（1999）研究了固定资产重估和公司未来业绩重估之间的关系。

1. 他们是如何衡量业绩的？
2. 与股票市场基础检验相比，会计基础业绩指标有什么优缺点？

Barth and Clinch（1999）

1. （a）Barth and Clinch（1999）研究的核心问题是什么？
（b）他们所研究的不同类型资产之间的证据是如何一致的？
（c）请解释 Easton（1998）十分关心的规模效应问题。
2. 澳大利亚公司有自由选择固定资产评估人员的权利，一些评估是由公司董事做出的，另外一些是由专业合格评估师做出的。

为什么我们可能（或不可能）期望股票投资者对由下列人士做出的评估公告产生不同的反应：（a）董事；（b）专业合格评估师？
3. 作者的发现是什么？

Beaver，Christie and Griffin（1980）

Beaver，Christie and Griffin（1980）根据 ASR 190 使用了历史成本收益作为预期收益的基准。

1. 他们是如何合理解释自己的选择的？
2. 他们是如何说服自己，相信其结果不是由于使用了可疑的基准来计量重置成本会计下未预期盈余变量的？

Beaver，Griffin and Landsman（1982）

与 Eastman et al.（1979）不同，Beaver，Griffin and Landsman

（1982）发现 GAAP 会计数字比基于 ASR 190 的数字与报酬更具相关性。

1. 解释这两个研究最大的区别。
2. Beaver et al. 对这种互相矛盾的发现给出了哪些解释？
3. Beaver et al. 是如何试图消除可能的解释的？
4. 最终的解释因素似乎是什么？

Bublitz et al.（1985）

Bublitz et al.（1985）承认，该研究缺乏关于盈余如何映射到价格的理论（1985，p.5）。

1. 这样一种理论将如何支持他们的实验？
2. 尽管缺乏一种清晰的理论，他们仍然假设，持有利得（通货膨胀调整后）的未预期增加将对股票价格产生特殊的效应。他们所期望的是何种效应？原因何在？

Easton，Eddey and Harris（1993）

1.（a）Easton，Eddey and Harris（1993）的研究问题是什么？

（b）如果你可以在资产重估基本上被禁止的美国复制他们的研究，你认为将会有什么发现？

（c）本研究与我们讨论过的 Mary Barth 的研究之间有什么联系？（如果存在联系。）

2. 假设你将在 FASB 举办的一次公开听证会上，就基于 Easton，Eddey and Harris（1993）的研究提出应该允许资产重估。请准备你在听证会上的发言稿，形式自定。（请记住一点，除了少数例外，资产重估在美国已被禁止了多年。）

Lobo and Song（1989）

请界定和解释 Lobo and Song（1989）所探讨的八个与盈余有关的变量之间的关系。

Noreen and Sepe（1981）

1. 为什么 Noreen and Sepe（1981）认为股票价格将会因为 FASB 强制要求披露按照物价水平调整的财务报表的可能性而发生变动？

2. （a）你认为澳大利亚长期以来关于商誉会计的争论（澳大利亚证券委员会、澳大利亚会计准则委员会、紧急事务小组和法庭一直在参与争论）是否会影响股价？请列举和解释原因。

（b）设计出一项与 Noreen and Sepe（1981）相似的研究以检验你在（a）中的观点。

3. （a）Noreen and Sepe（1981）的研究最具新意的地方是什么？

（b）利用他们的实验设计，设计一项以会计领域以外的问题为研究主题的研究。包括：(i) 研究问题；(ii) 数据和数据来源；(iii) 统计检验方法；(iv) 你的预期发现。

其他问题

1. 列举和解释我们为什么可能或不可能期望澳大利亚会计准则委员会提出一项关于强制要求采用一项特殊会计方法建议（如满足 AASB 1011 的研发费用资本化）来影响澳大利亚的股票价格。

2. 与后面的一些研究不同，较早的研究没有发现美国资本市场对物价水平会计问题予以关注的证据。对于互相矛盾的结论你能提出哪些解释？

3. 有研究指出，历史成本与通货膨胀调整净收益之间的差别随行业而异。这种现象的原因可能是什么？

4. 有提议指出，根据通货膨胀影响调整的财务报表，将使报酬与盈余之间的关系得到更好的估计。赞成和反对该提议的证据是什么？

第 11 章 现金流量

Bowen，Burgstahler and Daley（1986）

1.（a）选择 1996 年任意行业公司的年报。然后使用 Bowen，Burgstahler and Daley（1986）的方法，用数据电子表格的形式仅根据公司的利润表和资产负债表来估计公司经营活动产生的现金流量。（你的信息来源只有利润表、资产负债表及附注，不要参考现金流量表及附注，否则本部分问题将失去意义。）

（b）你的样本公司所报告的现金流量表中经营活动产生的现金流量是多少？

（c）你的估计和实际数字之间的差异如何解释？（不要忘记把你的电子表格附在你的答案上，其中至少应该包括一个栏目为每一个项目做出解释。）

2.（a）对 Bowen，Burgstahler and Daley（1986）的发现做出简要总结。

（b）Bowen，Burgstahler and Daley（1986）是如何利用他们以前的研究的？（这个问题将说明研究演进的本质。）

Dechow（1994）

Dechow（1994，p.26）主张应计项目在减轻现金流量中存在的时间和配比问题发挥了有效的作用，因此盈余能更好地代表公司业绩。

1. 解释这段话的意思。
2. 总结支持该观点的证据。

Dechow，Kothari and Watts（1998）

1. 请解释为什么 Dechow，Kothari and Watts（1998）预计现金流

量的变动是负相关的。

2. 为什么 Dechow，Kothari and Watts（1998）能够得出他们的解释将对财务报表分析有价值的结论（p. 166）？

（a）你认为他们解释中的哪一个（两个或三个）对财务分析师来讲最具有信息含量？

（b）财务分析师可能如何利用这些成果？

Guay and Sidhu（1995）

Guay and Sidhu（1995）指出，长期应计项目显著增强了报酬-盈余（或现金流量）关系，但是他们的权重（回归系数）要比其他盈余组成项目低。

1. 为什么 Guay and Sidhu（1995）要重提 Dechow（1994）提出的问题？

2. 他们关于长期应计项目显著的证据是什么？

3. 为什么长期应计项目在报酬-盈余关系中的权重比短期应计项目低？

Livnat and Zarowin（1990）

1. 以多个命题的形式总结以下问题：

（a）Livnat and Zarowin（1990）期望发现什么？

（b）为了预测证券报酬率，Livnat and Zarowin（1990）实际上发现了与现金流量变量的相对能力有关的什么因素？（用你自己的话回答，你将发现通过这种方式回答问题可以收获很多。）

2. 用两页纸的篇幅，总结美国现金流量与应计项目在预测证券报酬率方面的相对能力。

（a）跨越较宽（一年）的时间窗口。

（b）跨越以相关公告日期为中心的较窄（一周左右）的时间窗口。

3.（a）Livnat and Zarowin（1990）探讨的问题是什么？

（b）Ali（1994）探讨的问题是什么？

(c) 哪一项研究更具有坚实性？（解释你得出结论的原因。）

Sloan（1996）

1. Sloan（1996）探讨的问题是什么？

2. 请仔细解释 Sloan（1996）的研究是否意味着：经营活动产生的现金流量与当期盈余的比率越大，盈余反应系数就越大。

3. 为什么 Sloan（1996）得出投资者将视线集中于"当期盈余"的结论？

Wilson（1987）

简要总结 Wilson（1987）的假设和结论。你认为什么因素可以解释 Wilson，Bernard and Stober（1989）相互矛盾的发现？

其他问题

1. Neill，Schaefer，Bahnson and Bradury（1991）指出，在对现金流量和应计变量在预测未来经营活动产生的现金流量的能力方面有很多更进一步研究的机会。假设你希望用澳大利亚数据进行一项这样的研究。请确认以下项目：
(a) 研究问题；
(b) 研究假设；
(c) 数据来源；
(d) 拟用的统计检验；
(e) 预期的发现。

2. 评价如下对 FASB 有利的说法：在考虑盈余和应计会计数据之后，可以增强现金流量预测能力。

第 12 章　国际比较财务会计

Barth and Clinch（1996）

1. 有什么证据能够说明利用一个公司的会计数字预测其股价的能力与所有者中海外投资者的比例无关？

2. 就价值相关的会计数字而言，Barth and Clinch（1996）发现澳大利亚 GAAP 与美国 GAAP 最重要的差别是什么？

Harris，Lang and Moller（1994）

1. 请解释 Harris，Lang and Moller（1994）所采用的以使"德国样本公司与美国样本公司"相匹配的基础。

2. 指出两个其他可能使其研究混乱的配比变量，并简要解释你的原因。

3. 请解释 Harris，Lang and Moller（1994）研究设计的优缺点。

Rees and Elgers（1997）

1. 为什么 Rees and Elgers（1997）声称，他们的结果不支持 SEC 关于要求非美国公司提供按照美国 GAAP 披露的立场？

2.（a）Rees and Elgers（1997）的研究问题是什么？

（b）他们的结果对 SEC 法令意味着什么？（该法令要求在美国权益资本市场上筹资的非美国公司必须按照美国 GAAP 的要求调整关键会计数字。）

其他问题

1. 为什么澳大利亚的平均市盈率可能与新加坡不同？

2.（a）为什么澳大利亚的平均市盈率可能与日本不同？

(b) 分别从澳大利亚证券交易所和东京股票交易所获得三个类似公司的股价与每股盈余数据，比较其差异。

3. 我们从很多关于国际资本市场的研究（即资产重估提供了与股票市场投资者相关的信息）中得到了什么证据？

4. Baumol and Malkiel（1993）以及 Choi and Levich（1991）在设想是否有可能研究出把澳大利亚的财务报表"翻译"成美国 GAAP 下对应报表的算法。假设你对他们的说法表示怀疑，并且希望利用一家澳大利亚公司年报中的会计信息去估计美国 GAAP 下的对应项目。你选择的项目为：（1）R&D 支出（利润表中的 R&D 费用，以及资产负债表中的资本化部分）；（2）所得税（利润表中的所得税费用，以及资产负债表中的递延税款准备和未来所得税收益）。

(a) 澳大利亚会计准则与美国会计准则在这两个项目上有何差异？

(b) 你在试图"翻译"它们时，会遇到什么困难？

5. ASX 宣称，如果澳大利亚的会计准则向国际准则进一步靠拢，那么澳大利亚公司的资本成本将进一步降低。

(a) 为什么会这样？

(b) 如果澳大利亚摒弃自己的会计准则直接采用国际会计准则，对澳大利亚经济来讲，将会有哪些额外的成本和效益？

第 13 章　期货和衍生金融工具

Aboody（1996）

对会计监管者而言（他们可能正在考虑要求公司把员工持股计划的公允价值报告为费用），Aboody（1996）的研究意味着什么？

Mendenhall and Fehrs（1999）

1. 在以某股票作为标的的期权开始交易之后，该股票的盈余反应系数就会下降。对此下降现象进行预测的观点有什么？
2. 发现了什么结果？

Shevlin（1991）

1. Shevlin（1991）的研究问题是什么？
2. Shevlin（1991）关于美国要求研发费用在发生时费用化的研究意味着什么？

Skinner（1996）

1. 为什么投资者对附注披露信息的处理与账户中确认的数字不同？（随后反映在利润表、资产负债表和现金流量表中。）
2. 假定有一项目披露在附注中但被排除在基本财务报表之外，你认为 1 中所述的差异将会如何反映在对该项目增量价值相关性的经验研究的回归系数中？为了便于讨论，假定该研究采用 Landsman 的资产负债表法。

Venkatachalam（1996）

1. Venkatachalam（1996）探讨的主要研究问题是什么？
2. 发现了什么结果？
3. 执业财务分析师是如何应用 Venkatachalam 的结论证明某一特定银行是否用衍生金融工具规避风险的？

后 记

布朗教授的这部专著自中文版第 1 版出版以来,受到了国内学术界的高度重视,成为许多高校会计专业研究生的必读教材,不少网站和学者将其推荐为会计研究必读经典书目。但由于该著作中文版第 1 版已售罄多年,英文版也不易获取,因此我们组织出版了中文版第 2 版。本专著是布朗教授对 Ball and Brown(1968)之后文献的总结和梳理,尤其是从研究方法角度对实证(经验)研究文献进行介绍,为读者提供了一个清晰的脉络,为学习实证研究方法和研究思路提供了帮助。

对于布朗和鲍尔首创的实证(经验)会计研究方法的重要性怎样强调都不为过。从 20 世纪 60 年代出现以来,该方法在会计界得到了大力推广,并在美国等主要西方国家高校中占据统治地位,成为国际上最流行的方法论。在我国,从 20 世纪 90 年代开始介绍实证研究的文献作为起点,实证(经验)会计研究方法在 21 世纪初开始得到快速传播和发展。我国虽然属于追随者,但大学的博士和硕士研究生教育对实证研究给予了极高的关注,甚至在本科论文中也鼓励采用这一方法,由此可见该方法论带来的深远影响。即使如此,我们认为,在我国仍需要大力普及和推广实证(经验)研究这一科学的研究方法。我国有近 3 000 所高校,会计专业是高校开设最多的十大专业之一。不同高校会计系教师的教育背景不一,实证研究的水平不平衡,要想提高广大会计研究工作者

后　记

的理论研究水平，还需要有经验的老师给予大力培训和辅导。当然，在强调重视实证方法的同时，我们又要避免唯实证论的倾向。会计研究要脱离以方法为核心的评价框架，强调研究的内容和实质。事实上，科学研究重在寻找经济现象或经济社会发展的规律，而研究活动的关键是要抓住问题的实质，无论是有数据还是没有数据，经验研究还是规范研究，只要能够把问题说清楚，能够带来有价值的让人深思的观点，都是好的研究。

本书的出版得益于布朗教授的大力支持，他虽然已80岁高龄，但总能及时热情地回答我们翻译中的疑问，并将他和鲍尔教授的最新研究成果推荐给我们，使我们加深了对本专著的理解。他还亲自为新版作序，字里行间表达了对实证会计研究发展的殷切希望。我们还要特别感谢中国人民大学教授、中国会计学会副会长戴德明老师，他于百忙之中审阅了译稿，并亲自作序推荐，体现了戴老师对我国实证会计研究的高度重视和亲切关怀。

本书的第1版是在我国著名会计学家阎达五教授的亲自指导下翻译出版的，在此我们向他老人家致以崇高的敬意，同时感谢何广涛、齐君为第1版所做的辛勤工作。这次出版的第2版是在第1版基础上进行的重新校译和完善，为了方便阅读，增加了导读等内容。杨松令教授和刘亭立教授组织了全书的校译工作，张卓然老师，石倩倩、张雄、姜莹等同学参与了本书部分章节的翻译。本书翻译初稿部分章节曾在"财务会计理论与方法"课堂中进行过讨论，不少同学提出了宝贵意见。感谢中国人民大学出版社陈永凤老师和魏文老师的大力支持和专业细致的工作，使得本书能够尽快与读者见面。

由于我们的水平和时间有限，书中翻译不确切和不当之处在所难免，敬请读者批评指正。

译者

Capital Markets-based Research in Accounting: An Introduction (2nd Edition) by Philip Brown

Copyright © 2021 by Philip Brown

Simplified Chinese translation copyright © 2021 by China Renmin University Press Co., Ltd.

All Rights Reserved.

图书在版编目（CIP）数据

资本市场会计研究导论：第 2 版 /（澳）菲利普·布朗著；杨松令，刘亭立，张卓然译. -- 北京：中国人民大学出版社，2021.4
（会计经典学术名著）
ISBN 978-7-300-29141-3

Ⅰ.①资… Ⅱ.①菲… ②杨… ③刘… ④张… Ⅲ.①资本市场－会计－研究 Ⅳ.①F830.9

中国版本图书馆 CIP 数据核字（2021）第 048782 号

会计经典学术名著
资本市场会计研究导论（第 2 版）
[澳] 菲利普·布朗　著
杨松令　刘亭立　张卓然　译
Ziben Shichang Kuaiji Yanjiu Daolun

出版发行	中国人民大学出版社		
社　　址	北京中关村大街 31 号	邮政编码	100080
电　　话	010－62511242（总编室）		010－62511770（质管部）
	010－82501766（邮购部）		010－62514148（门市部）
	010－62515195（发行公司）		010－62515275（盗版举报）
网　　址	http://www.crup.com.cn		
经　　销	新华书店		
印　　刷	北京联兴盛业印刷股份有限公司		
规　　格	155 mm×235 mm　16 开本	版　　次	2021 年 4 月第 1 版
印　　张	17.5 插页 2	印　　次	2021 年 4 月第 1 次印刷
字　　数	236 000	定　　价	69.00 元

版权所有　侵权必究　　印装差错　负责调换